寺刹研究叢書

· 자현 지음 ·

월정사의 유래와 한강의 시원

⊙ 사찰연구총서 1 ⊙

운주사

서문

마음의 부담을 내려놓으며…

2008년 초여름에 성균관대 논문지도와 관련해서 미천 목정배 선생님을 뵌 적이 있었다. 그때 필자가 "제가 월정사에 가서 살아야 할 것 같습니다"라고 말씀드렸더니 선생님께서 "스님은 월정사에 가거든 소임 하나 걸고 월정사에 관한 연구를 해주는 게, 월정사로도 좋고 스님한테도 좋을 것"이라고 말씀해 주셨다. 그런데 월정사에 와서 살다보니, 어느덧 선생님의 말씀처럼 되어 월정사 관련 학회논문을 8편이나 발표하게 되었다. 선생님의 예지가 빛나는 대목이 아닌가 한다.

『논어』에 "후생가외後生可畏"라는 말이 있다. 이는 공자가 수제자인 안회의 학습능력과 재기에 감탄한 표현이다. 이 말은 이후 퇴계가 젊은 율곡을 칭찬할 때도 쓰였다. 그러나 필자는 그 역도 가능한 것이 아닌가 생각한다. 즉 '선생가외先生可畏'라는 표현을 하고 싶은 것이다. 그리고 목정배 선생님 같은 분이야말로 진실로 선생가외가 아닌가 한다.

필자와 같은 경우는 능력에 비해서 욕심이 지나치게 많은 사람이다. 또 욕심 때문에 다른 사람의 요구를 잘 거절하지 못한다. 그 결과 외부적인 일들이 필요 이상으로 많아진다. 또 논문 실적에 대한 욕심도 있어서 누구보다도 학회논문을 많이 쓰고 싶어 한다. 그러다보니, 소임은 걸려 있어도 절에 있는 날이 적으며, 또 절에 있어도 혼자서

틀어박혀 논문을 쓰는 것이 주업이 된다. 이런 상황에서도 필자를 가만히 놔두는 걸 보면, 본사 주지스님은 참으로 '관조의 미학'을 아는 분임에 틀림없다.

월정사의 녹을 먹으면서 월정사 일에 너무 태만한 거 같아, 월정사 관련 논문을 써서 오대산과 제4교구를 전체적으로 정리해 주면 어떨까 하고 생각해 보았다. 즉 마음의 빚을 갚는 차원에서 시작된 작업이라고 해야 할까….

한국불교는 사찰과 관련된 연구가 거의 진행되어 있지 않다. 기껏 되고 있는 것이 문중과 관련된 근현대의 큰스님들에 관한 것이 아전인수我田引水격으로 진행되는 것 정도라고나 할까? 그러나 이는 특정집단의 이익과 관련된 것이니, 정당한 연구라고 할 수 있을지 의문이다.

사찰에 대한 연구는 어렵다. 왜냐하면 해당 사찰과 관련해서는 그 사찰 소속 스님들에 의해 연구가 진행되는 것이 가장 능률적인데, 스님들은 대체로 바쁘기 때문이다. 그렇다고 외부인이 하기에는 연구의 필연성도 적고, 자료접근에 제한성이 따르게 된다. 그 결과 사찰은 쉽게 연구되는 주제가 안 된다. 필자가 알기로 단일 사찰과 관련된 박사논문은 필자의 불국사 논문이 유일하지 않은가 한다. 즉 한국 사찰들은 그만큼 연구되지 않고 있는 것이다.

오대산은 북한의 금강산과 더불어 남한에서는 유일한 성지聖地 개념이 존재하는 산(성산聖山)이다. 중국불교에 문수(오대산)·보현(아미산)·관음(보타락가산)·지장(구화산)의 4대성지가 있는 것과 달리, 한국불교에는 오대산과 금강산이 있을 뿐이다. 금강산이 현재 단절되어 있다는 점을 고려한다면, 산 전체가 성지가 되는 곳은 현재 오대산이 유일하다고 하겠다. 게다가 오대산은 비단 불교성지일 뿐만 아니라 유교와 도교, 그리고 무속(무교)적으로도 매우 중요한 의미를 갖추고 있는 복합사상의 공간이라는 점에서도 주의가 요구된다.

불교적으로 오대산은 문수보살이 상주하는 문수화엄의 성지이다. 그리고 이 안에 '월정사'와 '중대의 적멸보궁', 그리고 '세조의 원찰인 상원사'를 필두로 하는 일련의 불교유적군이 존재한다.

유교적으로는 오대산 사고가 있으며, 이곳에는 세계기록유산에 등재된 『조선왕조실록』(1997년 등재)과 『조선왕조 의궤』(2007년 등재)가 모셔져 있었다. 또 월정사 앞의 금강연은 조선이라는 국가의 주도하에 봄과 가을에 한강의 시원제가 거행된 장소이기도 하다. 즉 오대산은 유교적으로도 매우 중요한 의미를 내포하고 있는 곳이다.

도교적으로는 이중환의 『택리지』에 상당上黨 한무외韓無畏가 이곳에서 수도하여, 시해尸解를 통해 신선이 되었다는 기록이 전한다. 또 같은 곳에서 한무외는 오대산이 연단술鍊丹術에 있어서의 최고 복지福地임을 주장하고 있다. 이는 『삼국유사』에서 월정사 터가 최고의 명당이라고 언급되어 있는 것이나, 보천태자가 오대천의 물을 장복하여 하늘을 날아다녔다는 것과 연관해서 시사하는 바가 적지 않다. 즉 오대산은 도교나 신선사상과 관련해서도 성산聖山이 되는 것이다.

무속적으로는 오대산 앞의 성오평省烏坪을 들 수가 있다. 까마귀가 태양을 상징한다는 것과 고대 우리 민족이 태양숭배를 했다는 것을 연결해보면, 이곳은 태양숭배와 관련된 무속적인 신성공간이라고 할 수 있다. 그래서 신라의 수도인 경주의 왕권 계승에서 밀려난 보천과 효명은 이곳에 머물며 자신들의 거취를 판단한 것으로 생각된다. 또 이 성오평은 조선의 세조에 의해서는 강원도 유생들에게 과거의 기회가 베풀어졌던 장소이기도 하다. 그래서 이곳을 만과봉萬科峰이라고도 한다.

불교와 유교, 그리고 도교와 무속은 모두 발생의 기원을 달리하는 동시에 동양학문을 대표하는 가치이다. 그런데 오대산에서는 이러한 4가지의 동양학이 하나로 융회되어 드러나고 있는 것이다. 이는 우리나라 전체를 통틀어 달리 유래를 찾을 수 없다. 그만큼 중요하고도 복된 성지가 바로 오대산인 것이다.

필자는 오대산과 월정사와 관련해서 대략 20편의 논문을 구상하고 있다. 이 책은 그중 1차의 연구 성과가 묶인 것이다. 이후로는 오대산과 월정사 관련 스님들에 대한 것도 약 10편 정도로 연구해 보고자 한다. 주지하다시피, 오대산에는 신라의 자장과 고려의 나옹, 그리고 조선의 사명을 필두로 하는 고승대덕들이 머물렀다. 또 근현대에 들어서는 한암·탄허·만화스님과 회주 현해스님이나 주지 정념스님 등 많은 선각자들이 계셨다. 이분들에 대한 연구도 역사와 더불어 필연성이 있다고 하겠다.

여기에 일제시대에 반출된 오대산 사고의 『실록』이 2006년 반환되었고, 『의궤』 역시 올해 우리나라로 돌아온다. 문화재는 원래의 자리에 있을 때만이 본래의 의미와 가치를 잘 발현하는 것이다. 그러나 우리 민족의 정신적인 미성숙으로 인해서 아직 오대산 사고본은 오대산으로 오지 못하고 있다. 어떤 의미에서 이것은 반쪽의 반환이라고 하겠다. 오대산 사고본이 제자리로 돌아온다면, 이와 관련된 연구 역시 10여 편 정도는 해보고자 한다.

또 2018년 평창동계올림픽이 확정되면서 평창과 관련된 문화적 연구에 대한 필연성이 강하게 제기되고 있다. 우리나라는 기후 조건상

동계스포츠에 대한 관심이 적을 수밖에 없다. 이는 시설이나 빙질, 또는 자연경관 등에서 유럽 등의 선진국들에게 강한 인식을 심어줄 수 없다는 것을 의미한다. 즉 동일한 비교 잣대가 존재하는 것으로는 우리가 저들을 만족시켜줄 수 있는 방법이 없다는 말이다. 바로 그렇기 때문에 다양성의 가치가 존중되는 문화적인 부분이 더욱더 소중해질 수밖에 없다. 문화력을 통해서 그들을 절복折伏시키지 못한다면, 우리는 그들에게 부정적 이미지밖에 남기지 못하게 된다. 이것은 국고를 들여서 우리를 등지게 하는 역 PR을 하는 것에 지나지 않는다. 그러므로 문화에 대한 관점을 환기해서 동양의 신비적이면서 심오한 기풍을 현창해 내야만 한다. 이와 관련해서도 기회가 주어진다면, 아니 기회를 만들어서라도 충분한 일조를 해보고 싶다. 왜냐하면 이러한 문화력의 중심에는 우리나라 유일의 불교적인 성산이자, 불·유·도·무의 종합문화를 구축하고 있는 오대산이 위치해야 하기 때문이다.

이 외에도 삼화사의 수륙재나 이것이 상원사로 옮겨지는 부분, 그리고 수륙재와 관련되어 만들어지는 우리나라의 대표적인 탱화인 〈삼장보살도三藏菩薩圖〉 등에 대한 연구도 여간 시급한 것이 아니다. 수륙재와 관련된 것이 속히 정리되어 영산재와 더불어 세계무형유산으로 지정되었으면 하고 바라는 마음 간절하다. 또 수륙재가 정리되어야 강릉 단오제와 더불어 동계올림픽에서 우리가 내세울 수 있는 문화유산이 하나 더 늘어나게 될 것이다.

그리고 사굴산문의 굴산사지와 관련된 연구도 시급하다. 현재 발굴이 진행 중인데, 조속히 완료되어 동계올림픽 이전에 일부라도 복원되었으면 하는 바람을 가져본다. 사굴산문의 범일梵日국사는 강릉 단오제의 주신主神이기도 하다. 동계올림픽은 겨울에 열리기 때문에 이때 단오제는 거행될 수 없다. 그러나 굴산사가 형태를 갖춘다면 이를 통해서 단오제의 가치를 끌어내는 것은 충분히 가능하다고 생각된다. 이러한 모양을 갖추기 위해서라도 범일과 굴산사에 대한 연구 역시 필연적이고 시급하다고 하겠다.

논문쓰기를 즐기는 필자에게 있어서 오대산은 참으로 즐거운 곳이다. 왜냐하면 오대산은 단일 산으로는 가장 큰 규모의 문화매장량을 가진 광맥 중의 광맥이기 때문이다. 필자 역시 금생에서 다시는 오대산과 같은 산을 만나지 못할 것이다. 그리고 오대산 역시 필자와 같은 연구자를 다시는 만나지 못하리라. 이야말로 대긍정의 축착합착築著閤著이 아닌가 한다.

필자의 학진등재지 논문은 약 60여 편 정도이다. 그런데 이 중 오대산과 월정사 관련 논문이 8편이나 되니 적은 비율이 아니다. 필자가 많은 애착을 가지는 절인 불국사와 관련된 논문이 9편에 지나지 않는다는 점은 이를 잘 말해주고 있다. 이러한 필자의 월정사 관련 논문들에 관해서 정리해 보면 다음과 같다.

NO	논 문 제 목	쪽수	ISSN
1	「한강의 시원 정립에 관한 불교적인 영향 고찰」, 『한국선학』 제25호(2010-4).	189~234	1598-0588
2	「월정사의 사명寺名에 관한 동양학적인 검토」, 『신라문화』 제36집(2010-8).	203~226	1229-0939
3	「동양사상에서의 물에 대한 관점과 한강의 시원에 관한 전통인식 고찰Ⅱ」, 『철학연구』 제117집(2011-2).	191~222	1226-9727
4	「『삼국유사』 오대산 관련 기록의 내용 분석과 의미Ⅰ」, 『사학연구』 제101호(2011-3).	81~125	1225-133X
5	「한강의 시원으로서 우통수와 금강연의 타당성 고찰」, 『온지논총』 제28집(2011-5).	256~300	1598-1444
6	「『오대산사적기』「제1조사전기」의 수정인식 고찰-민지의 오대산불교 인식」, 『국학연구』 제18집(2011-6).	231~271	1598-4524

7	「동양사상에서의 물에 대한 관점과 한강의 시원에 관한 전통인식 고찰Ⅰ－도가와 유교사상을 중심으로」, 『철학논총』 제66집(2011-10).	71~91	1226-9379
8	「「오대산서대수정암중창기」에 관한 내용 분석과 의미－신앙체계의 변화와 우통수를 중심으로」, 『한국선학』 제28호(2011-12).	현재 미수령	1598-0588

동일하거나 유사한 범주를 대상으로 논문을 쓰다보면, 관점은 달라지지만 내용이 겹치는 경우들이 더러 있다. 그래서 총8편 중 6편을 선택하고, 다시 겹치는 부분들을 생략한 후 참고가 될 수 있는 사진을 첨가해 본서를 완성하였다. 그러나 그럼에도 개중에는 필요에 의해서 설명이 다소 중복되는 부분들이 발생하게 되는데, 이는 어쩔 수 없는 한계라고 하겠다.

첫 번째 논문은, 월정사라는 명칭에 관한 것으로 「'월정사'라는 사찰 명칭에 관한 동양학문적인 검토」이다. 사찰의 명칭은 일반적으로 불교적인 것이나, 전통적인 지명 및 유래와 관련된 것이 일반적이다. 그런데 월정사와 같은 경우는 전혀 그렇지 않아서 흥미롭다. 사실 필자와 같은 경우는 월정사라는 사명寺名을 듣는 순간 이것이 명당을 지칭한다는 것을 알았다. 이는 필자가 『주역』과 음양론의 배경을 가지고 있기 때문이다. 그러나 일반의 스님들로서는 이것을 판단하기가 어렵다. 그래서 월정사에서는 오늘도 '마음의 달이 아름다운 절'이라는 수식을 사용하고 있는 것이다. 이는 월정이라는 사명을 화엄사상적인 관점에서 해석한 결과이다. 그러나 달이라는 말이 들어갔다고 해서 이를 곧장 화엄철학과 연결시키는 것은 다소 성급하다. 왜냐하면 '월月'은 그렇다고 치더라도 '정精'과 같은 경우는 이를 화엄의 관점에서 효율적으로 해석할 방법이 없기 때문이다.

필자는 월정사와 관련된 본 연구서에서 월정사라는 사찰 명칭을 바로 하는 것이야말로 대단히 의미 있는 일이라고 생각했다. 그래야만 정명正名이 되고 "본립이도생本立而道生(근본이 바로서야 도가 생한다)"[1] 할 수 있다고 판단했기 때문이다. 또 여기에는 월정사가 우리나라 최고의 명당이라는 의미가 내포되어 있다. 그러므로 이를 밝히는 것은 월정사의 정당한 평가를 위해서도 분명히 짚고 넘어가야 할 대목이라고 하겠다.

오대산에는 명당이 많다. 그래서 불·유·도·무의 가치가 운집하는 것이다. 그리고 그 중심에 바로 월정사가 있다. 오대산에서 월정사는 마치 차축車軸의 중심[2]이나 지도리[3]와 같이 비어 있으면서 모든 변화를 주관하고 있는 것이다.

두 번째 논문은, 오대산 불교의 시원에 관해서 논구한 것으로 「『오대산사적기五臺山事跡記』 〈제1조사전기第1祖師傳記〉의 수정인식 고찰－민지閔漬의 오대산불교 인식」이다. 여기에서는 흔히 오대산불교의 개창자로 되어 있는 자장스님과 중국 오대산, 그리고 이것이 어떻게 한국 오대산으로 연결되는지에 관해서 모색해 본 것이다.

자장은 한국사에서 자료를 가지고 연구의 대상으로 삼는 인물 중 가장 고층에 속한다. 그런데 동시에 매우 신비적인 인물이다. 그러다보니 접근하기가 용이하지 않다. 그래서 일부 연구자들은 자장이 명주溟洲, 즉 강원도 쪽에 아예 오지도 않았다는 주장까지 전개하고 있다.

---

1 『論語』, 〈學而第一〉, LY0102.

2 『老子』, 〈第11章〉, "三十輻共一轂 當其無 有車之用."

3 『莊子』, 「第二 齊物論」, "彼是莫得其偶 謂之道樞 樞始得其環中 以應無窮"

필자는 자장의 입당과 중국 오대산 순례, 그리고 신라로 귀국하여 한국 오대산을 개창하는 과정에 대하여 민지의 기술에 입각하여 보다 합리적인 해법을 도출해 보고자 하였다. 그리고 이러한 과정에서 민지의 서술방식이 일연과 같은 신이사관神異史觀적이라는 종례의 학설을 뒤집고 유교적인 합리사관의 관점이 존재했다는 것을 조명하였다. 즉 본고를 통해서 자장과 민지라는 두 인물에 대한 보다 높은 명확성을 드러낸 것이다.

사실 필자의 입장에서는 본 논문의 작업을 하면서, 민지라는 인물에 대해서 알게 된 것이야말로 가장 큰 수확이었다. 필자의 뇌리 속에서의 민지는 그저 스쳐 지나가는 보도블럭 위의 많은 군상들 중 한 사람일 뿐이었다. 그러나 이 작업을 통해서 민지는 매우 친근하고 가까운 사람이 되었다. 이는 필자의 고려불교 정리에 있어서 무척이나 기쁜 일이라고 하겠다.

세 번째 논문은, 전통적인 한강의 시원 인식과 관련된 것으로 「동양사상에서의 물에 대한 관점과 한강의 시원에 관한 전통인식 고찰 1-도가와 유교사상을 중심으로」이다. 전통적인 한강의 시원이 오대산에 있다는 것은 월정사에 온 얼마 뒤에 알았다. 그러나 그것은 필자의 주된 관심사는 아니었다. 그러다 2009년 10월 박물관 소임을 살다가 '한강의 시원지 오대산 우통수'라는 제목의 세미나를 진행하게 되었다. 그때도 한강의 시원문제는 흥밋거리 이상은 아니었다. 그런데 한 발제자가 개인사정으로 발표 10일을 남기고 못하겠다고 일방적으로 통보를 해오면서 발등에 불이 떨어지게 되었다. 어쩔 수 없이 주최 측의 책임자로서 필자가 발표문을 만들게 되었는데, 이것을 재정리한 것이 「동양사상에서의 물에 대한 관점과 한강의 시원에 관한 전통인식 고찰 1」과 「2」이다. 이렇게 놓고 본다면, 본고는 참으로 붓다의 의지가 작용된 연구물이라고 하겠다. 사실 10일 만에 학회논문 2편 분량을 완성했다는 것은 붓다의 가피가 없었다면 필자로서도 불가능했으리라고 생각한다.

본고는 동양사상에서의 물에 대한 인식 중 유교와 도가의 관점에 대해서 정리한 것이다. 그리고 이러한 인식이 시원이라는 관점과 어떻게 연결될 수 있는지에 관해 접근해 보았다. 현대의 건강에 대한 관심은 물에 대한 환기를 촉발한다. 그래서 오대산에도 '물 신비관'이 들어선다고 하니 좋은 일이자, 바람직한 일이 아닌가 한다. 본고 역시 이러한 관점들과 연관해서, 동양의 물에 대한 인식 정립에 한 보탬이 되었으면 하는 작은 바람을 가져본다.

네 번째 논문은, 앞선 세 번째 논문과 연결되는 것으로 「동양사상에서의 물에 대한 관점과 한강의 시원에 관한 전통인식 고찰 2-불교사상을 중심으로」이다. 앞의 논문이 유교와 도가의 물에 대한 관점이라면, 본고는 불교적인 관점에 대해 정리한 것이다.

강의 시원 인식과 같은 부분은 중국문화권의 전통적인 측면일 것 같지만, 불교적인 관점을 검토하다 보면 결코 그렇지만은 않다는 것을 알게 된다. 왜냐하면 전통적인 시원 인식에서 가장 중요한 부분들이 유교나 도가보다는 불교와 더 많이 관련되기 때문이다. 이는 불교가 문화권을 넘어서 이 땅에 정착한 이후, 오래되면서 분리가 불가능한 하나로 융합되었다는 것을 의미한다.

전통적인 한강의 시원 비정에서 가장 중요한 것은 '원거리'와 '물의 특수성, 곧 신성함'이다. 이 중 원거리와 같은 경우는, 전근대적인 측량기술로는 명확한 인식을 확보하기에 어려움이 있었다. 그래서 보다 중요시되는 것이 바로 물의 신성성이라고 하겠다. 즉 오대산이 『세종실록』에서 한강의 시원으로 확정되는 것은 이러한 물의 신성성에 있는 것이다. 그런데 이 같은 관점을 무시하고 서양적인 강의 판단기준에 입각한 원거리 개념만을 내세워, 한강의 시원을 태백산 검룡소로 비정한 현대의 우리는 또 다른 '오늘의 야만'을 산출했다고 하겠다.

그런데 한강의 시원으로 물의 신성성이라는 판단기준을 제시하는 것은 유교나 도가에서는 발견되지 않는 인도문화적인 특징이라는 점에서 주목된다. 즉 전통적인 한강의 시원 인식에는 불교를 타고 전해진 인도문화가 존재하고 있는 것이다. 또 바로 그렇기 때문에 한강의 시원이 되는 금강연에는 가장 뛰어난 물이라는 의미가 존재하게 된다. 이는 금강연의 물이 양자강의 중령中冷에 비견되는 것을 통해서 분명해진다.

오대산은 보천과 효명태자에 의해서 다도가 시작된 곳이다. 이는 다도와 관련된 우리나라에서 가장 오래된 현존하는 기록이다. 거기에 최고의 물이 난다는 것은 오대산이야말로 다도의 성지가 된다는 것을 의미한다. 다도는 차와 물이라는 두 가지 질료에 의해서 좌우된다. 그중 오대산은 가장 좋은 물을 가지고 있는 것이다. 이는 다도의 관점에서도 오대산이 재조명되어야 하는 이유라고 하겠다.

다섯 번째 논문은, 오대산에서 한강의 시원지로 인식되고 있는 부분에 대해서 재고해본 「우통수于筒水 명칭의 타당성 검토」이다. 전통적인 한강의 시원지로서 알려진 우통수는, 그러나 어떤 특정 지역을 지칭하는 고유명사라고 해석되기에 문제가 있다. 그래서 과연 우통수가 서대

염불암의 특정 샘을 지칭하는 것인지에 관해서 고찰한 것이 본고이다. 이를 통해서 필자는 우통수가 먼저 선행한 명칭이 후행한 샘에 붙여졌다는 것을 논증했다.

단군이 내려왔다는 태백산과 같은 경우가 명칭이 선행된 좋은 예이다. 이러한 태백산이 후일 태백산맥이라는 명칭으로 재규정되는 것이다. 우통수 역시 이와 마찬가지로 오대천의 물을 가리키던 것이, 고려말에 이르러 오대천의 시원이 서대라는 인식하에 서대의 샘으로 옮겨지게 된 것이다.

우통수의 명칭을 바로잡는 것은 매우 중요하다. 왜냐하면 이를 통해서 우리는 한강 시원지의 제례장소와, 가장 좋은 물이 어디에서 나오는지에 대한 정확한 판단을 확보할 수 있기 때문이다. 이는 한강 시원제가 오늘날에도 계승되고 있으며, 물의 가치가 증대되고 있다는 점에서 아주 중요한 측면이라고 하겠다.

마지막 여섯 번째 논문은, 조선 초기 대유大儒인 양촌 권근의 서대 수정암에 대한 글의 분명한 이해에 관한 「〈오대산서대수정암중창기〉에 관한 내용 분석과 의미–신앙체계의 변화와 우통수를 중심으로」이다. 권근의 글은 비록 단편이기는 하지만 여말선초의 오대산을 알 수 있게 해주는 유일한 기록이다. 그러므로 이의 분석은 여말선초의 오대산 신앙체계에 대한 측면을 우리에게 시사케 해준다. 또 그와 동시에 우통수의 명칭문제에 대한 해법도 제공해주고 있어 주목된다.

오대산은 자장스님에 의해서 문수화엄신앙이 시작된다. 그러나 오대산의 신앙체계 완성은 이후 보천태자에 의해 오대신앙이 확립되면서부터이다. 이로 인하여 한국 오대산은 중국 오대산과는 다른 복합적이고 종합적인 특수한 신앙형태를 가지게 된다. 이는 오늘날까지 월정사가 '오대성지', '화엄성지', '문수성지'를 표방하는 것과 연결된다. 그런데 권근의 글을 통해서 우리는 여말선초에 이미 오대산의 보천에 의한 전체적인 종합주의가 무너지고, 개별적인 완성이 존재하고 있었다는 것을 알게 된다. 이는 오대산 화엄과 밀교의 관점에 대한 인식을 환기시켜 줄 수 있는 매우 중요한 단서라고 하겠다. 또 우통수의 명칭적인 혼란에 대해서도, 그 원인에 대한 단서를 제공해 문제의 해결을 한층 쉽게 해준다는 점에서 주목된다.

학문이란 거대한 직소퍼즐과 같은 것이다. 퍼즐들은 시간의 화살에 의해 크게 흐트러져 있고, 또 일부는 사라져서 존재하지 않는다. 오대산에 대한 보다 정확한 규명을 위해서는 보천골과 효명골, 그리고 원지장암이나 화장사터 및 중대와 관련된 가라허유지 등에 대한 대대적인 발굴이 진행되어야 한다. 이러한 노력이 선행되지 않는 한 연구는 단편적일 수밖에 없다. 그러나 단편의 축적이 종합을 일깨우는 초석이 된다는 점에서, 지금의 노력 역시 결코 헛된 것만은 아니라고 하겠다. 또 더 흐트러지기 전에 누군가는 이것을 정리해야 한다. 그것이 다음 세대를 맞이하는 앞선 세대의 의무이기 때문이다.

이제는 감사의 마음을 전할 때이다. 먼저 이러한 글이 완성되도록 놓아두고 기다려주신 주지 정념스님께 인사를 올린다. 중산국中山國을 정벌한 것이 어찌 악양樂羊만의 재기才氣였겠는가? 그 바탕에는 의당 위문후魏文侯의 믿음과 관조가 있었던 것이다.[4]

부주지 원행스님께서는 언제나 자강불식自彊不息[5]하시는 어른이시다. 항상 강건하셔서 뜻이 순일함을 힘입었으면 좋겠다. 총무 적천스님은 건강문제는 잊어버리게 되기를 기원하고, 재무 천웅스님에게는 쓰는 것만 걱정하는 시절이 도래하기를 바래본다. 기획 법철스님은 바쁜 만큼 뜻도 높아졌으면 하고, 수행원의 해욱스님은 사람 속에서 사람을 잊는 사람이 되었으면 한다. 그리고 포교 혜성스님에게는 많은 공덕이 휘몰아치기를 기원한다.

이 외에도 원주스님과 월정사 대중들께도 모두 다 감사하다는 마음을 전하고 싶다. 이 세상과 마찬가지로 월정사 역시 인연이라는 거대한 시계와 같은 정교한 톱니바퀴들이 맞물려서 돌아가고 있다. 비록 완전하진 않지만, 존재의 인연들에 두루 감사할 수 있는 마음속에서 부처님을 그리워하면서 살 수 있었으면 한다.

끝으로 필자와 같이 스스로에게 갇혀 사는 사람에게는 가장 부러운 자유인인 현기스님에게는 유한의 자유가 아닌 영원의 자유가 깃들기를 바래본다. 영원의 자유란 그림자가 없는 자유이며 의지처가 없는 존재함이다. 그리고 필자 자신에게는 청복淸福과 더불어 열복熱福도 있었으면 하고 바래본다.[6] 항산恒産이 없어도 항심이 있는 것은 군자이다.[7] 그러나 필자는 항산이 없는 고적한 군자이기보다는 항산도 있는 럭셔리한 군자이기를 희망한다.

---

4 『史記』 71, 「樗里子甘茂列傳第十一」.

5 『周易』, 〈乾卦第一〉, ZY01乾卦10, "象曰, 天行健, 君子以自强不息."

6 淸福과 熱福은 丁若鏞의 福에 대한 정의이다. 이 중 丁若鏞은 淸福을 좋아했다. 우리는 이를 통해서 그의 일생이 스산했던 한 이유를 알 수가 있게 된다.

7 『孟子』, 「第一 梁惠王上」, 0719/2, "無恒産而有恒心者, 惟士爲能."

Ⅰ. '월정사'라는 사찰명칭에 관한 동양사상적인 검토

1. 들어가는 말

월정사의 사찰명칭이 왜 '월정月精'이 되는지에 관해서는 월정사와 관련되어 현재 가장 많은 기록을 남기고 있는 『삼국유사』나 『오대산사적기五臺山事蹟記』 등에 전혀 언급되는 부분이 없다. 다만 월정사의 '월月'은 뒷산〔背山〕인 만월산滿月山(사진1_1, 1_2)에서 따온 것이고,

사진1_1 월정사의 전경과 뒤의 만월산
(『조선고적도보朝鮮古蹟圖譜』)

사진1_2 월정사 적광전 영역과 만월산

'정精'은 서대西臺의 수정암水精庵(사진 2)에서 연유하였다는 설이 있을 뿐이다. 우리는 이러한 설에 관해서 월정사에 대해 최초의 체계적 언급을 하고 있는 단행본인 한국불교연구원 저, 『월정사(부附)상원사』를 통해서 확인해볼 수가 있다.

사진2 서대 수정암(현 염불암) 전경

이의 기록을 인용해보면 다음과 같다.

월정사라는 이 절의 명칭은 어디서 유래한 것일까? 사승寺僧〔월정사의 승려〕의 말에 의하면 오대산의 동대東臺에 해당되는 만월산 아래에 세워졌던 수정암이 훗날 월정사로 되었으리라고 한다. 월정사의 월月과 만월산의 월月을 서로 관계 지어 본 이러한 견해는 주목할 만한 것이다. 그러나 『동국여지승람東國輿地勝覽』「강릉─불우佛宇」조에는 월정사와 수정암이 별개의 사찰로 기록되어 있어 사승의 이 같은 이야기는 또한 문제가 없는 것은 아니다. 그렇다고 이 월정사의 사명寺名이 유래된 그 연원을 밝힐 수 있는 자료가 있는 것도 아니다. 아무래도 사승의 말과 같이 만월산의 월月과 수정암의 정精과 관련지어 보는 것은 흥미 있는 일이라고 생각된다.[1]

이러한 기록을 통해서 본다면, 만월산과 수정암을 연결시켜 월정이라는 사찰명칭을 해석한 것은 월정사 승려였다는 것을 알 수 있다. 그런데 이 월정사 승려는 수정암이 만월산 아래에 있었다고 주장한다. 그러나 수정암은 오대산의 오대신앙五臺信仰을 정립한 보천寶川에 의해 수정사水精社[2]로 명명된 사찰로 서대西臺에 위치해 있다. 이는 사승의 만월산 아래에 있다는 것과는 다른 것이다. 이렇게 되면 만월산과 서대의 수정암을 연결시킬 방법은 없게 된다.

『월정사(부)상원사』의 저자 역시 이를 인식하고 있었기 때문에 『동국여지승람』을 확인해본 것으로 추정되며, 그 결과 수정암과 만월산을 연결시키는 데 문제가 있음을 지적한다. 다만 다른 해법이 없기 때문에 이를 적시하고 "흥미 있는 일"이라고 한 것으로 보인다. 필자 역시 『신증동국여지승람新增東國輿地勝覽』 권44의 「강릉대도호부江陵大都護府-불우佛宇」조를 살펴본 바[3] 같은 결과를 얻었다.

그런데 이후 월정사의 명칭을 설명함에 있어서 이와 같은 양상은 필요악으로 작용한다. 실제로 월정사를 소개하고 있는 월정사 편,

---

1 韓國佛教研究院 著, 『月精寺(附)上院寺』(一志社, 1995〔初版 1977〕), 20~21쪽.

2 『三國遺事』 3, 「塔像第四(臺山五萬眞身)」(大正藏 49, 999b), "白方西臺 南面置彌陀房 安圓像無量壽及白地畫無量壽如來爲首一萬大勢至 福田五員晝讀八卷法華 夜念彌陀禮懺 稱水精社 白方西臺南面, 置〈彌陁房〉, 安圓像無量壽及白地畫無量壽如來爲首一萬大勢至, 福田五員, 晝讀八卷『法華』, 夜念『彌陁禮懺』, 稱〈水精社〉."

3 『新增東國輿地勝覽』 44, 「江陵大都護府-佛宇」, "月精寺-오대산에 있다. ○정추의 시에, '慈藏이 지은 옛 절에 문수보살이 있으니, 탑 위에 천년 동안 새가 날지 못한다. 金殿은 문 닫았고 향연이 싸늘한데, 늙은 승려는 탁발하러 어디로 갔나.' 하였다. / 水精菴-오대산에 있다. ○權近의 「記文」에, '우통물 근원에 수정암이 있다. 옛적에 신라 왕자 두 사람이 여기에 숨어서 참선하여 도를 깨쳤다. 그리하여 지금도 승려로서 수도하고자 하는 이는 모두 여기에 머물기를 즐겨 한다.' 하였다."

『오대산-월정사·상원사』에서는 「월정사 이름 유래」라는 항목에서 다음과 같이 기록하고 있다.[4]

> 오대산 동대에 해당하는 만월산과 서대 장령산 아래 세운 수정암이 합쳐져 뒷날 월정사가 되었을 것이라는 의견이 있다. 그러나 『동국여지승람』 「강릉불우江陵佛宇」조에 월정사와 수정암이 별개의 사찰로 기록되어 있는 것을 보면 이 같은 이야기에 문제가 없는 것은 아니나, 만월산의 '월月'과 서대 수정암의 '정精'을 관련지어 보는 것은 흥미로운 일이라 하겠다.[5]

이러한 기록은 한국불교연구원의 설을 기본으로 해서, 만월산 아래의 수정암이라는 부분을 수정한 정도이다. 특히 맨 마지막 구절의 "흥미"라는 대목을 차용한 것은 재미있기까지 하다. 그런데 여기에는 이 기록 다음에 "한편 월정사가 있는 자리가 달의 형국을 이루기 때문에 월정사라고 했다는 의견도 있고, 동대 만월산의 정기가 모인 곳에 자리 잡고 있기 때문에 월정사라 이름 지었다는 설명도 있다"[6]라고 하여 풍수지리風水地理에 입각한 다른 주장을 기록하고 있다. 그러나 「서대西臺 염불암念佛庵」 부분을 기술함에 있어서는 다시금 "옛날에는 수정암이라 했는데, 월정사의 정精이 이 암자에서 유래했다고 한다"[7]라

---

4 이 책에는 발행연도가 기록되어 있지 않다. 월정사에서 이 책의 발행 시기에 재무국장으로 사중의 전체 일들을 총괄하셨던 승원스님의 진술에 의하면, 초판은 96년이고 98년 무렵에 박물관 부분이 증보되었다고 한다.

5 月精寺 編, 「月精寺 이름 由來」, 『五臺山-月精寺·上院寺』(月精寺, 未詳), 17쪽.

6 같은 책.

7 같은 책, 「西臺 念佛庵」, 96쪽.

고 하여, 한국불교연구원의 설에 미련을 못 버린 상태에서 혼란함을 겪고 있는 양태를 보이고 있다.

이와 같은 대안부제의 문제는 2009년 한상길 저, 『월정사』에서도 그대로 답습된다. 한상길은 "지금도 월정사라는 이름이 언제부터 시작되었는지 알 수 없다. 다만 오대산의 서대에 있었던 수정암을 이전, 중창하면서 만월산의 '월月'과 수정암의 '정精'을 따서 새롭게 이름을 정했다는 이야기가 사중에 전한다"[8]라고 기록하고 있다. 전체적인 문장의 기록상 이 역시도 한국불교연구원의 설을 기본으로 하여 가감한 것이 역력하다.

이상의 월정사 사찰명칭의 유래에 관한 설명들을 살펴보면, 전체적으로 불명확한 가운데 오류를 인지하면서도 다른 대안이 없는 상태에서 답습되고 있다는 것을 알 수 있다. 필자는 이러한 월정사의 사찰명칭에 내포된 문제를, 월정사의 지형지세를 통한 풍수지리의 명당론明堂論을 바탕으로 해서, '월정月精'이란 명칭의 불교적인 의미와 중국문화적인 측면에 대해서 정리해보고자 한다. 이를 통해서 우리는 지금까지 불명료한 문제를 내포하고 있던 월정사의 사찰명칭에 대한 보다 타당한 결론에 도달할 수 있을 것이다.

2. 만월의 상징과 명당

1) 월정사의 지형지세와 달의 상징

월정사의 '월정月精'이라는 사찰명칭과 관련하여 가장 먼저 생각될

8 한상길 著, 『月精寺』(大韓佛敎振興院, 2009), 37쪽.

수 있는 부분은 뒷산〔背山〕인 만월산滿月山이다. 만월산은 백두대간白頭大幹에서 뻗어 나온 한 갈래인데,[9] 월정사 근처에 이르러 셋으로 갈라지면서 각기 다른 혈穴 자리들을 이루고 있다(사진3_1, 3_2). 세 혈 자리 중 가장 큰 곳에 월정사의 주불전主佛殿인 적광전寂光殿(사진4_1, 4_2)〔6·25의 소실로 인한 중건 이전의 명칭은 칠불보전七佛寶殿임(사진5_1, 5_2)〕[10]이 위치해 있다. 그리고 나머지 두 곳에는 각각 방산굴方山窟(사진6_1, 6_2)과 육수암六手庵(사진7_1, 7_2)이 자리 잡고 있다. 이렇게 놓고 본다면, 월정사의 사찰명칭은 만월산과 직결된다고 하겠다.

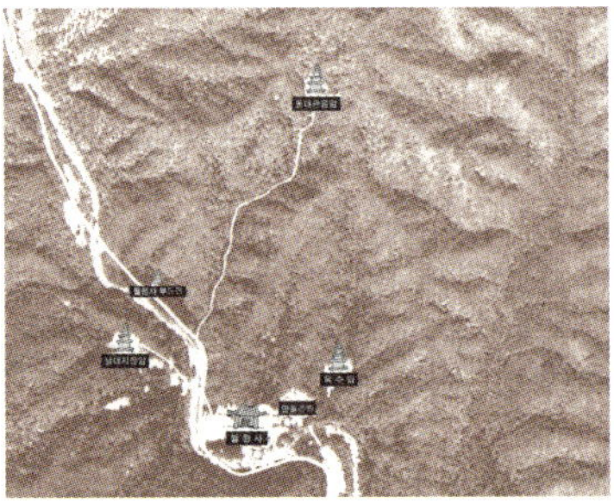

사진3_1 월정사 주변의 용맥龍脈이 드러난 모습

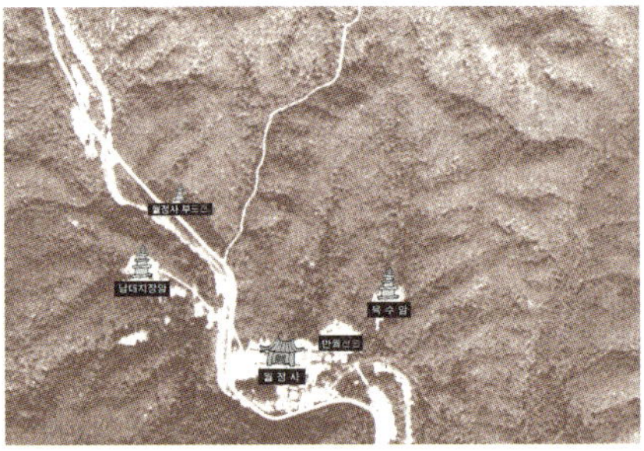

사진3_2 월정사 근처에 이르러 셋으로 갈라지면서 각기 다른 혈자리를 이루는 모습

---

9 『三國遺事』 3, 「塔像第四(臺山五萬眞身)」(大正藏 49, 999b), "此山乃白頭山之大脈各臺眞身常住之地." 月精寺 編, 『五臺山-月精寺·上院寺』(月精寺, 未詳), 8쪽; 박용수 著, 『五臺山』(대원사, 2002), 14쪽.

10 朝鮮總督府 編, 『朝鮮古蹟圖譜 12』(東京: 大塚巧藝社, 昭和 7年), p.1733. 七佛寶殿은 七佛殿이라는 명칭으로도 나타나는데, 殿閣 안에는 毘盧遮那와 釋迦牟尼의 2佛과 文殊·普賢·觀音·大勢至·地藏의 5菩薩이 모셔졌다고 한다. 이에 관해서는 조선후기의 기록인 混元世煥의 「金剛錄」을 통해서 확인해볼 수 있다.

사진4_1 월정사의 본전인 적광전

사진4_2 적광전 편액

사진5_1 월정사의 화재 전 칠불보전(『조선고적도보』)

5_2 칠불보전 편액

사진6_1 방산굴 전경

사진6_2 방산굴 편액

사진7_1 육수암의 본전인 칠보선원

사진7_2 육수암 편액

만월산이란, 만월과 같은 형용과 밝은 지형지세를 의미한다. 실제로 적광전의 후면에 노출된 산세는 흡사 만월과도 같은 도드라진 형상을 하고 있다(사진8_1, 8_2). 이는 만월이라는 명칭의 파생과 상호 무관하지 않을 것으로 사료된다. 또한 월정사가 위치해 있는 곳은 주변의 산지와는 달리 오대천五臺川에 둥글게 감싸인 산지 속에 위치한 원형의 평지이다(사진9_1, 9_2). 이러한 월정사의 지세 역시 만월의 의미와 일치된다. 즉 만월산의 형용과 월정사의 지세에서 우리는 공히 만월의 상징을 인지해볼 수가 있는 것이다.[11]

사진8_1 월정사 용맥의 전면 모습. 적광전 후면에 노출된 산세는 흡사 만월과도 같은 도드라진 형상을 하고 있다.

사진8_2 월정사 용맥의 측면 모습

11 같은 책, p.1732.

사진9_1 월정사 전경. 월정사가 위치해 있는 곳은 주변의 산지와는 달리 오대천에 둥글게 감싸인 산지 속에 위치한 원형의 평지이다.

사진9_2 (전傳) 김홍도 그림의 월정사

만월은 두 가지로 해석해보는 것이 가능하다.

그 첫째는 '현상現象'적인 관점에서 신월新月〔흑월黑月〕과 대비해서 생각해보는 것이다. 『삼국유사』의 「태종춘추공大宗春秋公」조에서 백제는 원월륜圓月輪〔만월〕과 같고 신라는 신월新月〔초승달〕과 같다[12]는 것. 또는 「보장봉로 보덕이암寶藏奉老 普德移庵」조에서 고구려가 망할 때 신월성新月城의 지세를 만월성滿月城으로 개축했다는 것[13]이 여기에 속한다. 이러한 경우 만월은 현상이라는 변화의 관점에서는 나쁜 것이 된다.

중국문화적인 관점에는 '물극필반物極必反(모든 것은 극에 이르면 반드시 반전된다)'[14]이나 '반자도지동反者道之動(되돌리는 것이야말로 도의 움직임이다)'[15] 및 '궁즉통窮則通'[16]에서와 같이, '원형이정元亨利貞'[17]과 같은 순환논리 속에서 가득 찬 것은 기우는 것의 첩경이 된다는 인식이 있다. 이는 『주역周易』에서 완성형이라고 할 수 있는 천지비天地否〔상괘☰, 하괘☷〕와 수화기제水火旣濟〔상괘☵, 하괘☲〕괘가 대흉괘로 파악되는 것이나,[18] '항룡유회亢龍有悔(끝까지 오른 용에게는 후회가 있다)'[19]와

12 『三國遺事』 1, 「紀異卷第一(大宗春秋公)」(大正藏 49, 970a·b), "有一鬼入宮中 大呼曰 百濟亡百濟亡 卽入地 王怪之 使人掘地 深三尺許 有一龜 其背有文 百濟圓月輪 新羅如新月 問之 巫者云 圓月輪者滿也 滿則虧 如新月者未滿也 未滿則漸盈 王怒殺之 或曰 圓月輪盛也 如新月者微也 意者國家盛而新羅浸微 乎王."

13 『三國遺事』 3, 「興法第三(寶藏奉老 普德移庵)」(大正藏 49, 988c), "道士等行鎭國內有名山川 古平壤城勢新月城也 道士等呪勅南河龍 加築爲滿月城 因名龍堰城 作讖曰 龍堰堵 且云千年寶藏堵."

14 馮友蘭 著, 鄭仁在 譯, 『간명한 中國哲學史』(螢雪出版社, 2008), 45~46, 151쪽.

15 『老子』 「第40章」, "反者 道之動, 弱者 道之用."

16 『周易』 「繫辭下傳」, "02: 易窮則變, 變則通, 通則久."

17 『周易』 「乾卦第一」, "01: 乾, 元, 亨, 利, 貞."

같은 구절을 통해서 단적인 인식이 가능하다. 이와 반대로 지천태地天泰〔상괘☷, 하괘☰〕와 화수미제火水未濟〔상괘☲, 하괘☵〕, 및 지뢰복地雷復〔상괘☷, 하괘☳〕괘는 대길괘로 인식된다.[20] 실제로 이와 같은 중국문화적인 관점을 기초로 『삼국유사』의 신월과 만월의 내용도 전개되고 있는 것이다. 이러한 관점에서 본다면, 만월이란 차면 기우는 측면의 흉상凶相을 상징한다고 하겠다.

만월에 대한 두 번째 관점은 그 '덕상德相'과 관련된 것이다. 달의 덕상과 관련된 긍정적인 인식 역시 중국문화권의 전통 속에 내재해 있다.

달은 밤이라는 어두운 음陰을 물리치는 음陰 중의 양陽이다. 이는 곧 길상吉相을 의미하며, 이러한 의미가 가장 강할 때가 보름, 즉 백월白月이다. 또한 농경문화에 있어서 달의 영향력과 결부된 전통명절로 보름명절 군群인 정월 보름〔대보름〕, 6월 보름〔유두流頭: 동류두목욕東流頭沐浴〕, 7월 보름〔백중百中·백종百種〕, 8월 보름〔한가위〕을 형성하게 된다.[21] 이는 달의 덕상을 보름이라는 상징을 통해서 파악해 숭앙하는 가치라고 하겠다.

실제로 중국 한漢·당唐시대의 화상석畵像石이나,[22] 고구려의 고분벽

---

18 『周易』「否卦第十二」, 「旣濟卦第六十三」.

19 『周易』「乾卦第一」, "18: 上九曰〔亢龍有悔〕, 何謂也? 子曰,〔貴而无位, 高而无民, 賢人在下位而无輔, 是以動而'有悔'也.〕"

20 『周易』「泰卦第十一」, 「未濟卦第六十四」, 「序卦傳」, "02: 物不可窮也, 故受之以未濟終焉.", 「復卦第二十四」.

21 이 외에도 보름과 관련해서는 3元, 즉 上元(1월 15일)·中元(7월 15일)·下元(10월 15일)의 측면도 있다.

22 전호태 著, 『中國 畵像石과 古墳壁畵 硏究』(솔, 2007), 167~203쪽.

화[23] 속에 등장하는 달은 언제나 만월로 나타난다. 이는 덕상에 의한 판단이라고 할 수 있다. 이와 같은 관점은 만월의 색을 흰색이나 자색紫色으로 나타내는 것을 통해서도 단적인 인식이 가능하다.

만월의 색깔에 있어서 흰색은, 어두운 밤하늘에서 상대적으로 밝게 빛나는 달의 현상적인 인식에 기초한 것이다. 그런데 동시에 흰색은 중국문화권에서는 전통적으로 길함을 의미하는 색깔이기도 하다. 또한 자색과 같은 경우는 일찍부터 진시황의 함양궁咸陽宮이나 명明·청淸대의 자금성紫金城 등을 통해 황제와 직결[24]되는 귀함의 상징으로 인식되어 왔다. 즉 흰색과 같은 경우는 만월에 대한 현상인식에 기초한 길함이라면, 자색과 같은 경우는 그 덕상에 의한 파악이라고 할 수가 있는 것이다.

또한 만월의 밝음은, 달은 곧 '예쁘다'는 긍정적 이미지를 파생하기도 한다. 전통적인 미인에 대한 수식에 경국지색傾國之色 이 외에도 수화폐월羞花閉月(미인을 보고서 꽃이 부끄러워하고 달이 숨는다는 말)이 있는 것은 이를 증명한다. 즉 중국 전통 인식에는 만월에 긍정의 관점 역시 존재하고 있는 것이다.

여기에 후대의 불교유입은 달에 대한 긍정인식의 강화를 파생하게 된다. 그 대표적인 측면이 화엄사상의 월인만천月印滿川이다.[25] 월인만

---

23 전호태 外 編著, 『高句麗 古墳壁畵』(연합뉴스, 2006), 參照.

24 秦始皇의 咸陽宮(陳喜波, 「文博〔第4期〕」, 北京: 北京文物局, 2000, p.16)은 紫微垣과 상응하도로 건축된 것이며, 紫金城의 자금 역시 紫微大帝의 상징을 차용한 것이다.

『論語』「爲政第二」, "0201: 子曰, '爲政以德, 譬如北辰, 居其所而衆星共之.'"

25 『大方廣佛華嚴經』 34, 「寶王如來性起品第三十二之二」(大正藏 9, 618b), "一切澄淨水 月影無不現"

천의 월은 달의 장애 없는 현현顯現함을 통해서 법신法身의 묘용妙用을 상징하는 것[26]이다. 이는 이후 북송5자北宋五子 중 한 명인 장재張載가 지은 「서명西明」[27]의 이일분수理一分殊[28] 사상을 거쳐, 조선 초의 월인천강月印千江의 관념으로 계승된다.[29] 월인만천의 월이 만월을 지칭하는 것인지는 명확하지 않다. 그러나 여기에서의 달이 법신에 대한 상징적 차용이라는 점에서 만월로 해석함이 타당한 것으로 사료된다. 이는 화엄사상에서뿐만 아니라, 이일분수설理一分殊說 등을 통해서도 일관되는 인식이다. 이러한 달에 대한 불교적 관점은 달의 형용에 있어서도 만월을 형상화하는데, 이의 대표적인 용례가 월광보살의 달 표현(사진 10_1, 10_2)[30]과 우리나라 전통 가사袈裟 속에 등장하는 월광문月光紋(사진11_1, 11_2)이다.[31]

---

26 『大方廣佛華嚴經疏』 26(大正藏 35, 700c); 『大方廣佛華嚴經疏』 39(大正藏 35, 801c) 等.

27 張載 著, 『正蒙』 「17. 乾稱篇」.

28 拙稿, 「中國哲學的 思惟에서의 '理通氣局'에 관한 考察」, 『東洋哲學硏究』 제50집(2007), 340~341쪽.

29 正祖의 自號인 '萬川明月主人翁'도 이러한 가치의 선상에서 기인한 것이다.

30 강선정·조우현, 「조선 중기 西山大師와 碧巖大師의 가사 유물에 대한 연구」, 『韓國服飾學會紙』 제61권 3호(2011), 134~135쪽.

31 李順德, 「韓國袈裟에 대한 硏究」(嶺南大 博士學位論文, 1995), 122~125쪽; 김경숙, 「臺灣·韓國·日本의 현재 袈裟의 특징에 관한 연구」 『韓服文化』 제8권 제1호(2005), 73쪽; 김경숙·안명숙 著, 『韓國의 袈裟』(대원사, 2005), 55~70쪽.

사진10_1 약사삼존도의 월광보살(회암사 문정왕후 발원, 1565년)

사진10_2 칠성탱화의 월광보살(선암사 칠성도, 1895년)

사진11_1 (전(傳)) 대각국사 가사의 월광문(선암사 소장)

사진11_2 벽암각성 가사의 월광문(화엄사 소장)

이상을 통해서 우리는 동양학적인 관점의 만월에 대한 인식에는 '현상에 입각한 부정적인 요소'와 '덕상에 의거하는 긍정적인 요소'가 함께 공존하고 있다는 것을 알 수 있다. 그렇다면 이 중에서 월정사의 사찰명칭과 관련된 측면은 어떤 경우에 해당하는 것인가? 월정사의 월정이 사찰명칭이라는 점과 월정사 주변의 지형지세, 그리고 불교적인 인식 등에 기초해볼 때, 월정사의 월정은 둘째의 긍정적인 인식에 기초한다고 판단된다. 이는 월정사가 명당이라고 기록하고 있는 『삼국유사』「대산월정사오류성중臺山月精寺五類聖衆」조의 내용[32]을 통해서도 단적인 인식을 시사받아 볼 수가 있다.

또한 요즘의 일이기는 하지만, 2009년 월정사에 선원禪院이 개원되면서 명칭이 금강선원金剛禪院으로 대두되다가 만월선원滿月禪院으로 확정됨에 있어서, 주지인 퇴우정념退宇正念스님은 그 명칭이 화엄사상의 관점에 입각한 만월임을 표현한 바 있다.[33] 이는 만월의 긍정적 이미지가 월정사에서 오늘날까지도 계승되고 있음을 나타낸다고 하겠다.

2) 자장의 개창과 『삼국유사』의 명당 인식

월정사의 창건은 자장慈藏과 관련된다. 『삼국유사』의 「대산오만진신臺山五萬眞身」조에는 일연一然이 월정사의 산중고전山中古傳을 인용하여 다음과 같이 기록하고 있다.

---

32 『三國遺事』 3, 「塔像第四(臺山月精寺五類聖衆)」(大正藏 49, 1000b), "相地者云 國內名山 此地最勝 佛法長興之處云云."

33 滿月禪院은 2008년 8월에 竣工되고, 同 10월에 開院하여 11월 冬安居부터 大衆을 수용하였다.

이 산이 진성眞聖〔문수보살〕의 주처住處로 명명된 것은 자장법사로부터 비롯된 것이다. 처음에 법사가 중국 오대산의 문수진신을 친견하고자 하여 선덕(여)왕대인 정관貞觀 10년 병신(636)에 입당入唐하였다. 처음에 중국 (오대산) 태화지太和池 주변의 문수석상이 있는 곳에 이르러 정성스레 7일 기도를 올리니, 홀연히 꿈에 (문수)대성大聖이 4구게四句偈를 주었다. 꿈을 깨어 기억할 수는 있었지만, 모두가 범어梵語〔인도말〕여서 도통 이해할 수가 없었다. 명일의 새벽에 문득 어떤 한 승려가 비라금점가사緋羅金點袈裟〔붉은 비단에 금점이 있는 가사〕 1령一領과 불발佛鉢 1구一具, 및 불두골佛頭骨 1편一片을 가지고 법사의 곁에 이르렀다. …… 이에 소장하고 있던 가사 등을 주면서 부촉하여 이르렀다. "이것은 본사本師이신 석가(세)존釋迦(世)尊의 도구입니다. 당신이 잘 호지하십시오." 또 말하였다. "당신의 본국本國 간방艮方〔동북방〕의 명주경계溟州境界에 오대산이 있어 1만 문수가 항상 저곳에 상주하고 계시니, 당신은 가서 친견하도록 하십시오." 말을 마치자 홀연히 사라졌다. 주변의 영적靈迹들을 순례하고 장차 신라(東國)로 돌아오려고 하는데, 태화지의 용이 현신하여 재를 청함에 7일 동안 공양하였다. 이에 (용이) 고하여 말하였다. "일전에 게송을 전해준 노승이 진문수眞文殊입니다." 또한 (자신을 위한) 창사創寺와 건탑建塔의 일을 간곡하게 부탁하였다. 『별전別傳』에 갖추어 기록되어 있다.

법사는 정관 17년 이 산〔한국 오대산〕에 이르러 (문수)진신眞身을 뵙고자 하였으나, 3일간 날이 몹시 어두워 결과를 얻지 못하고 돌아갔다. 다시 원녕사元寧寺에 이르자 이에 문수를 친견하니, "갈반처葛蟠處로 가라"고 하였다. 지금의 정암사淨嵓寺가 그곳이다.

후에 두타頭陀 신의信義가 있었는데, 이는 범일梵日의 문인이다. (이곳에) 와서 자장법사가 휴식한 장소를 찾아 암자를 짓고 거처하였다. 신의가 죽자 암자 또한 오래도록 황폐하였다. (후에) 다시 수다사水多寺의 장로長老 유연有緣이 중창하여 거처하였는데, 지금의 월정사가 그곳이다.[34]

「대산월정사오류성중」조에서는 사중소전寺中所傳의 고기古記를 인용하여 조금 다른 기록을 남기고 있다.

자장법사가 처음에 오대산에 이르러 (문수)진신眞身을 뵙고자 산기슭에 모옥茅屋을 짓고 머물렀으나, 7일이 지나도록 친견하지 못하였다. 이에 묘범산妙梵山에 이르러 정암사淨岩寺를 창건하였다. 뒤에 신효거사信孝居士라는 이가 있었는데, 혹 이르기를 유동보살幼童菩薩의 화신化身라고도 한다. …… 후일 출가하여 그 집을 내놓아 절을 만들었으니, 지금의 효가원孝家院이다. (거)사가 경주 경계인 하솔河率〔강릉〕에 이르러 (학의 깃〔가사袈裟〕으로) 사람들을 보니, 모두가 사람의 형상이

34 『三國遺事』 3, 「塔像第四(臺山五萬眞身)」(大正藏 49, 998b·c), "(按山中古傳) 此山之署名眞聖住處者 始自慈藏法師 初法師欲見中國五臺山文殊眞身 以善德王代貞觀十年丙申(唐僧傳云十二年今從三國本史)入唐 初至中國太和池邊石文殊處 虔祈七日 忽夢大聖授四句偈 覺而記憶 然皆梵語 罔然不解 明旦忽有一僧 將緋羅金點袈裟一領 佛鉢一具 佛頭骨一片到于師邊 … 以所將袈裟等付而囑云 此是本師釋迦尊之道具也 汝善護持 又曰 汝本國艮方溟州界有五臺山 一萬文殊常住在彼 汝往見之 言已不現 遍尋靈迹 將欲東還太和池龍現身請齋供養七日 乃告云 昔之傳偈老僧是眞文殊也 亦有叮囑創寺立塔之事 具載別傳 師以貞觀十七年來到此山 欲覩眞身三日 晦陰不果而還 復住元寧寺 乃見文殊 云至葛蟠處 今淨嵓寺是(亦載別傳)後有頭陀信義 乃梵日之門人也 來尋藏師憩息之地 創庵而居 信義旣卒 庵亦久廢 有水多寺長老 有緣重創而居 今月精寺是也"

> 었다. 이로 인하여 거주의 뜻이 있었다. 길에서 노부인을 보고는 살 만한 곳을 묻자 부인이 말하기를, "서령西嶺을 지나면 북향北向한 골짜기가 있는데 가히 거처할 만합니다" 하고는 보이지 않았다. (거)사가 관음觀音의 가르침인 것을 알고는 이에 성오평省烏坪을 지나 자장이 처음에 풀을 맺었던 곳에 살았다. …… 이 월정사는 자장이 처음에 풀을 맺었고〔모옥을 지었고〕, 다음에는 신효거사信孝居士가 와서 살았으며, 다음은 범일梵日의 문인門人인 신의두타信義頭陀가 와서 암자를 창건하여 살았다. 후에 수다사水多寺의 장로長老 유연有緣이 와서 살았다. 이리하여 점차 대사大寺를 이루었다. 절의 5류성중五類聖衆과 9층석탑九層石塔은 모두 (이러한) 성스러운 자취(聖跡)이다.[35]

이상의 기록을 통해서 본다면, 자장이 오대산을 찾은 목적은 월정사를 창건하려는 것이 아니라 문수보살의 친견에 있었음을 알 수 있다. 그런데 그 목적마저도 성공하지 못하였다. 이는 오대산의 문수신앙文殊信仰이 자장과 관련됨은 인정되어도 그 중심이 월정사가 아니라는 것을 의미한다.

일연이 보았다는 산중고전이나 사중소전의 고기古記가 무엇을 지칭하는 것인지는 명확하지 않다. 다만 두 기록 사이에 두 가지의 큰

---

35 『三國遺事』 3, 「塔像第四(臺山月精寺五類聖衆)」(大正藏 49, 1000a), "(按寺中所傳古記云) 慈藏法師初至五臺 欲覩眞身 於山麓結茅而住 七日不見 而到妙梵山創淨岩寺 後有信孝居士者 或云幼童菩薩化身 … 後乃出家 捨其家爲寺 今爲孝家院 士自慶州界至河率 見人多是人形 因有居住之志 路見老婦 問可住處 婦云 過西嶺有北向洞可居 言訖不現 士知觀音所教 因過省烏坪 入慈藏初結茅處而住 … 此月精寺慈藏初結茅 次信孝居士來住 次梵日門人信義頭陀來 創庵而住 後有水多寺長老有緣來住 而漸成大寺 寺之五類聖衆九層石塔皆聖跡也."

차이가 있으므로 양자는 각기 다른 기록물이라는 것 정도를 우리는 인지해볼 수가 있다.

두 가지의 큰 차이는 첫째, 자장이 월정사 터에 머무른 기간이다. 이는 3일과 7일[36]로 각기 차이를 보이는데, 3일과 같은 경우는 동북아 전통에서 만수滿數의 의미를 가지고 있다면, 7이란 인도문화권에서 만수의 의미를 내포한다. 이러한 숫자의 상징성에 관해서는 필자가 「불교 숫자의 상징성 고찰」을 통해서 그 의미를 밝혀 놓은 것이 있다.[37] 그러므로 이러한 경우, 자장이 월정사 터에 머문 것은 3일과 7일이라는 제한된 기간이라기보다는 '어느 정도 이상의 충분한 기간의 의미'로 이해해야 할 것이다. 즉 자장은 월정사 터에서 충분한 기간 동안 문수보살의 현현顯現을 기다렸으나 친견하지 못했다는 말이다. 이는 월정사가 자장 문수신앙의 중심지는 아니라는 점을 분명히 해준다고 하겠다.

다음으로 둘째는, 「대산오만진신」조가 월정사의 창건과 전개를 '자장 → 신의 → 유연'으로 하고 있는데 반해서, 「대산월정사오류성중」조에서는 '자장 → 신효 → 신의 → 유연'으로 하고 있어 중간에 신효가 삽입되고 있는 것이다.

자장이 오대산을 찾은 것은 귀국 후인 643년이다.[38] 그런데 범일국사

---

36 閔漬(1248~1326)의 「奉安舍利開建寺庵第一祖師傳記」에는 『臺山本記』를 인용하여 자장이 7일을 머물렀음을 기록(韓國佛教研究院 著, 『月精寺〔附〕上院寺』, 一志社, 1995, 20쪽)하고 있는데, 이 역시도 一然이 언급하고 있는 寺中所傳의 古記를 통한 것이 아닌가 한다. 이렇게 놓고 본다면, 寺中所傳의 古記는 『臺山本記』가 된다고 하겠다.

37 拙稿, 「불교 숫자의 상징성 고찰-'4'와 '7'을 중심으로」, 『宗教研究』 제55집(2009), 227~228, 244~251쪽.

38 李彙晋이 1752년에 기록한 「月精寺重建事蹟碑」(朝鮮總督府 編, 『朝鮮金石總覽

는 통일신라 시기의 인물로 생몰연대가 810~889년에 해당한다. 신의가 범일의 문인이라면 범일에 비해서 약 1세대[39] 정도를 낮춰 잡을 수 있다.[40] 거기에 신의가 범일의 제자가 된 이후에 오대산을 찾았으니, 자장이 오대산을 찾은 것과 비교해보면 최소 200년 이상의 차이가 나게 된다. 그런데 이러한 시차를 격하여 자장이 문수보살을 친견하기 위해 임시로 머물던 자리를 찾아서 절을 지었다는 것은 타당성이 약하다. 그러므로 월정사 내의 5류성중 유물과 관련된 신효라는 인물이 삽입되고 있는 것이 아닌가 한다. 실제로 「대산월정사오류성중」조에서도 월정사에 처음으로 암자를 건립한 인물은 신의로 나오고 있다. 이는 신효의 거처가 기본적인 사찰의 형태를 갖춘 건물이 아닐 수 있음을 의미한다. 이러한 관점은 신효가 후에 출가했음에도 불구하고 '거사'라는 칭호로 불리는 것이나,[41] 오대산이 문수성지文殊聖地임에도

下』, 京城: 朝鮮總督府, 大正 8年, p.1170)에 의하면, 월정사의 창건이 善德王 14년인 645년으로 되어 있어 차이가 있다. 이에 관해 현존 『五臺山事蹟記』와 異本인 『五臺山事蹟公參』 역시 645년 설을 기록하고 있어 주목된다. 해당 문장을 적시해보면 다음과 같다. "貞觀十七年癸卯而還善德王封爲大國統合住芬皇寺貞觀十九年太和池龍之言立皇龍寺九層塔以彼五臺梵僧所授舍利安于塔之心柱因住皇龍寺云云後往溟州(今江陵也)五臺山登地爐峰奉安佛腦及頂骨立碑於伽羅墟(碑則隱而不現)以紀其蹟因創月精寺建十三層塔奉安舍利三十七枚於塔心." 이렇게 놓고 본다면, 李稾晋의 기록은 이와 같은 寺中의 인식에 입각한 것이 아닌가 한다.

39 馮友蘭 著, 『中國哲學史(下冊)』(上海: 華東師範大學出版社, 2003), p.224.

40 한상길 著, 『月精寺』(大韓佛教振興院, 2009), 20쪽.

41 신효거사를 幼童菩薩의 化身이라 한 것도 같은 맥락이 아닌가 한다. 幼童菩薩은 儒童菩薩을 의미하는 것으로 사료된다. 儒童菩薩은 불교내적으로는 燃燈佛에게 공양을 올리는 善慧(수메다)童子를 지칭하며, 외적으로는 孔子를 나타낸다. 두 경우 다 대단한 능력자를 지칭하는 것이기는 하지만, 정상적으로 삭발 수계한 승려를 의미하는 것은 아니다. 이는 신효를 계속해서 거사로 지칭하는 것과 상통하는

불구하고 관세음보살에 의해 인도되는 이질적인 성질 등을 통해서 시사받아 볼 수가 있다. 즉 신효는, 자장으로부터 충분한 자질을 갖춘 승려인 범일의 문인이로서의 신의에 이르는 다소 과도기적인 인물이라고 할 수 있는 것이다.

이러한 차이점을 통해서 우리는 산중고전이나 사중소전의 고기古記가 서로 다른 전승기록이라는 점을 확인해볼 수 있다. 그러나 이러한 양자는 공히 월정사에서 전래되고 있는, 혹은 월정사와 관련된 기록임에는 분명하다. 그렇다고 하더라도 월정사와 자장의 관계는 문수보살을 친견하기 위한 임시적인 모옥茅屋 이상은 아닌 것이다. 이는 우리로 하여금 월정사와 자장의 관계가 후일 월정사의 사격寺格이 성장하자, 월정사의 개창과 관련하여 자장을 끌어들인 것이 아닌가 하는 개연성을 상정케 한다. 즉 『삼국유사』의 기록만을 놓고 본다면, 월정사와 자장과의 사이에는 큰 상관관계가 성립하기 어렵다는 말이다. 이는 월정사의 사찰명칭과 관련해서도 자장과의 연관성을 상정하기 어렵다는 것을 의미한다.

또한 월정사의 사찰명칭인 '월정'과 관련해서, 이는 불교적인 상징성이 크게 대두되는 것이 없다. 즉 불교사상적인 관점에서 월정이라는 의미에 이렇다 할 특수성이 찾아지지 않는다는 말이다. 이렇게 놓고 본다면, 월정이라는 사찰명칭은 월정사 주변의 지형지세와 연관된 명당론과 관련된 것으로 이해하는 것이 보다 바람직하다고 할 수 있다.

『삼국유사』를 통틀어 명당이라고 언급되는 곳은 경주 안의 전불시대前佛時代 7처가람지七處伽藍址[42]와 울산의 영취사靈鷲寺,[43] 그리고 월정

의미로 이해된다.

42 『三國遺事』 3, 「興法第三(阿道基羅〔一作我道 又阿頭〕)」(大正藏 49, 986b), "其京都

사로 총 9군데에 불과하다. 그런데 이 중 7처가람지와 영취사는 공히 전불시대의 가람지라는, 깊은 불연佛緣에 의한 특수한 상징성을 확보하고 있다. 그런데 월정사와 같은 경우는 '상지자相地者〔지관〕에 의한 견해(相地者云)'라고 되어 있어, 명당의 지정과 인식에 대한 관점에 차이가 있다는 것을 분명히 해준다. 즉 전자의 8곳 명당이 모두 전불前佛이라는 불연에 기초한 명당이라면, 월정사는 지형지세에 입각한 명당인 것이다. 또한 전자의 8곳은 수도인 경주나 인근인 울산인데 반하여, 월정사는 수도로부터 멀리 떨어져 있는 명주溟州지역이다. 이는 명당론에 논리적인 층차가 존재한다는 것을 의미한다.

실제로 월정사와 같은 경우는 주변이나 사찰이 위치하고 있는 지형지세가 공히 만월과 같은 형용을 하고 있다. 이는 사찰명칭이 불교적인 사상의 차용이나 상징의 수용에 의한 것이 아니라, 지형지세에 입각한 것이라는 점을 분명히 해준다.

터만 놓고 본다면, 월정사는 완전한 명당은 아니다. 이는 오대천이 월정사 옆을 강하게 치는 형국으로 그 기운이 사찰의 영역을 침범하기 때문이다. 월정사에서도 과거부터 이점을 인지했기 때문에 일반적으로 일주문一柱門 밖에 위치해 있는 부도전浮屠田이 월정사와 같은 경우는 경내보다도 더 안쪽에 위치하고 있다(사진12_1, 12_2, 12_3).

內有七處伽藍之墟 一曰金橋東天鏡林(今興輪寺 金橋謂西川之橋 俗訛呼云松橋也 寺自我道始基 而中癈 至法興王丁未草創 乙卯大開 眞興王畢成) 二曰三川岐(今永興寺 與興輪開同代) 三曰龍宮南(今皇龍寺 眞興王癸酉始開) 四曰龍宮北(今芬皇寺 善德甲午始開) 五曰沙川尾(今靈妙寺 善德王乙未始開) 六曰神遊林(今天王寺 文武王己卯開) 七曰婿請田(今曇嚴寺)皆前佛時伽藍之墟 法水長流之地."

43 『三國遺事』3, 「避隱第八(朗智乘雲 普賢樹)」(大正藏 49, 1015c), "靈鷲寺記云 朗智嘗云 此庵址乃迦葉佛時寺基也."

사진12_1 월정사의 부도는 지장암의 북쪽에 있다.

사진12_2 월정사의 부도군

사진12_3 월정사의 부도전. 월정사와 같은 경우는 부도전이 경내보다도 더 안쪽에 위치해 있다.

이는 석물石物을 통해서 사역寺域으로 침범하는 수기水氣를 누르려는 보기법補氣法에 의한 것으로 이해된다. 부도전을 통해서 볼 때, 월정사에 이와 같은 터와 관련된 인식이 과거부터 존재하고 있었다는 점은, 월정사의 사찰명칭이 지형지세와 관련된 명당론에 입각해서 수립되었을 개연성을 증대시켜 준다.

물론 자장이 중국 장안長安의 종남산終南山에 유학했다는 것을 근거로 자장을 해동화엄海東華嚴의 초조初祖로 비정하는 관점이 있다는 점[44]에서, 화엄사상에서의 달에 대한 인식을 곧장 만월산이나 월정사의 사찰명칭과 연결시키려는 관점도 존재할 수 있다. 그러나 앞서 언급한 바와 같이 자장과 월정사의 관련성이 뚜렷하지 않다는 점은, 이의 타당성을 제고케 하기에 충분하다.

또한 오대산의 신앙체계가 완성되는 보천寶川·효명孝明과 관련된 신라하대의 기록에서도 월정사는 두드러진 양태를 보이고 있지 않다. 이는 『삼국유사』의 「대산오만진신」조를 통해서 확인해볼 수가 있다.

> (보천寶川이 말하길) "보천암寶川庵을 화장사華藏寺로 고쳐 세워라. … 이 화장사를 오대사五臺社의 본사本寺로 삼아 견고히 수호토록 하라. (행이 깨끗한) 정행淨行의 복전福田(승려)에게 명하여 향화香火를 길이 끊이지 않도록 하라. 그러면 국왕이 천추千秋하고 인민이 안태安泰할 것이며, 문무文武가 화평하고 백곡이 풍성할 것이다. 또 하원下院에 문수갑사文殊岬寺를 더 배치하여 사社들의 도회都會로 삼아라."[45]

보천은 진여원眞如院〔상원사(사진13_1, 13_2, 13_3)〕, 또는 중대中臺(사진14_1, 14_2, 14_3)의 문수보살에게 차 공양을 올렸다고 되어 있으므

44 李杏九, 「韓國 華嚴의 初祖考」, 『佛敎文化硏究』 제4집(1995), 10~19쪽.

45 『三國遺事』 3, 「塔像第四(臺山五萬眞身)」(大正藏 49, 999c), "寶川庵改創華藏寺 … 以此華藏寺爲五臺社之本寺 堅固護持 命淨行福田鎭長香火 則國王千秋 人民安泰 文虎和平 百穀豐穰矣 又加排下院文殊岬寺爲社之都會."

사진13_1 상원사(眞如院)의 편액

사진13_2 상원사 문수전 편액

사진13_3 (전傳) 김홍도 그림의 상원사

로,[46] 보천이 살던 화장사를 월정사로 비정하기에는 어려움이 있다. 그렇다면, 하원下院이 대체적으로 월정사에 상응한다고 할 수 있다.

---

46 『三國遺事』 3, 「塔像第四(臺山五萬眞身)」(大正藏 49, 999a), "每日寅朝 … 二公每汲洞中水煎茶獻供 至夜各庵修道."; 『三國遺事』 3, 「塔像第四(溟州〔古河西府也〕五臺山寶叱徒太子傳記)」(大正藏 49, 999c), "每日早朝汲于洞水 煎茶供養 一萬眞身文殊."

사진14_1 중대 사자암 전경

사진14_2 중대 사자암의 비로전

사진14_3 (전傳) 김홍도 그림의 중대

이는 하원과 문수갑사文殊岬寺에서의 '갑岬'이라는 명칭의 의미와도 상호 연결점이 확보된다는 점에서 더욱 그렇다.

하원이라는 명칭은 상원上院에 대한 대칭적인 칭호이다. 이는 오늘날도 상원사가 월정사의 사역에 있으면서도, 부속암자가 아닌 독립된 '사寺'로 지칭되는 것을 통해 일정 부분 이상 그 타당성이 확보될 수 있다.

그런데 월정사를 하원에 비정하더라도, 보천·효명과 관련되어 오대산신앙이 정립되는 데 있어서 하원의 역할은 전혀 두드러지는 것이 없다. 만일 월정사의 사찰명칭이 자장의 화엄사상과 관련되거나 했다면, 신라하대에 이르기까지 전혀 두각을 나타내지 못하고 있다는 것은 납득하기 어렵다. 그러므로 월정사의 위치에 있어서 자장과의 관련성은 자료를 통해서 인정해볼 수는 있어도, 이를 통해 사찰명칭과 연관시키는 것에는 무리가 있다고 하겠다. 즉 월정사의 사찰명칭은 명당론에 입각한 관점에서 수립되고 있다는 것이 보다 더 타당한 접근인 것이다.

3. '월정'의 의미 해석

1) 월정과 두꺼비

월정月精이란 '달의 정령精靈'으로, 이는 일정日精에 상응하는 표현이다. 일정이란 준오踆烏[47]라는 까마귀로 주로 묘사되는데, 이는 날아가는 형상을 취하는 제비와 같은 측면[48]과 정지해 있는 3족오三足烏(혹 2족오)로 묘사되는 경우들이 있다.[49] 이에 대해서는 중국의 화상석畵像石이나 고구려의 고분벽화[50] 등을 통해서 확인해볼 수 있다.

그런데 이런 경우들에서도 까마귀는 그 자체가 태양이 되는 것은

47 『淮南子』「7. 精神訓」, "日中有踆烏"

48 전호태 著, 『中國 畵像石과 古墳壁畵 硏究』(솔, 2007), 167~203쪽.

49 손환일, 「三足烏 문양의 시대적 변천」, 『三足烏』(학연문화사, 2007), 82~87쪽.

50 이형구, 「고구려 고분벽화에 보이는 三足烏 신앙에 대하여」, 『三足烏』(학연문화사, 2007), 41~61쪽.

아니다. 즉 까마귀는 태양 속에 존재하는 일정日精인 것이다.[51] 까마귀를 일정으로 파악하는 것은 『산해경山海經』의 주석이나[52] 『회남자淮南子』의 주석[53] 등[54]과 같이, 여러 문헌에서 발견되는 중국문화권의 보편적인 측면이다. 이는 태양의 흑점 활동과 같은 온도차에 의한 검은 부분을, 신화적인 상징으로 차용하는 과정에서 성립한 것으로 이해된다.[55]

태양의 일정이 일반적으로 까마귀(三足烏)로 단일화되어 있는 데 반하여, 달의 월정은 '두꺼비'와 '토끼'라는 두 가지로 나타나고 있어 차이가 있다. 이 중 고대에 있어서 보다 보편적인 인식으로 자리 잡고 있는 것은 두꺼비이다. 『회남자』 「7. 정신훈精神訓」에는 "월중유섬여月中有蟾蜍"라는 구절이 있는데, 이를 통해서 우리는 달 속의 두꺼비가 섬여라는 것을 알 수 있다.

월정으로서의 두꺼비는 일정의 까마귀에 상응하는 것으로 예羿의

---

51 까마귀와 유사한 陽烏가 태양을 등에 지고 나른다는 관점도 있어 주의가 요구된다(전호태 著, 『中國 畵像石과 古墳壁畵 硏究』, 솔, 2007, 169~171쪽; 『山海經』 9, 「大荒東經」, "一日方至, 一日方出, 皆載于烏"; 官東貴 著, 「中國古代十日神話之硏究」, 『從比較神話到文學』, 台北: 東大圖書出版社, 1977). 그러나 두꺼비가 月精이듯이(徐堅 等 編, 『初學記』 1, "託身於月, 是爲蟾蜍, 而爲月精.") 까마귀 역시 日精으로 파악하는 것이 보다 정당한 견해가 아닌가 한다. 왜냐하면, 화상석에는 陽烏 이외에도 日神羽人畵像에서와 같이 태양 속의 까마귀와 태양을 운반하는 새와 같은 형상의 이중구조가 나타나 보이기 때문이다(전호태 著, 『中國 畵像石과 古墳壁畵 硏究』, 솔, 2007, 177~180쪽).

52 珂案 註, 『山海經』 4, 「海外東經」, "傳「日中有踆烏」(淮南子精神篇), 卽三足烏, 又稱陽烏, 金烏."

53 高誘 註, 『淮南子』 「精神訓」, "踆, 猶蹲也, 謂三足烏."

54 洪興祖 補註, 『楚辭』 「離騷」, "陽成於三, 故日中有三足者, 陽精也."

55 허홍식, 「三足烏의 동북아시아 기원과 사상의 계승」, 『三足烏』(학연문화사, 2007), 22쪽.

신화에 함께 등장한다. 예는 그리스 신화의 헤라클레스에 비견되는 중국의 대표적인 영웅[56]으로, 동방東方의 천제天帝인 제준帝俊에 의해 인간세계로 파견되어 총 7가지에 이르는 인간들의 재앙을 물리치는 신神이다.[57] 이 중 요임금 때 10개의 태양이 동시에 하늘에 뜬 사건이 가장 대표적인데, 이때 예는 9개의 화살로 태양 9를 맞혀서 떨어트린다.[58] 그 태양이 떨어진 자리에 까마귀가 있었다는 것이 중국의 신화 속에서 까마귀가 일정日精으로 이해되는 측면이 된다.

그런데 여기에는 딜레마적인 문제가 내포되어 있다. 왜냐하면, 10개의 태양들은 제준帝俊과 그의 부인인 희화羲和의 사이에서 태어난 자식들이었기 때문이다.[59] 예는 제준의 명[60]에 의해서 인간들의 재난을 구해주고자 9개의 태양을 떨어트렸지만, 그 죽인 대상은 제준의 자식들이었던 것이다. 이러한 문제는 예가 모든 난제들을 해결했음에도 다시는 천상으로 되돌아가지 못하는 징벌을 받게 되는 결과를 파생하게 된다. 이로 인하여 예는 인간계 속에 갇혀서 죽을 수밖에 없는 운명에 처해지기에 이른다.

그런데 예의 신화에는 관점에 따라서 예보다도 더 억울한 인물이

56 위앤커 著, 전인초·김선자 譯, 『中國神話傳說1-譯註本』(民音社, 2002), 446쪽.

57 전인초·정재서·김선자·이인택 著, 『中國神話의 理解』(아카넷, 2002), 93~98쪽; 위앤커 著, 전인초·김선자 譯, 『中國神話傳說1-譯註本』(民音社, 2002), 446~455쪽.

58 郭璞 註, 『山海經』 4, 「海外東經」, "郭璞云: … 淮南子亦云: 〔堯乃令羿射十日, 中其九日, 日中烏盡死.〕"; 王逸 註, 『楚辭』 「天問」, "堯命羿仰射十日, 中其九日, 日中九烏皆死, 墮其羽翼 則三足烏當指日之精."

59 『山海經』 10, 「大荒南經」, "東南海之外, 甘水之間, 有羲和之國. 有女子名曰羲和, 方浴日(原作日浴, 據宋本改)于甘淵. 羲和者, 帝俊之妻, 生十日."

60 『山海經』 13, 「海內經」, "帝俊賜羿彤弓素矰, 以扶下國, 羿是始去恤下地之百艱."

등장한다. 그녀는 예의 아내인 항아姮娥인데, 남편인 예와 함께 인간세상으로 내려왔다가 졸지에 천상으로 돌아갈 수 없는 상황에 처해지게 된다. 예는 자신에게 처해진 상황을 극복하기 위해, 서쪽 곤륜산崑崙山의 서왕모西王母에게 가서 유일한 불사약不死藥을 얻게 된다.[61] 불사약은 예와 항아가 먹을 만한 충분한 양이었으나, 항아는 예를 믿지 못하고 예가 외출한 사이 불사약을 혼자서 먹고는 예를 피하여 월궁月宮으로 도망간다. 그러나 월궁에 도착하자 이기심으로 인하여 항아는 추한 두꺼비로 변신하게 된다.[62] 이후 예는 이 세상을 전전하다가 제자인 봉몽逢蒙에 의해 복숭아 방망이로 타살되어 생을 마감한다.[63]

예의 신화는 전체적으로 비극적인 영웅신화英雄神話이다. 그런데 이 신화 속에는 공히 일정日精과 월정月精의 양태, 즉 까마귀와 두꺼비가 나타나고 있어 주의가 요구된다. 이는 일정과 월정의 인식이 각기 다른 내원內源 속에서도 하나로 상응하고 있다는 것을 의미하기 때문이다. 동시에 월정사와 관련해서는 '성오평省烏坪(사진15_1, 15_2, 15_3)'[64]이 등장하는 것과 관련해 시사하는 바가 있다. 이는 경주에 월정교月精橋와 일정교日精橋가 존재했던 것처럼, 월정사와 연관해서도 월정과 일정(성오省烏)의 상응관계가 나타나 보이기 때문이다.

---

61 信立祥 著, 김용성 譯, 『漢代 畫像石의 世界』(학연문화사, 2005), 181쪽.

62 위앤커 著, 전인초·김선자 譯, 『中國神話傳說1-譯註本』(民音社, 2002), 471~479쪽.

63 『淮南子』「14. 詮言訓」, "羿死於桃棓."; 『孟子』「離婁下」, "2401/1 逢蒙學射於羿, 盡羿之道, 思天下, 惟羿爲愈己, 於是殺羿."

64 省烏坪은 月精寺와 관련된 『三國遺事』의 3항목에서 공히 등장하고 있어 주목된다. 『三國遺事』 3, 「塔像第四(臺山五萬眞身·溟州〔古河西府也〕五臺山寶叱徒太子傳記·臺山月精寺五類聖衆)」(大正藏 49, 998c~1000a).

사진15_1 성오평의 원경

사진15_2 성오평의 근경

사진15_3 성오평의 정상 부분

월정을 두꺼비로 인식하는 것은 달의 흰 표면에 운석충돌이나 내부 분화 등으로 인한 크레이터의 양태들이 두꺼비의 등을 연상케 하며, 전체적인 형태 역시 두꺼비를 떠올릴 수 있는 측면이 있기 때문이다. 즉 태양의 흑점에 대한 사실적인 부분이 까마귀 신화를 파생했다면, 달 표면의 크레이터는 두꺼비 신화를 발생시켰다고 하겠다.

예는 비극적 영웅이다. 그러나 항아 역시 매우 비극적이라고 할 수 있다. 예와 같은 경우는 자신의 임무와 관련해서, 자신이 행한 행위에 의해 비극적인 주인공이 되었다. 그러나 항아와 같은 경우는 예에 종속되어 천상에서 인간세계로 내려오게 되고, 이를 극복하는 과정에서 불사약을 훔치는 유일한 주체적인 의지를 보이게 되자, 달 속에서 두꺼비로 영생하는 과보를 받게 된다. 이는 어찌 보면, 예보다도 더 비극적이라고도 할 수가 있다. 특히 항아와 같은 경우는 선녀 중에서도 매우 탁월한 미모를 소유했다는 점에서 더욱 그렇다.

오늘날까지도 '경국지색'이나 '수화폐월' 등과 더불어 미인을 지칭하는 표현으로 '월궁항아月宮姮娥(달 궁전의 항아)'라는 말이 사용되기도 한다. 이는 항아의 미적인 측면을 단적으로 나타내준다. 그런데 이러한 항아가 두꺼비로 영생하게 된다는 것은, 어찌 보면 죽음보다도 심한 비극적 굴레일 수도 있다. 남성위주의 고대사회에서 남편을 거스른 과보의 위력을 새삼 실감케 하는 대목이 아닐 수 없다.

그런데 이러한 항아의 본래적인 미인적 풍모와, 변신 후의 추한 양상은 오늘날까지도 두꺼비와 관련된 긍정과 부정의 두 가지 요소를 파생하고 있어 주목된다. 예컨대, 조부모가 의젓한 손자를 '떡두꺼비 같다'고 지칭하는 것이나, 우리의 전설에서 지네를 상대하는 두꺼비, 그리고 콩쥐팥쥐에서 콩쥐를 도와주는 두꺼비와 같은 양태들이 바로 그것이다. 즉 두꺼비는 단순히 추한 대상만으로 인식되는 것만은 아닌 것이다. 물론 여기에는 달의 덕상과 관련된 긍정적 이미지도 일정부분 이상 영향을 주었을 것으로 사료된다.

후일 월궁의 두꺼비는 혼자라는 무료함 속에서 계수나무,[65] 혹은

---

65 계수나무는 계피의 붉은 색으로 인하여 辟邪의 의미를 가지며, 이를 통해서 神仙思想과도 연관된다. 과거에는 공동우물을 썼기 때문에 수인성 질환으로 인한 문제가 심각해서 우물에 邪氣가 침범하지 못하게 하기 위해서 우물가에 계수나무를 심고는 하였다.

불사수不死樹 곁에서 약을 찧는 양상으로까지 발전·전개된다.[66] 우리가 흔히 계수나무 아래에서 방아 찧는 것으로 알고 있는 토끼의 전설은, 사실 두꺼비 신화의 전개양상을 잇고 있는 것이라고 하겠다.

이상을 통해서 본다면, 월정으로서의 두꺼비는 중국고대 신화에 입각한 것으로 여기에는 긍정과 부정의 두 가지 양상이 공존하고 있으며, 전체적으로는 비장미가 서려 있다는 것을 파악해볼 수가 있다.

2) 월정과 토끼

월정으로서의 토끼 역시 중국문화 안에서 찾아볼 수 있다. 우리는 이에 대한 인식을 한대漢代의 화상석畵像石이나 『초사楚辭』[67] 등에서 확인해보는 것이 가능하다. 이는 월정으로서의 토끼 역시 두꺼비와 같이 오래된 것임을 인식케 한다.

월정으로 토끼를 상정하는 것은 이때의 토끼가 옥토끼(玉兎), 즉 흰색의 토끼라는 점에서 달의 흰색 부분에 대한 색채와 형태의 관점에 입각한 것으로 사료된다. 두꺼비가 달의 크레이터를 중심으로 파악했다면, 토끼는 달의 색깔과 그림자〔明暗〕의 형태에 입각한 관점에서 파생하는 것이다.

토끼와 두꺼비는 공히 중국 고대의 인식에서부터 확인된다. 그러나

鄭道傳 著, 『佛氏雜辨』「2. 佛氏因果之辨」, "椿桂芝蘭之爲瑞"

66 전호태 著, 『中國 畵像石과 古墳壁畵 硏究』(솔, 2007), 167~203쪽; 위앤커 著, 전인초·김선자 譯, 『中國神話傳說1-譯註本』(民音社, 2002), 493쪽.
달 속의 계수나무와 관련해서는 吳剛과 관련된 전승도 있어 주목된다(殷成式 著, 『酉陽雜俎』「天咫」, "舊言月中有桂, 有蟾蜍, 故異書言 … 月桂高五百丈, 下有一人, 常斫之, 樹創隨合. 人姓吳名剛, 學仙有過, 謫令伐樹.").

67 屈原 著, 『楚辭』「天問」, "夜光何德, 死則又育, 厥利維何, 而顧菟在腹"

중국인들은 토끼보다는 두꺼비를 보다 보편적으로 취한다.[68] 그러던 것이 위진남북조魏晉南北朝시대에 오게 되면, 월정으로서의 토끼가 비약적으로 두드러지는 양상이 나타난다. 이러한 변화양상과 관련하여 우리가 주목할 수 있는 부분이 이민족 지배시기에 의한 불교의 확대이다.

위진남북조시대는 한대에 들어온 불교가 선비鮮卑·흉노匈奴·갈羯·저氐·강羌의 5호五胡에 의한 16국十六國에 의해서 비로소 일반화되는 시기이다.[69] 그러므로 이 무렵 토끼의 상징이 강조되고 있다는 것은, 중국문화의 내부적인 요인이라기보다는 외부적인 불교의 충격으로 인한 변화라고 이해하는 것이 보다 바람직하다. 또한 불교에는 붓다의 본생담本生譚과 관련되어 '달에 새겨진 토끼'의 전승이 이미 존재하고 있다는 점에서, 이러한 주장은 강한 타당성을 확보한다.

---

68 두꺼비의 多卵과 관련되어 이를 선호한 것이라는 관점도 있어 주목된다.
이형구, 「高句麗 古墳壁畵에 보이는 三足烏 信仰에 대하여」, 『三足烏』(학연문화사, 2007), 51쪽.

69 다음의 기록은 이민족 지배시기에 있어서 불교의 확대에 대한 단적인 인식을 수립하게 해주고 있어 주목된다.
토오도오 교순·시오이리 료오도 著, 차차석 譯, 『中國佛敎史』(대원정사, 1992), 80쪽, "석호의 주변에 있는 한인 관료 중에서 '왕도'나 '왕파'는 불도징에 대한 존경과 믿음과 그의 교화가 국내에 침투해 가는 것에 대해 우려한 나머지 그를 억압하기 위해 '중국 성인의 예교에 따르면 임금의 제사에는 규정이 있습니다. 그럼에도 불구하고 외국의 신인 부처를 받들어 모시고, 한인이 불교를 신앙하는 일은 언어도단입니다'라고 건의했다. 석호는 '나는 이방인 출신이고 한인이 아니기 때문에 제사도 우리의 풍속에 따라야 할 것이다. 또 사람들이 중국의 음사를 버리고 부처를 믿고자 한다면 모두 출가하여 승려가 되는 것을 허락한다'라며 한인의 건의를 일축했다."

붓다의 본생담은 후일 3대아승지겁三大阿僧祇劫[70] 547생으로 정리되는데,[71] 이 중 316번째에 토끼였던 본생담이 전해지고 있다. 내용인즉, 전생에 토끼였던 붓다가 원숭이·승냥이·수달과 함께 자자일自恣日을 맞아 수행자에게 공양을 올릴 것을 주장한다. 이때 도리천忉利天의 인드라신(帝釋天)이 이들의 진심을 시험코자, 바라문으로 변신하여 내려와 원숭이·승냥이·수달에게 공양을 받고, 토끼에게도 공양하기를 구하였다. 이때 토끼는 변신한 바라문에게 불을 피워줄 것을 요구하고, 타는 불길로 뛰어들어 자신의 몸으로 공양을 올리려고 한다. 이를 목도한 바라문은 본래의 인드라신으로 변하여 토끼를 살려주고, 숭고한 행위를 기념해 그 모습을 달에 새겨 넣게 된다.[72]

이상과 같은 본생담이 전하고 있는, 토끼의 모습이 달에 존재하게 되는 까닭은 수행자에게 소신공양을 하는 숭고한 보살행, 즉 이타행에 있다. 또한 그 토끼가 붓다의 전생이라는 점에서 월정이 토끼가 된다는 것은 불교의 관점에서는 모든 곳에서 붓다를 볼 수 있고, 붓다의 자비광

---

70 菩薩道의 수행기간이 3大阿僧祇劫이라는 것은 『增壹阿含經』 등 이른 시기의 전적에서부터 발견된다.
『阿毘曇毘婆沙論』 34, 「使犍度人品第三上」(大正藏 28, 246a).

71 3大阿僧祇劫說이 547생과 연관되는 것은 남방의 『본생담』이 547생으로 구조화되어 있기 때문이다.
譯經委員會 譯, 「解題」, 『本生經 1』(東國譯經院, 1988), 8~13쪽; 趙明烈 外 著, 『佛教經典의 理解』(佛教時代社, 1997), 118~119쪽.

72 『Khuddaka-Nikāya』, "316"; 譯經委員會 譯, 『本生經2』(東國譯經院, 1991), 414~417쪽.
같은 본생담이 『六度集經』 卷3, 『舊雜譬喩經』 卷下, 『撰集百緣經』 卷38, 『生經』 卷31, 『大唐西域記』 卷7 등의 광범위한 영역에서 살펴진다. 이는 이 본생담의 영향력을 반증한다고 할 수 있어 주목된다.

명을 느낄 수 있다는 종교적인 측면을 형성하게 된다. 이는 불교적인 입장에서 월정으로서 토끼를 주장할 수 있는 강한 타당성으로 작용한다.

월정이 두꺼비에서 토끼로 대체된 측면은, 오늘날까지도 보편적으로 작용하고 있는 중국문화의 불교적인 관념 중 가장 성공적인 부분의 하나라는 점에서 시사하는 바가 크다. 월정사의 월정이 두꺼비와 토끼 중 무엇을 상징하는 것인지는 불분명하다. 그러나 월정사의 창건 시기나 월정이 사찰명칭으로 사용되고 있다는 점에서, 두꺼비 보다는 토끼로 이해하는 것이 보다 타당하다는 데 이론을 제기하기는 힘들 것이다. 즉 월정이라는 사찰명칭을 통해서 붓다가 상주하는 '이념적인 적멸보궁寂滅寶宮'이 월정사에 존재하게 된다는 말이다. 이는 중대中臺의 불사리佛舍利에 의한 실질적인 적멸보궁과 상호 반향하여, 오대산이 '붓다의 고결한 정신'과 '수행의 정수인 사리'를 공히 함장含藏하고 있는 최상의 불교성지佛教聖地가 된다는 것을 의미한다고 하겠다.

4. '월의 정'에 의한 해석

월정사의 사찰명칭인 월정에는 '월정(달의 정령精靈)'을 한 단어로 해석할 수 있는 방법이 있는가 하면, 이를 '월月의 정精(달의 정수精粹)'으로 해석할 수도 있어 주의가 요구된다. 월정사의 월정을 월의 정으로 해석함에 있어서의 타당성을 우리는 음양론陰陽論을 통해서 확보해볼 수가 있다.

음양론에 있어서 달은 해와 병칭되는 것으로, 이때 달은 해의 양과 대비되는 음이 된다. 즉 달은 밤과 대비되어서는 양이 되는데 반해서, 해와 대비되어서는 음이 되는 것이다. 달이 음이라면, 월의 정이라는 의미에는 다시금 양의 의미가 내포된다고 할 수 있다.

『주역』은 음양론과는 내원을 달리하는 철학체계이지만,[73] 『주역』의 대대법待對法은 음양론과 상호 유사한 논리체계를 형성하고 있다. 이로 인하여 양자는 후일 습합되기에 이른다.

『주역』에는 두 가지의 음양이 있다. 그 첫째는 건삼련乾三連(☰)과 곤삼절坤三絶(☷)의 음양이다. 이는 하늘과 땅을 지칭하는 것으로 순양純陽과 순음純陰에 해당한다. 다음으로 둘째는 이중허離中虛(☲)와 감중련坎中連(☵)의 음양이다. 이는 각각 불과 물을 상징한다. 그런데 이 경우는 괘상卦象에서도 나타나는 것과 같이, 순양과 순음이 아닌 음양이 섞여 있는 양상이다. 이괘離卦(☲)는 불을 상징하며, 밖은 양이지만 안은 음이 된다. 감괘坎卦(☵)는 반대로 물을 상징하며, 밖은 음이지만 안은 양이 된다. 즉 이離와 감坎은 음양이 서로 조화를 이루고 있는 현상적인 존재를 나타내는 것이다.

순양과 순음은 현상적이라기보다는 다분히 상징적이다. 그러므로 순양과 순음이라는 가치도 존재할 수가 있는 것이다. 그러나 현상에는 동시적인 다양성이 관점에 따라서 주된 속성으로 표현되는 것일 뿐이다. 이는 마치 남성과 여성은 각각 양과 음에 속하지만, 그 속에는 또 다시 음의 속성과 양의 속성이 내재하는 것과도 같다.

해와 달 역시 현상적인 존재이다. 그러므로 월의 정이란, 달이라는 음 속에 뭉쳐 있는 양기를 의미한다. 그렇기 때문에 월의 정은 감중련坎中連의 관점에서 그 상징이 파악된다고 할 수가 있다.[74] 이는 다름

73 『通書解』「誠上第一」, "易有兩義 一是變易 便是流行底 一是交易 便是待對底"; 張岱年 著, 김백희 譯, 『中國哲學史大綱 上』(까치, 2000), 253쪽.

74 王充 著, 『論衡』「說日第三十二」, "32,017 夫月者, 水也."

아닌 명당을 의미하는 것이다.

명당이라는 명칭은 본래 중국 3대三代 시대 중 주周나라 때의 제정일치祭政一致와 관련된 정전正殿에서 비롯된다.[75] 그러던 것이 중요한 건축물의 의미로 사용되다가,[76] 현재 우리가 일반적으로 알고 있는 명당의 의미로까지 전화되기에 이른다. 즉 명당에는 본래 길지吉地라는 의미보다는 상징적인 의미가 더 강하게 내포되어 있었던 것이다.

후대의 명당은 묘를 쓰는 음택陰宅과 산 사람이 사는 양택陽宅으로 나뉘게 된다. 이 중 사찰이 위치하는 명당은 양택에 해당한다. 그런데 명당이란 기운이 응축되어 솟아나는, 사람에게 있어서 혈穴 자리와 같은 곳을 의미한다. 마치 샘솟아 오르는 우물〔흐르는 우물은 흉지가 된다〕과 같은 곳이 명당인 것이다. 그리고 그러기 위해서는 주변의 기운이 새어 나가지 않도록 포근하게 감싸 안는 형상을 이루어야 한다. 즉 '음중양陰中陽'이어야 하는 것이다.[77] 이렇게 놓고 본다면, '월月의 정精'은 월정사의 자리가 달이라는 음 중에 양의 정기가 모인 천하의 명당이라는 의미를 상징하고 있다고 하겠다. 즉 월의 정이라는 해석을 통해서 우리는 월정사가 월궁月宮과 같은 명당에 위치해 있다는 것을 파악할 수가 있는 것이다.

---

75 Alexander Soper, *The Art and Architecture of China*(New York: Penguin, 1956), pp.369~371; 리쩌허우 著, 정병석 譯, 『中國古代思想史論』(한길사, 2005), 84쪽의 각주85 參照; 金一權, 「中國 古代 明堂儀禮의 성립과정과 天文宇宙論的 의미 고찰」(延世大 國學硏究院, 304회 발표회문, 2000), 參照.

76 金一權, 「唐宋代의 明堂儀禮 變遷과 그 天文宇宙論的 運用」, 『宗教와 文化』 제6집(2000), 209~210쪽.

77 村山智順 著, 崔吉城 譯, 『朝鮮의 風水』(民音社, 1990), 35~42쪽.

5. 나가는 말

이상을 통해서 우리는 월정사의 '월정月精'이라는 사찰명칭에 관해서, 1차적으로 월정사가 위치하고 있는 지형지세를 통한 명당론明堂論에 기초하여 검토하고, 이를 바탕으로 2차적으로는 '월정'이 내포하고 있는 의미에 관한 동양학적인 제 관점들을 정리해보았다.

이 중 1차적인 명당론과 관련해서는, 제2장에서 월정사가 위치해 있는 지형지세의 특수성과 달에 내포된 동양학적인 이중적인 상징성을 검토하여 이의 타당성을 제시했다. 월정사의 뒷산〔背山〕인 만월산과 월정사가 위치해 있는 사원영역은, 전체적으로 만월의 상징성을 강하게 내포하고 있어 월정이라는 사찰명칭에 관한 타당성을 높여주고 있다. 또한 이는 월정이라는 사찰명칭이 자장이라는 개창자와는 무관하며, 월정사의 터가 『삼국유사』에서도 풍수론에 입각한 명당의 관점에서 인식되고 있다는 점에서 높은 타당성을 확보한다. 실제로 『삼국유사』 전체에서 월정사를 제외한 다른 명당으로 언급되는 곳들은 공히 전불前佛(過去佛)과 관련된 불연국토佛緣國土이다. 그런데 월정사만은 유독 풍수론과 관련된 명당론을 전개하고 있는 것이다. 이는 월정사의 사찰명칭이 풍수론과 관계될 개연성을 높여주기에 충분하다고 하겠다.

이와 같은 1차적인 연구접근을 기초로, 2차적으로는 제3장을 통해 '월정'이라는 사찰명칭의 의미와 상징성을 분석하였다. 이는 월정이라는 사찰명칭을 이해하는 데 있어서 내원과 관련되어 배경을 이해하게 하는 중요한 부분이다. 이의 정리를 통해서 우리는 월정이 중국고대 신화전설 속에서 등장하는 두꺼비와 토끼의 상징성을 내포하고 있다는 것을 알 수 있게 되었다. 그리고 이 중에서 불교와 관련된 상징은 토끼이며, 이로 인하여 월정사는 월정이라는 사찰명칭을 통해서 붓다의 보살도를 온축한 도량이 된다는 점에 관해 언급하였다. 이는 월정사가 단순히 명당에 위치한 사찰만이 아닌 붓다의 보살사상을 온전히 현시하고 있는 최상의 가람이 된다는 것을 의미한다. 이 점은 월정사의 사찰명칭에 관한 불교적인 상징으로서 높은 의의를 확보하는 부분이 된다.

끝으로 제4장에서는 음양론과 『주역』적인 관점에서 '월정'의 의미에 관해 모색해보았다. 이는 제3장에서 진행한 월정의 해석이 제2장의 명당론과 유리될 수 있는 부분에 관해 동양학적인 입각점에 근거하여 이를 하나로 연결시키기는 부분이다. 이러한 제4장의 해석 방법을 통해서 우리는 제2장과 제3장의 효율적인 일통一通인 일이관지一以貫之의 인식을 확보해볼 수가 있게 된다.

본고를 통해서 우리는 월정사의 사찰명칭이 불교에서 기원한 것은 아니지만, 불교적인 높은 내포의미와 상징성을 확보할 수 있다는 점에 관해서 알 수 있게 된다. 이는 지금까지 일반화되어 있는 수정암과 관련된 월정사의 사찰명칭 해석에 대한 잘못된 관점을 수정할 수 있는 보다 타당한 대안이 된다고 하겠다.

Ⅱ.『오대산사적기』「제1조사전기」의 수정 인식 고찰

- 민지의 오대산불교 인식 -

1. 들어가는 말

『오대산사적기』의 「봉안사리개건사암제1조사전기奉安舍利開建寺庵第一祖師傳記(이후 「제1조사전기」)」는 민지閔漬(1248~1326)의 1307년 발문跋文[1]이 붙어 있는 오대산불교와 관련된 고려시대의 몇 안 되는 귀중한 자료이다.

자장[2]과 같은 경우는 불교사상적인 면에서는 원효나 의상에 미칠

---

1 『五臺山事跡記』「奉安舍利開建寺庵第一祖師傳記」, "大德十一年二月日宣授朝列大夫翰林直學士匡靖大夫咨議都僉議司事延英殿大司學提修史判文翰署事閔漬記"

2 慈藏의 생몰연대는 정확하지 않다. 그런데 이와 관련하여 南武熙는 『續高僧傳』「慈藏傳」의 "過年小學"을 出家年으로 잡고, 『法苑珠林』「釋慈藏」의 "卒於永徽年中"을 入滅年으로 잡아, 자장의 생몰년을 576~655년으로 확정하고 있어 주목된다(「『續高僧傳』「慈藏傳」과 『三國遺事』「慈藏定律」의 원전 내용 비교」, 『文學/史學/哲學』 제19호〔2009〕, 33~49쪽). 이는 자장이 80여 년을 살았다(今者不死 八十餘矣)는

수 없는 인물이지만, 『삼국유사』에서의 등장비율은 오히려 이들을 크게 능가한다. 거기에다가, 자장과 같은 경우는 종교와 관련된 매우 신비적인 삶을 살다간 독특한 인물이다. 이로 인하여 자장에 대한 연구는 매우 활발한 동시에 또한 필연적인 한계를 내포하게 된다.[3]

「제1조사전기」는 오대산과 월정사의 개창자인 자장과 관련된 기록이다. 그러므로 이를 통해서 우리는 1차적으로 자장과 관련된 또 다른 관점의 연구접근을 확보해볼 수가 있다. 또한 2차적으로는 오대산불교의 당위성에 관해서도 시사받아 보게 된다.

실제로 「제1조사전기」에는 자장의 이름이 "선종善宗"이라는 「황룡사찰주본기皇龍寺刹柱本記」[4]와 일치되는 내용도 있고, 자장이 "무림공武林公의 제2자子"라는 내용도 기록되어 있어 주목된다.[5] 자장의 누이가 누나였는지, 동생이었는지와 관련해서는 뚜렷한 기록이 없어 문제가 되어왔다.[6] 그런데 이를 통해서 자장과 조카인 명랑의 관계가 보다

『續高僧傳』과 『法苑珠林』기록을 전제로 한 것이다.

南武熙, 「慈藏의 生涯 복원」, 『韓國學論叢』 제32호(2009), 186쪽.

3 慈藏과 관련된 선행연구와 관련해서는 金福順의 「慈藏의 生涯와 律師로서의 位相」, 『大覺思想』 제10호(2007), 9~10쪽 등을 參照하라.

4 「皇龍寺刹柱本紀」, "昔有善宗郎眞骨貴人也"

5 『五臺山事跡記』 「奉安舍利開建寺庵第一祖師傳記」, "小名善宗新羅武林公之第二子"

6 明朗의 귀국연대인 선덕(여)왕 4년이 자장의 유학연대인 선덕(여)왕 5년보다 빠름으로 인하여 이는 기록의 오류라는 지적(高翊晋, 「新羅密教의 思想內容과 展開樣相」, 『韓國密教思想研究』, 東國大學校出版部, 1986, 151쪽; 辛鍾遠, 「慈藏과 중고시대 사회의 사상적 과제」, 『新羅初期佛教史研究』, 民族社, 1992, 254~255쪽; 辛鍾遠, 「『三國遺事』 善德王知幾三事條의 몇 가지 문제」, 『新羅文化祭學術發表會論文集』 제17집, 1996, 56쪽)과 명랑의 모친이 자장의 누나이고 자장은 蘇判 茂林의 늦자식으로 명랑이 더 연장자였을 것(張志勳, 「慈藏과 芬皇寺」, 『新羅文化祭學術發表會論文

분명해지게 되는 것이다. 이는 「제1조사전기」가 자료로서 충분한 가치를 가진다는 것을 의미한다. 이 외에도 신라에서의 수행 중 자장에게 계戒를 주는 존재가 인도 영취산靈鷲山에서 온 두 범승梵僧이라는 부분. 또 선덕(여)왕〔사실은 진평왕眞平王임〕이 자장의 재상 품수 거절에 분노하다가 결국 용인하게 되는 것이 자장의 25세 때라고 되어 있는 내용 등은 다른 자료들에서는 보이지 않는 독특한 부분으로 주목된다.[7] 이러한 부분들은 자장에 대해서 보다 풍부한 내용을 전해주는 「제1조사전기」의 중요한 사료적 가치라고 하겠다.

그러나 「제1조사전기」는 자장에 관한 내용을 다루고는 있지만, 그것이 곧 목적이 되는 것은 아니다. 즉 「제1조사전기」는 오대산불교의 당위성을 수립하는 과정에서 자장을 언급하고 있을 뿐이다. 그러므로 「제1조사전기」의 핵심은 자장 자체가 아니라, 오대산불교의 전체에 있다고 하겠다. 이는 「제1조사전기」의 전칭全稱인 「봉안사리개건사암제1조사전기」라는 명칭을 통해서도 단적인 인식이 가능하다.

민지閔漬와 같은 경우는 오대산불교의 관점에서 자장에 대한 당시의 여러 자료들을 집취하여 재편집하는 모습을 보인다.[8] 이는 몽고의

集』, 제20호, 1999, 57쪽)이라는 서로 다른 주장이 제기되고 있다.

7 『五臺山事跡記』「奉安舍利開建寺庵第一祖師傳記」, "忽二梵僧來授五戒曰 吾等爲卿授戒來從靈鷲 … 是王壯其岳立之志許焉 師時年二十五也."

8 『五臺山事跡記』「信孝居士親見五類聖事蹟의 閔漬跋文部分」, "自經兵火以來國步多艱 供養屢絶 寺亦頹圮已甚 沙門而一見之慨然發嘆旣已 殫力修葺來謂余曰 是山之名聞於天下 而所有古稽皆羅代鄕言 非四方君子所可通見 雖欲使人人能究是山寺之靈異 豈可得乎 若他日或有天使 到山而求觀古記 則其將何以示之哉 願以文易其鄕言 使諸觀者 明知大聖靈奇之跡 如日月皎然耳 予聞其言 以爲然 雖自知爲文不能副其意 亦重違其請而筆削云爾."

전란으로 월정사가 어려움을 겪다가 가람을 일신한 뒤, 기록에 대한 정리의 차원에서 신라의 향언鄕言으로 된 기록을 한문화하는 작업에서 제기된 것이다. 이러한 과정에서 민지는 다양한 전승과 재편집에 따른 취사선택의 입장에 놓이게 된다. 즉 민지의 수정 인식은 민지의 개인적인 관점이라기보다는 선행 자료들을 재정리하는 입장에서의 타당성에 입각한 측면인 것이다.

민지와 같은 경우는 신이사관神異史觀의 역사서술을 하고 있고,[9] 불교와 관련해서도 영이신앙靈異信仰의 관점을 취하고 있다.[10] 이는 민지가 김부식金富軾과는 다른 입각점의 일연과 같은 방식을 취하고 있다는 것을 의미한다. 그러나 민지는 친불교적인 유학자라는 점에서 일연과는 또 다른 관점을 취한다고 볼 수 있다. 이는 본 「제1조사전기」의 기록에서 영이靈異의 관점을 취하면서도 전승기록들이 상충될 때는 보다 합리적인 선택을 하는 것을 통해서 단적인 파악이 가능하다. 즉 영이를 버리지 않으나, 그 속에는 합리를 지향하는 가치가 내포되어 있는 것이다. 지금까지 민지의 서술 태도에 대한 연구들은 신이사관과 영이신앙의 관점에서만 다루어졌다. 그러나 이는 본 논의를 통해서 재고되어야 할 것으로 사료된다.

---

9 이러한 관점의 선행연구들을 정리해보면 다음과 같다.
閔賢九, 「閔漬와 李齊賢」, 『斗溪李丙燾博士九旬紀念韓國私學論叢』(知識産業社, 1987); 許興植, 「閔漬의 詩文과 歷史」, 『敎育硏究誌』 제30집(1988); 邊東明, 「鄭可臣과 閔漬의 史書編纂活動과 그 傾向」, 『歷史學報』 제130집(1991); 閔賢九, 「閔漬」, 『韓國史 市民講座(제19호)』(一潮閣, 1996); 金相鉉, 「閔漬의 本朝編年綱目」, 『韓國史』 제21호(1996).

10 이에 관해서는 이창국의 「元간섭기 閔漬의 現實認識-佛敎記錄을 中心으로」, 『民族文化論叢』 제24집(2001)을 통해서 확인해볼 수 있다.

본고는 현존하는 자장 자료들과 민지의 기록을 대비하여 그 가치를 검토하고, 이러한 수정 인식에 내포된 의미를 고찰해보고자 한 것이다. 이러한 과정을 통해서 우리는 '민지 서술의 타당성과 합리성', 그리고 '오대산적인 문제의식'에 대해서 보다 명확한 이해에 도달하게 된다.

현재 고려시대의 오대산불교를 이해할 수 있는 자료가 지극히 제한적이라는 점은 이러한 연구의 당위성이 되기에 충분하다. 또한 이를 통해서 자장과 관련된 보다 진일보된 견해를 확보할 수 있게 된다는 점 역시 본고를 통한 큰 수확이라고 하겠다.

2. 중국 오대산과 관련된 수정 인식

1) 중국 오대산의 참배 시기

자장의 중국 입당과 관련해서는 선덕(여)왕 5년(정관貞觀 10년)인 636년 설과, 7년(정관 12년)인 638년 설의 두 가지가 있다. 이 중에서 전자는 『삼국사기』 권5의 「신라본기5」[11]와, 이의 영향 하에 있는 『삼국유사』 권3의 「대산오만진신臺山五萬眞身」[12], 「황룡사구층탑皇龍寺九層塔」[13]과 권4의 「자장정율慈藏定律」,[14] 그리고 『동사열전東師列傳』 권1[15]을 통해

11 『三國史記』 5, 「新羅本紀5」, "善德王-05年: 〈慈藏〉法師入〈唐〉求法."

12 『三國遺事』 3, 「塔像第四-臺山五萬眞身」(大正藏 49, 998b), "以善德王代貞觀十年丙申(唐僧傳云十二年今從三國本史)入唐."

13 『三國遺事』 3, 「塔像第四-皇龍寺九層塔」(大正藏 49, 990c), "新羅第二十七善德王卽位五年 貞觀十年丙申 慈藏法師西學 乃於五臺感文殊授法(詳見本傳)."

14 『三國遺事』 4, 「義解第五-慈藏定律」(大正藏 49, 1005a), "以仁平三年丙申歲(卽貞觀十年也)受敕."

15 『東師列傳』 1(『韓佛全』 10, 997a), "唐太宗貞觀十年 新羅善德王三年丙申入唐."

서 확인된다. 후자와 같은 경우는 『속고승전續高僧傳』 권24[16]와 이를 따르는 『법원주림法苑珠林』 권64,[17] 「황룡사찰주본기皇龍寺刹柱本記」,[18] 『역대편년석씨통감歷代編年釋氏通鑑』 권7,[19] 『품고승적요品高僧摘要』 권3[20] 등이 여기에 해당한다. 이를 통해서 우리는 자장의 입당 연도와 관련하여, 김부식의 『삼국사기』와 도선道宣의 『속고승전續高僧傳』이라는 두 기록의 차이에 따른 문제를 확인해볼 수가 있다.

그런데 일연과 같은 경우는 이 중 636년 설을 취하며, 그 이유가 『삼국본사三國本史』와 『본전本傳(慈藏傳)』에 의한 것이라고 「대산오만진신」조와 「황룡사구층탑皇龍寺九層塔」조에서 밝히고 있다. 김부식 역시 『본전』과 같이 당시에 유통되던 자료들에 근거하여 636년 설을 취하고 있는 것으로 보인다. 그런데 『속고승전』의 도선설과 같은 경우는 자장에 대한 당대의 기록이라는 점,[21] 그리고 그것이 638년으로 되어 있다는 점에서 주목된다. 즉 자장의 입당 연도와 관련하여 자장 당대의 자료인 도선의 설이 더욱더 타당성이 큰 것이다.

그런데 김부식과 일연은 공히 이를 열람했음에도 불구하고 636년

---

16 『續高僧傳』 24, 「唐新羅國大僧統釋慈藏傳」(大正藏 50, 639b), "西觀大化 以貞觀十二年."

17 『法苑珠林』 64, 「唐沙門釋慈藏」(大正藏 53, 779c), "至貞觀十二年來至唐國."

18 「皇龍寺刹柱本紀」, "大王卽位七年大唐貞觀十二年我國仁平五年戊戌歲隨我使神通入於西國."

19 『歷代編年釋氏通鑑』 「癸卯(十七)」(大正藏 76, 82c), "正觀十二年至京."

20 『品高僧摘要』 「慈藏傳」(大正藏 87, 329a), "西觀大化 以貞觀十二年."

21 辛鐘遠, 「慈藏의 佛教思想에 대한 再檢討-初期戒律의 意義」, 『韓國史硏究』 제39호(1982), 4쪽; 남동신,「慈藏의 佛教思想과 佛教治國策」, 『韓國史硏究』 제76호(1992), 4쪽.

설을 취하고 있다. 이는 636년 설과 관련하여 국내에 만연된, 강한 영향력이 있는 설이 존재한다는 것을 의미한다.

중국자료와 같은 경우는 도선의 설에 전적으로 의지하고 있다. 그러나 우리나라는 636년 설이 일반적이면서도 「황룡사찰주본기」에서와 같은 통일되지 않은 양상이 나타나고 있다. 즉 636년 설은 우리나라의 전승이고 638년 설은 도선의 설이므로, 이 중 어떤 관점을 수용하고 있느냐에 따라서 그 영향관계를 파악해볼 수가 있다는 말이다.

그런데 민지와 같은 경우는 「제1조사전기」에서 638년 설을 취하고 있다.[22] 즉 민지는 이 부분에 있어서는 도선의 설을 수용하고 있는 것이다. 자장의 입당시기와 관련된 두 설 중 어떤 것이 맞는지는 오늘날 명확한 검증이 불가능하다.[23] 다만 민지가 도선의 설을 취하고 있는 것을 통해서, 우리는 민지의 관점이 국내의 자료에만 의존하지 않고 타당성에 입각한 종합적인 측면을 지향했다는 것을 파악해볼 수가

---

22 『五臺山事跡記』 「奉安舍利開建寺庵第一祖師傳記」, "善德王卽位七年戊戌西浮大洋命寄刳木心懸寶洲入於六(入)唐"

23 慈藏에 관한 1차 자료는 당연히 자장 당대의 자료인 道宣의 「慈藏傳」이다. 그러나 金富軾이나 一然이 이러한 기록을 열람했음에도 불구하고 이와는 다른 기록을 취하고 있다는 것은, 당시에 道宣의 주장을 부정할 만한 나름의 타당한 자료가 존재했다는 것을 의미한다. 그러므로 이러한 문제를 오늘날의 입장에서 정확하게 단정지어 말한다는 것은 곤란하지 않은가 한다.
사신을 대동하고 갔다는 기록을 통해서 자장의 입당시기에 관해서 변증해볼 개연성도 있지만, 『三國史記』·『舊唐書』·『新唐書』에는 635~638년 사이에 사신을 파견한 기록이 전혀 없어 도움이 되지 않는다. 사신 파견 기록이 없는 것과 관련해서 金英美는 『三國史記』에 실려 있는 宣德王 元年·2년·11년의 기록도 중국 史書에서는 나타나지 않고 있다는 점을 들어, 쌍방 史書의 동시 누락으로 보고 있다(「慈藏의 佛國土思想」, 『韓國史 市民講座〔제10집〕』, 一潮閣, 1992, 5쪽).

있는 것이다.

본고에서 자장의 입당시기 문제가 부각되는 것은 자장이 입당하자마자 중국 오대산을 참배했다는 기록 때문이다. 이는 자장의 입당목적이 중국 오대산의 참배라는 것을 의미하게 된다. 그런데 도선의 「자장전」과 이의 영향을 받고 있는 중국 기록들에는, 중국 오대산의 참배 내용이 없이 장안에서의 수학만이 적시되어 있을 뿐이다.[24] 즉 중국 오대산의 참배와 같은 경우는 입당 연도보다도 더 큰 편차의 문제를 내포하고 있는 것이다.

자장의 입당과 연관된 오대산관련 기록들을 정리해보면 다음과 같다.

> 「자장정율」－인평仁平 3년 병신(636)년에 칙명을 받아 문인門人 승실僧實 등 10여 명과 더불어 서쪽 당나라로 들어갔다. 청량산淸涼山을 참배하니, 문수대성曼殊大聖의 소상塑相이 있었다.[25]

> 「대산오만진신」－처음에 법사가 중국 오대산의 문수진신文殊眞身을 친견코자 한 것은 선덕(여)왕대인 정관 10년 병신(636년)의 입당 때이다.[26]

---

24 『續高僧傳』 24, 「唐新羅國大僧統釋慈藏傳」(大正藏 50, 639b); 『法苑珠林』 64, 「唐沙門釋慈藏」(大正藏 53, 779c) 等 參照.

25 『三國遺事』 4, 「義解第五-慈藏定律」(大正藏 49, 1005a·b), "以仁平三年丙申歲(卽貞觀十年也)受敕 與門人僧實等十餘輩西入唐 謁淸涼山 山有曼殊大聖塑相."

26 『三國遺事』 3, 「塔像第四-臺山五萬眞身」(大正藏 49, 998b), "初法師欲見中國五臺山文殊眞身 以善德王代貞觀十年丙申(唐僧傳云十二年今從三國本史)入唐."

「황룡사구층탑」-신라 제27대 선덕(여)왕 즉위 5년인 정관 10년 병신에, 자장법사가 서쪽으로 유학하였다. 이에 오대산에서 문수에게 법法을 받는 감응이 있었다.[27]

「황룡사장육」-뒤에 대덕 자장이 서쪽으로 유학하여 오대산에 이르렀다. 문수가 현신現身으로 감응하여 구결口訣을 주며 부촉했다.[28]

이상의 기록들은 자장의 입당 목적이 중국 오대산의 문수보살을 친견하기 위한 것으로 생각될 수 있다. 그러나 이러한 기록은 다음의 3가지 이유에 의해서 이론의 여지를 파생한다. 첫째, 자장이 입당 당시 63~67세 무렵의 연만한 나이로,[29] 「자장정율」조의 기록처럼 왕명을 획득하고 제자들을 대동하고 갔다는 점, 둘째, 「황룡사찰주본기」에는 사신과 함께 간 것으로 기록되어 있다는 점,[30] 셋째, 선덕(여)왕 당시 고구려와의 관계나 사신과 동행했다는 기록을 반영해볼 경우 배를 타고 갔을 것이라는 점이 바로 그것이다.[31] 이상의 3가지 이유에 의거해 본다면, 자장은 당의 수도인 장안으로 먼저 갔을 개연성이

---

27 『三國遺事』 3, 「塔像第四-皇龍寺九層塔」(大正藏 49, 990c), "新羅第二十七善德王卽位五年 貞觀十年丙申 慈藏法師西學 乃於五臺感文殊授法(詳見本傳)."

28 『三國遺事』 3, 「塔像第四-皇龍寺丈六」(大正藏 49, 990b), "後大德慈藏西學到五臺山 感文殊現身 授訣仍囑."

29 南武熙, 「『續高僧傳』「慈藏傳」과 『三國遺事』「慈藏定律」의 원전 내용 비교」, 『文學/史學/哲學』 제19호(2009), 39, 51~52쪽; 南武熙, 「慈藏의 生涯 복원」, 『韓國學論叢』 제32호(2009), 177쪽.

30 「皇龍寺刹柱本紀」, "戊戌歲隨我使神通入於西國."

31 『五臺山事跡記』「奉安舍利開建寺庵第一祖師傳記」, "西浮大洋命寄刳木心懸寶洲入於六(入)唐."

더 크다.

또한 이는 다음의 3가지 이유를 통해서도 간접적인 타당성을 확보해 볼 수가 있다. 첫째, 자장이 본래 계율과 관련된 인물이고, 장안에서도 계율과 관련된 일화들을 남기고 있다는 점. 둘째, 당시 장안은 당의 수도로서 선진불교와 문화의 핵심지라는 점. 셋째, 중국 오대산의 완비는 자장보다 늦은, 밀교의 불공不空(705~774)[32]과 화엄종의 청량징관淸凉澄觀(738~839)[33]에 의한 것으로, 자장 시대에는 오대산의 비중이 상대적으로 낮았다는 점이 바로 그것이다. 이러한 이유들은 자장이 장안을 먼저 방문했을 것이라는 데 더욱더 높은 타당성을 확보하게 해준다.

그런데도 『삼국유사』의 자장관련 기록들은 공히 자장이 중국 오대산의 문수보살을 친견하기 위해서 입당한 것처럼 기록하고 있는 것이다. 즉 기록과 논리가 상호 모순관계를 드러내고 있다는 말이다.

자장의 일생에 있어서 종교적으로 중요한 측면은 '실천과 관련된 계율'과 '신앙과 관련된 문수文殊'이다. 이 중 『삼국유사』는 문수와 관련된 신앙부분을 보다 강조하고 있는 것이다. 이는 우리나라의 자장에 대한 후대의 인식이 반영된 결과가 아닌가 한다.[34]

---

32 朴魯俊, 「唐代 五臺山信仰과 不空三藏」, 『關東史學』 제3호(1988), 27~34쪽; 朴魯俊, 「唐代 五臺山信仰과 澄觀」, 『關東史學』 제3호(1988), 109~111쪽.

33 朴魯俊, 「五臺山信仰의 起源硏究-羅·唐 五臺山信仰의 比較論的 考察」, 『嶺東文化』 제2호(1986), 61~67쪽; 朴魯俊, 「唐代 五臺山信仰과 澄觀」, 『關東史學』 제3호(1988), 111~117쪽; 盧在性(慧南), 「澄觀의 五臺山 信仰」, 『中央增伽大學論文集』 제8호(1999), 7~17쪽; 신동하, 「新羅 五臺山信仰의 구조」, 『人文科學硏究』 제3호(1997), 21~23쪽.

34 『三國遺事』에는 高麗時代의 인식이 반영되어 있으므로 이를 감안한 재해석이

이를 시사받아 볼 수 있는 자료가 바로 「전후소장사리前後所將舍利」조이다. 여기에서 도선道宣(596~667)은 한참 선배임에도 불구하고, 의상(625~702)의 화엄종에 크게 미치지 못하고 오히려 자기보다 낫다는 것에 대해 탄복하고 있다.[35] 그러나 남산화엄종南山華嚴宗이 당의 지배이데올로기가 되는 것은 현수법장賢首法藏에 의한 것이라는 점,[36] 지엄智儼(602~668)과 도선이 비슷한 연배의 동시대인이었다는 점을 고려한다면, 이를 현실로 받아들이기에는 다소 석연치 않은 점이 있다. 그러므로 이는 통일신라와 고려의 불교적인 인식에서, 율종은 화엄종과 비교될 수 없다는 후대의 관점에 의한 변형인식을 포함하고 있는 것이 아닌가 한다. 그리고 이러한 과정에서 자장은 계율보다도 화엄과 관련된 문수적인 관점에서 파악되고 있는 것으로 사료된다.

이와 같은 후대의 관점은 또한 고려시대에 한국 오대산의 약진을 통해서도 짐작해볼 수가 있다. 『삼국유사』에는 오대산불교와 관련된 항목이 「대산오만진신」·「명주(고하서부야)오대산보질도태자전기」·「대산월정사오류성중」·「오대산문수사석탑기」의 총 4편에 걸쳐 존재한다. 이는 신라의 국찰인 황룡사가 「황룡사장육」·「황룡사구층탑」·「황룡사종 분황사약사 봉덕사종」·「가섭불연좌석」의 4편이라는 점을 고려해볼 때, 당시 오대산불교의 성세 영향이 반영된 것이라고 하겠다.

요청된다는 주장이 남동신(「『三國遺事』의 史書로서의 특징」, 『佛教學研究』 제16호, 2007, 67쪽)에 의해 제기된 바 있다.

35 『三國遺事』 3, 「塔像第四-前後所將舍利」(大正藏 49, 993c), "於是律師知湘公有神衛 乃服其道勝."

36 K. S. 케네쓰 첸 著, 박해당 譯, 『中國佛教 下』(民族社, 1994), 345쪽; 呂澂 著, 覺昭 譯, 『중국불교학 강의』(民族社, 1992), 289~290쪽.

계율에 대한 위상저하와 오대산불교의 약진은, 자장을 중국 오대산의 화엄문수신앙과 보다 밀접하게 연결시킬 개연성을 파생한다. 이로 인하여 자장의 입당 목적이 중국 오대산의 화엄문수 참배라는 관점으로 변모된 것이 아닌가 사료된다. 즉 자장이 계율과 관련해서 장안에서 수학한 후, 당나라의 불적들을 순례하는 과정에서 오대산에 이르러 문수를 친견한 것이 후대의 관점에 의해서 역으로 전도된 인식으로 변모된 것이라는 말이다.

그런데 「제1조사전기」에는 다음과 같은 기록이 있어 주목된다.

> 선덕(여)왕 즉위 7년 무술(638)에 서쪽 대양大洋〔서해〕에 떠서 명命을 위태로운 목선에 의탁했다. (그러나) 마음은 보주寶洲〔중국〕만을 생각하며 당唐에 들어갔다. 두루 천자의 영토를 다니며, 선지식들을 참례하였다. (그러한) 연후에 비로소 오대(산)五台에 들어갔다. … (위의 〔내용은〕 원효가 찬한 비의 『본전本傳』에 나와 있다.)[37]

민지가 인용하고 있는 원효가 찬술한 『본전』이 무엇을 말하는 것인지는 불분명하다. 그러나 이 기록은 자장의 입당과 중국 오대산의 참배와 관련하여, 가장 논리적인 타당성이 높은 내용으로 되어 있어 주목된다. 즉 다른 『삼국유사』의 자장관련 기록이나 도선의 오대산 참배를 배제하고 있는 한계적인 기록들과는 달리, 양자가 논리적인 관점에서 잘 조화되어 나타나고 있는 것이다. 이것이 민지가 원효의 『본전』이라는

---

37 『五臺山事跡記』「奉安舍利開建寺庵第一祖師傳記」, "乃善德王卽位七年戊戌西浮大洋命寄刳木 心懸寶洲入於六唐 周遊寰宇歷叅知識 然後始入五台 … (上出元曉所撰本傳)."

보다 고층의 자료에 입각한 것인지, 아니면 자신이 논리적인 관점에서 재구성한 것인지는 불분명하다.

다만 이러한 관점은, 민지가 『삼국유사』나 도선의 「자장전」을 보았다는 점을 전제로 했을 때, 분명 보다 진일보한 측면을 제시하고 있는 것임에 틀림없다. 즉 그것이 고인식古認識을 반영한 것인지는 불분명하지만, 논리적인 관점과 연관된 『삼국유사』나 도선의 「자장전」에 대한 수정 인식인 것은 분명하다는 말이다. 특히 이러한 수정 인식이 『오대산사적』이라는, 오대산불교에 유리한 입장을 기술하는 내용에서 발견되고 있다는 점에서 더욱 그렇다.

오대산불교의 입장에서는 자장이 문수를 친견하기 위한 목적에서 중국 오대산을 참례코자 입당하였다는 것이 보다 유리한 시각을 파생한다. 그런데도 민지는 이를 편찬하는 과정에서 논리에 입각한 관점을 취하여, 『삼국유사』나 도선 「자장전」의 문제를 극복하는 수정 인식을 도출하고 있는 것이다.

2) 문수보살의 친견 장소

자장이 중국 오대산에서 문수보살을 친견했다는 장소는 크게 '「자장정율慈藏定律」조의 북대설北臺說'과 '「대산오만진신」조의 태화지설太和池說'로 대별되고 있어 판단이 용이하지 않다.

이의 해당 기록들을 적시해보면 다음과 같다.

> 「자장정율」 - (오대)산에 만수대성曼殊大聖의 소상塑相이 있었는데, 저 나라에서 서로 전해오는 말로는 '제석천이 장공匠工을 데려와서 조각한 것'이라 하였다. 자장이 소상塑像 앞에서 기도하니 그윽한

감응이 있어, 꿈에 소상이 정수리를 만지며〔마정수기摩頂授記를 의미함〕[38] 범게梵偈를 주었다. (그것이 인도 말〔범어梵語〕이어서) 깨어서도 해석할 수 없었다. 이렇게 날이 새었는데, 어떤 이승異僧이 와서 해석해 주었다. (그리고는) 또 말하기를, "비록 만 가지 가르침을 배워도 이 게송에 미치지 못한다"라고 하고는, 가사와 사리 등을 부촉하고는 사라졌다. 자장은 이미 성도기별聖道記莂〔수기〕을 입은 것을 알고는 이에 북대 아래의 대화지에 이르렀다.[39]

「대산오만진신」－(자장이) 처음에 중국 태화지변의 석문수石文殊〔문수석상〕가 있는 (곳에) 이르러, 정성스럽게 7일을 기도하였다. (그랬더니) 홀연히 꿈에 (문수)대성大聖이 4구게를 주었다. 깨어서도 기억할 수는 있었으나, 모두 범어여서 망연하여 이해할 수가 없었다. 다음날 통틀 무렵(旦)에 한 승려가 있는데, 붉은 비단에 금점金點이 있는 가사(비라금점가사緋羅金點袈裟) 1령領·불발佛鉢 1구·불두골佛頭骨 1편을 가지고는 법사의 곁으로 왔다.[40]

이를 정리해보면, 「자장정율」조의 '북대와 태화지의 이중구조'와

---

38 이를 密教의 灌頂法과 연관시켜 이해하는 견해도 있다.
張志勳, 「慈藏과 芬皇寺」, 『新羅文化祭學術發表會論文集』, 제20호(1999), 55~56쪽.

39 『三國遺事』 4, 「義解第五-慈藏定律」(大正藏 49, 1005b), "山有曼殊大聖塑相 彼國相傳云 帝釋天將工來彫也 藏於像前禱祈冥感 夢像摩頂授梵偈 覺而未解 及旦有異僧來釋云(已出皇龍塔篇)又曰 雖學萬教 未有過此文 以袈裟舍利等付之而滅(藏公初匿之 故唐僧傳不載)藏知已蒙聖莂 乃下北臺 抵大和池."

40 『三國遺事』 3, 「塔像第四-臺山五萬眞身」(大正藏 49, 998b), "初至中國太和池邊石文殊處 虔祈七日 忽夢大聖授四句偈 覺而記憶 然皆梵語 罔然不解 明旦忽有一僧將緋羅金點袈裟一領 佛鉢一具 佛頭骨一片到于師邊."

「대산오만진신」조의 '태화지에 의한 단일구조'의 두 가지에 의한 차이라는 점을 인지해볼 수 있다. 자장에게 있어서 문수가 신앙적으로 막대한 비중을 차지하고 있다는 점을 고려한다면, 자장이 문수를 친견한 장소문제는 그리 간단한 것이 아니다.

더구나 「황룡사구층탑」조에는 "(자)장은 이것이 (문수)대성大聖의 변화임을 알고는 읍혈泣血을 하면서 물러갔다. 중국 태화지변을 경유하는데, 홀연히 신인神人이 출연하여 물었다"[41]라고 하여 이중구조설을 지지하는 듯한 언급이 나타나 보인다. 그런데 자장과 같은 경우는 귀국하여서는 태화지에서의 깊은 감응과 관련된 태화사太和寺를 창건하고, 그 탑에 문수에게서 받은 진신사리를 봉안하고 있다. 이는 「황룡사구층탑」[42]조와 「전후소장사리」[43]조를 통해서 확인된다. 즉 자장은 '태화'라는 명칭에 상당한 애착을 보이고 있는 것이다. 그러므로 이를 통해서 우리는 단일구조설에 관해서도 시사받아 볼 수가 있게 된다.

자장의 문수친견이 지극히 개인적인 종교의 신이神異체험과 관련된다는 점에서, 이러한 두 설 중 어느 것을 확정한다는 것은 불가능하다. 그러나 그럼에도 불구하고 이러한 두 전승에 대한 관점의 정리 역시 한국 오대산의 입장에서는 필연적이라고 할 수가 있다. 왜냐하면, 한국 오대산의 내원來源이 문수화엄文殊華嚴 신앙에서 시작되고 있다는

---

41 『三國遺事』 3, 「塔像第四-皇龍寺九層塔」(大正藏 49, 990c), "藏知是大聖變化 泣血而退 經由中國太和池邊 忽有神人出問."

42 같은 책(大正藏 49, 991a), "慈藏以五臺所授舍利百粒分安於柱中 幷通度寺戒壇及大和寺塔."

43 『三國遺事』 3, 「塔像第四-前後所將舍利」(大正藏 49, 993a·b), "善德王代貞觀十七年癸卯 慈藏法師所將佛頭骨佛牙佛舍利百粒 佛所著緋羅金點袈裟一領 其舍利分爲三 一分在皇龍塔 一分在大和塔 一分幷袈裟在通度寺戒壇 其餘未詳所在."

점에서, 이러한 두 전승에 대한 정리는 결코 좌시될 수 없는 부분이기 때문이다.

이와 관련된 『오대산사적』의 민지에 의한 정리 부분을 살펴보면 다음과 같다.

> 오대산 북대에 제석천이 문수상을 세운 곳 앞에서 풀을 깔아 자리를 만들고, 정진하기를 10일을 하였다. (그러자) 꿈에 문수상이 나타나 정수리를 만지면서 범어로 된 게송을 주었다. … 범승梵僧〔인도승려〕이 그것을 해석해주었다. … 또 비라금점가사緋羅金點袈裟 1령·백옥발우白玉鉢盂 1좌·주패금엽경珠貝金葉經 5첩·전신사리全身舍利 100매·불정골佛頂骨·불지절골佛指節骨 등을 주면서 말했다. "이것들은 본사석가(모니불)本師釋迦의 신물信物이니, 가히 삼가서 호지하십시오." 또 말하였다. "경의 본국(에 있는) 황룡사는 세존과 가섭이 안좌晏座[44]·설법한 땅입니다. 임지林池에 좌대석座臺石이 지금도 남아 있는데, 경은 그것을 알고 있습니까? 부처님께서 기별한 바와 같이 곧 마땅히 조탑造塔·입상立像의 인연이 있습니다." 운云 (위의 〔내용은〕 원효가 찬한 바의 『본전本傳』에 나와 있다.)
>
> 또 말하였다. "경의 본국 (중) 명주 땅에도 또한 오대산이 있어 (그곳은) 1만 문수의 진신이 상주하는 장소입니다. 경이 본국으로 돌아가거든 가히 가서 친히 참배토록 하십시오." (이상은 『대산본기』에 나와 있다.) "뒤에 마땅히 경을 태백산 갈반지처葛蟠之處에서 볼 것입니다." 말을

44 '晏座'는 '宴座' 혹은 '宴坐', 즉 '참선하던 자리'의 誤記로 판단된다. 이의 근거는 『三國遺事』 1, 「目次-迦葉佛宴座石」(大正藏 49, 954c)과 『三國遺事』 3 「興法第三-迦葉佛宴坐石」(大正藏 49, 989a·b)을 통해서 확인 가능하다.

마치자 범승梵僧은 사라졌는데 (이는) 곧 문수의 화신이었다. 추모함을 그칠 수 없어 이에 태화지로 갔다. 지변池邊에 정사와 석탑이 있었는데, 지룡池龍이 창건한 것이다. 조사가 탑 앞에 앉아 있으니, 어떤 노인이 못[45]으로부터 솟아나와 말했다. "도인은 어떠한 일을 구하는 것입니까?" 조사가 말했다. "보리를 구할 뿐입니다" … (원효가 찬술한 『기記』에 나와 있다.)[46]

이를 살펴보면, 민지는 1차적으로 원효 찬술의 『본전』과 『기』, 그리고 이와는 다른 자료인 『대산본기』를 취합하고 있다. 그리고 그 과정에서 북대와 태화지의 이분적인 측면을 공히 수용하면서 하나로 연결시키려는 노력을 개진하고 있다.

이는 두 가지를 통해서 살펴진다. 첫째, 태화지에서의 7일 기도로 나와 있는 부분이 북대와 관련하여 10일로 증광되어 나타나고 있는 점. 둘째, 문수에 대한 추모함을 그칠 수 없어 태화지로 갔다는 것이 바로 그것이다. 특히 둘째와 같은 경우는 문수에 대한 추모와 태화지의 연결 관계가 특별하게 나타나 보이는 것이 없어 상당히 어색하다.

---

45 原文은 '地'로 되어 있으나, 전후관계상 이는 '池'字의 誤記로 판단된다.

46 『五臺山事跡記』「奉安舍利開建寺庵第一祖師傳記」, "於北坮帝釋所立文殊像前藉艸爲座精修一旬 夢見文殊像摩頂授梵語偈曰 … 梵僧譯之曰 … 又以緋羅金點袈裟一領白玉鉢盂一座珠貝金葉經五貼全身舍利百枚佛頂骨佛指節骨等授之曰 幷是本師釋迦信物可愼護之 又曰 卿之本國皇龍寺者世尊與迦葉晏座說法之地 林池座石尙在卿知之乎 如佛所記則當有造塔立像之因 云 (上出元曉所撰本傳) 又曰 卿之本國溟洲之地亦有五坮山一萬文殊常住眞身之所也 卿還本國可往親叅 (已上出臺山本記) 後當見卿於太白山葛蟠之處 言訖而滅梵僧卽文殊化身也 追慕不已乃往太和池 池邊有精舍石墖池龍之所創也 師坐塔前有老人從地而出曰 道人求何事乎 師曰 求菩提耳 … (出元曉所撰記)."

중국 오대산의 북대는 해발 3,058미터로 오대 중 가장 높다(사진16_1, 16_2, 16_3). 태화지는 이러한 북대와 해발 2,895미터의 중대(사진17_1, 17_2) 사이에 위치해 있는 산상 연못(사진18_1, 18_2)으로 양자 사이에는 상당한 거리가 있다.[47] 그런데 이를 단지 다른 연고가 없이 추모의 정 때문에 갔다는 것은 논리적인 설득력이 떨어진다. 즉 민지의 연결 노력은 자연스럽지 못한 상태에서, 필연성에 의해 시도되고 있는 정도인 것이다.

사진16_1 중국 오대산 북대의 전경. 중국 오대산의 북대는 해발 3,058m로 오대 중 가장 높다.

사진16_2 중국 오대산 북대의 무구문수 도량

사진16_3 중국 오대산 북대의 무구문수 편액

---

47 崔正森 主編, 『五臺山 六十六寺』(太原: 山西科學技術出版社, 2004), 76~78쪽.

사진17_1 중국 오대산 중대(해발 2,895m)의 유동문수도량

사진17_2 중국 오대산 중대의 문수보살 설법처

사진18_1 태화지의 원경

사진18_2 태화지의 내부 모습

우리는 민지의 기술을 통해서, 두 가지 설에 대한 종합지양의 수정을 통한 해법제시가 시도되고 있는 것을 확인해볼 수 있다. 그러나 이는 분명 주체적인 문제해결의 노력을 보이고는 있지만, 효율적인 완성에는 실패하고 있다. 이러한 실패는 서로 다른 2종 자료의 입장차를 매워 줄 제3의 타당한 자료가 존재하지 않았기 때문으로 사료된다.

문수의 친견장소와 관련된 문제는 일견 중요하지 않다는 판단을 가져올 수도 있다. 그러나 친견의 장소문제가 곧 다음 장에서의 태화지용龍의 무게비중과 직결된다는 점에서, 이는 자장의 중국 오대산 참배와 관련해 매우 중요한 측면을 차지하게 된다.

3) 태화지 용에 대한 인식

자장의 오대산 종교체험과 관련해서, 문수의 친견과 더불어 중요한 것은 태화지 용에 관한 측면이다. 이와 관련된 내용을 기록하고 있는 것은 「황룡사구층탑」조와 「대산오만진신」조이다.

이를 차례로 적시하고 분석해보면 다음과 같다.

「황룡사구층탑」-(자장이) 중국 태화지변을 경유하는데, 홀연히 어떤 신인神人〔태화지의 용〕이 출현하여 물었다. "어찌 이곳까지 온 것입니까?" 자장이 대답하여 말했다. "보리〔깨달음〕를 구하기 때문입니다." 신인이 예배하고 또 물었다. "당신의 나라에는 어떤 어려움이 있습니까?" 자장이 말했다. "우리나라는 북으로는 말갈과 연해 있고 남으로는 왜인과 접해 있는데다가 (고구)려·(백)제의 2국이 계속해서 침범하여 (이렇게) 주변국들이 종횡으로 침탈하니 이것이 백성들의 근심이 되고 있습니다." 신인이 이르렀다. "당신의 나라는 여인〔선덕여왕〕으로 왕을 삼았으므로, 덕은 있으나 위엄이 없으니 주변 나라들이 (자꾸만) 도모하는 것입니다. 마땅히 속히 본국을 돌아가십시오." 자장이 물었다. "귀향해서 장차 어찌해야 이익 됨이 있겠습니까?" 신인이 말했다. "황룡사의 호법룡은 나의 장자입니다. 범왕梵王〔인도의 창조주〕의 명을 받아 (황룡사에) 가서 그 절을 보호하고 있으니, 본국으로 돌아가 사寺 중에 9층탑을 이룩하면, 주변국들이 항복하고 9한이 조공을 오게 되어 보위寶位가 길이 평안할 것입니다. 건탑建塔한 후에는 팔관회를 베풀고 죄인들을 사면하면 외적이 능히 해를 입히지 못할 것입니다. (이 외에) 다시금 나〔태화지의 용〕를 위하여, 경기의 남쪽 언덕에 한 정려精廬〔원찰의 의미〕를 비정해 (승려들로) 하여금 나의 복을 빌어주면나 또한 그 덕을 보답할 것입니다." 말을 마치고는 드디어 옥을 받들어 헌상하고는 홀연히 사라져 보이지 않았다(『사중기寺中記』에는 이르기를, "종남산終南山 원향선사圓香禪師의 처(소)處에서 건탑建塔의 인유因由를 받았다"고 한다).[48]

여기에서 살필 수 있는 태화지 용의 역할은 다음의 3가지이다. 첫째, 신라의 어려움이 여성군왕 때문이라고 문제의 원인을 밝혀줌, 둘째, 여성군왕의 약점을 자신의 아들이 호법용으로 있는 황룡사에 9층탑을 건립하여 해소할 수 있다는 해법을 제시함, 셋째, 자신을 위한 사찰을 건립해주면 은혜를 갚겠다고 함. 그런데 이 중 건탑과 관련해서는 종남산의 원향선사와도 관련된다고도 되어 있고,[49] 셋째와 같은 경우는 태화지 용의 이익과 연관된 부분이니 상대적으로 중요도가 떨어진다. 그렇다면 태화지 용의 실질적인 역할은 선덕(여)왕의 여성으로서의 한계에 대한 지적뿐이다.

그런데 이와 관련해서는 『삼국사기三國史記』 권5의 「신라본기 제5」 〈선덕왕 12년〉에 유사한 내용이 당태종의 지적으로 등장하고 있어

---

48 『三國遺事』 3, 「塔像第四-皇龍寺九層塔」(大正藏 49, 990c), "經由中國太和池邊忽有神人出問 胡爲至此 藏答曰 求菩提故 神人禮拜 又問 汝國有何留難 藏曰 我國北連靺鞨 南接倭人 麗濟二國 迭犯封陲 隣寇縱橫 是爲民梗 神人云 今汝國以女爲王有德而無威 故隣國謀之 宜速歸本國 藏問歸鄕將何爲利益乎 神曰 皇龍寺護法龍是吾長子 受梵王之命 來護是寺 歸本國成九層塔於寺中 隣國降伏 九韓來貢 王祚永安矣 建塔之後設八關會 赦罪人 則外賊不能爲害 更爲我於京畿南岸置一精廬 共資予福 予亦報之德矣 言已遂奉王而獻之 忽隱不現(寺中記云 於終南山圓香禪師處受建塔因由)."

49 「皇龍寺刹柱本紀」, "王之十二年癸卯歲欲歸本國頂辭南山圓香禪師禪師謂曰吾以觀心觀公之國皇龍寺建九層窣堵波."

주목된다.[50] 이렇게 될 경우 태화지 용만의 특수한 측면은 이렇다 할 것이 없게 된다. 즉 태화지 용의 역할은 극히 제한적인 것이다.

「대산오만진신」 - (법사는) 두루 영적靈迹을 찾아보고, 장차 동쪽으로 돌아가려고 하는데, 태화지의 용이 현신現身하여 재를 청하여, 7일 동안 공양하였다. 이에 (용이 법사에게) 고하여 말하였다. "옛적 게송을 전해〔해석〕주었던 노승이 진문수眞文殊입니다." 또 (자신을 위하여) 창사입탑創寺立塔〔절을 세우고 탑을 건립함〕해 주기를 정성스럽게 부탁했다.[51]

「대산오만진신」조와 같은 경우는 태화지 용에게 자장이 재를 지내준 보답으로 문수의 정체를 가리켜주는 것으로 되어 있다. 그리고 자신을 위한 사찰의 건립을 요청하는 것은 동일하다. 이 부분과 관련해서 태화지 용이 과연 문수의 진신을 알아보고 고지할 정도의 능력이 되는지는 다소 미심쩍다. 왜냐하면, 불교에 있어서 용은 축생의 제한된 업신業身일 뿐인데,[52] 보살의 응화신應化身[53]을 간파한다는 것은 교리적

50 『三國史記』 5, 「新羅本紀第五〈善德王-12年〉」, "爾國以婦人爲主 爲隣國輕侮 失主延寇 靡歲休寧 我遣一宗支(枝) 與(以)爲爾國主."; 拙稿, 「善德王의 轉輪聖王적인 측면 고찰」, 『史學硏究』 제93호(2009), 9쪽.

51 『三國遺事』 3, 「塔像第四-臺山五萬眞身」(大正藏 49, 998c), "遍尋靈迹 將欲東還太和池龍現身請齋供養七日 乃告云 昔之傳偈老僧是眞文殊也 亦有叮囑創寺立塔之事."

52 이는 다음과 같은 자료들을 통해서 단적인 확인이 가능한데, 불교를 타고 우리나라에까지 영향을 미치고 있다는 것을 알 수 있어 주목된다.

『佛說海龍王經』 2, 「授決品第九」(大正藏 15, 143a), "佛告龍王 其於佛法出家奉律行戒不具 現戒成就違戒犯行 不捨直見不墮地獄 如斯之類壽終已後皆生龍中 … 我般泥洹後多有惡比丘惡優婆塞 違失禁戒當生龍中 或墮地獄."; 『大唐西域記』 2, 「那揭

으로 문제가 있기 때문이다. 그러나『삼국유사』의 기술형태상 이러한 문제에 대한 명확한 구분은 불가능하다. 그러므로 일단 이 문제는 차치해둘 수밖에 없다. 다만 우리는 이를 통해서 태화지 용의 무게비중 확대에 대한 인식을 확보해볼 수가 있을 뿐이다. 즉「황룡사구층탑」조에서의 태화지 용의 역할에 비해서「대산오만진신」조에서의 태화지 용의 무게비중이 증대하고 있는 것이다.

이러한 차이의 존재는, 근원적으로는 문수의 친견장소와 관련된 북대와 태화지의 두 가지 설과 관련이 있는 것으로 사료된다. 즉 북대설을 수용할 경우 태화지 용의 가치가 줄어들게 되는 반면, 태화지설을 수용할 경우에는 태화지 용의 무게비중이 증대되는 것이다.

태화지 용에 대한 인식이 자장의 문수친견 장소와 직결된 것이라는 점은『오대산사적』의 수정 인식과 관련해서도 영향관계가 성립될 수밖

羅曷國」(大正藏 51, 878c~879a), "昔如來在世之時 此龍爲牧牛之士供王乳酪 進奉失宜既獲譴責 心懷恚恨 卽以金錢買華供養受記窣堵波 願爲惡龍破國害王 卽趣石壁投身而死 遂居此窟爲大龍王 便欲出穴成本惡願 適起此心 如來已鑒愍此國人爲龍所害 運神通力自中印度至 龍見如來毒心遂止 受不殺戒.";『大唐西域記』3,「烏仗那國」(大正藏 51, 882b·c), "此龍者迦葉波佛時 生在人趣 名曰殑祇 深閑呪術 禁禦惡龍 不令暴雨 國人賴之以稸餘糧 居人衆庶感恩懷德 家稅斗穀以饋遺焉 既積歲時或有逋課 殑祇含怒願爲毒龍 暴行風雨損傷苗稼 命終之後爲此池龍 泉流白水損傷地利 釋迦如來大悲御世 愍此國人獨遭斯難降神至此欲化暴龍 執金剛神杵擊山崖 龍王震懼乃出歸依 聞佛說法心淨信悟.";『大唐西域記』3,「烏仗那國」(大正藏 51, 883c), "龍王心欣人趣情重聖族 遂從女請 乃出池而謝釋種曰 不遺非類降尊就卑 願臨我室敢供灑掃.";『三國遺事』2,「紀異-文虎王法敏」(大正藏 49, 972c), "王平時常謂智義法師曰 朕身後願爲護國大龍 崇奉佛法 守護邦家 法師曰 龍爲畜報何 王曰 我厭世間榮華久矣 若麤報爲畜 則雅合朕懷矣."

53 眞身이라고 되어 있지만, 本身으로 나타나고 있는 것은 아니므로 應化身으로 파악하는 것이 보다 합당하다.

에 없다. 왜냐하면, 민지와 같은 경우는 앞서도 검토한 바와 같이 이러한 두 가지 설을 연결시키려는 노력을 하고 있기 때문이다.

민지는 이와 관련해서 원효가 찬술했다는 『기』와 『대산본전기』라는 두 가지의 기록에 의지하여, 조금 다른 관점에서 두 설을 기록하고 있다.

이를 적시하고 분석해보면 다음과 같다.

> ① (태화)지변에 정사와 탑塔이 있었는데, 지룡池龍이 창건한 것이다. … 노인이 곧 지용이었는데, 문득 일어나 작례作禮하고 조사에게 나라의 탑에 관하여 물었다. 또 말하였다. "황룡사의 호법(용)은 나의 장자인데, 범왕의 명령을 받고 그 절에 가서 보호하고 있습니다. 경이 본국으로 돌아가 만약 그 절에 9층탑을 건립하면, 국가의 태평은 여기에 (있다고) 하겠습니다." (그리고는) 주옥珠玉 등의 보물을 바치니 (이를 가지고) 돌아왔나. (원효가 찬술한 『기』에 나와 있다.)[54]

이 기록은 「황룡사구층탑」조와 상당히 유사하다. 다만 여기에서 태화지 용은 태화지 주변의 정사와 건탑의 주체가 될 정도로 영험하고 위신력이 있는 존재로 부각되어 있다.[55] 이로 인하여 자신을 위해서

---

54 『五臺山事跡記』「奉安舍利開建寺庵第一祖師傳記」, "池邊有精舍石墖池龍之所創也 師坐塔前有老人從地而出曰 道人求何事乎 師曰 求菩提耳 老人卽池龍也便起作禮問畣國師云 又曰 皇龍寺護法是吾長者受梵王之命往護其寺 卿還本國若於是寺立九層塔國之太平在於此也 奉獻珠玉等寶而還入(出元曉所撰記)."

55 『集神州三寶感通錄』中「唐岱州五臺山像變聲現緣四十九」(大正藏 52, 422c), "唐龍朔元年 … 頂有大池名太華泉 又有小泉迭相延屬 夾泉有二浮圖 中有文殊師利像."; 『法苑珠林』14, 「敬佛篇第六之二觀佛部感應緣之餘-唐代州五臺山像變現出聲緣」

사찰을 건립해줄 것을 청하고 있지도 않은 것으로 보인다.

> ② 일설에 의하면, 이 지룡이 나와서 말했다. "게송을 해석해준 범승梵僧이 진문수眞文殊입니다. 이제 나에게 공양거리를 주어 해상의 동경(경주)을 향하여 갔었습니다. 원컨대 조사도 또한 나에게 7일 동안 공양을 받으십시오." 조사가 이에 청을 좇아서 공양을 받은 연후에 환국했다고도 한다. (『대산본전기』에 나와 있다.)[56]

『오대산사적』에서 앞의 구절에 연이어 등장하고 있는 이 내용은 「대산오만진신」조와 상호 유사함을 확인해볼 수 있다. 즉 태화지의 용과 관련해서도 두 가지의 전승이 존재하고 있으며, 민지는 이러한 두 설을 공히 기록하고 있는 것이다. 그런데 민지와 같은 경우는 이 중 전자에 무게비중을 두고 있다. 이는 민지가 「황룡사구층탑」조와 궤를 같이하는 문헌자료를 보다 신뢰했음을 의미한다.

그런데 ②에는 '해상의 동경'이라는 내용이 나타나 있어 주목된다. 이는 경주를 의미하는 것으로 사료되는데, 이렇게 될 경우 태화지 용의 장자뿐만 아니라, 태화지 용과 같은 경우도 신라와 인연이 있는 것이 된다. 즉 이를 통해서 황룡사의 건탑을 말하기에 더욱더 유기적인 관계가 형성되는 것이다.

황룡사의 건탑과 같은 경우는 태화지 용의 무게비중과 관련해서

(大正藏 53, 393a).

56 『五臺山事跡記』「奉安舍利開建寺庵第一祖師傳記」, "一云是池龍出而言曰 解偈梵僧眞文殊也 今授我供向海上東京而往 願師亦受我七日供養 師於是從請受供然後還國(出臺山本傳記)."

중요한 부분이 된다. 그런데 태화지 용이 경주를 왕래할 정도라면, 이의 타당성에 무게를 실어주는 것이 된다. 즉 건탑과 관련해서 원향선사보다도 태화지 용의 무게비중이 증대되고 있는 것이다.

또한 ② 에서는 태화지 용과 자장의 관계에 있어서 자장의 위치가 상대적으로 부각되고 있다. 이는 7일 동안의 공양주체가 상호 뒤바뀌고 있는 것을 통해서 명백하게 드러난다. 이러한 인식의 변화가 민지가 열람한 원전에 의한 것인지는 분명하지 않다. 다만 「제1조사전기」의 변화가 너무 크다는 점에서, 이는 오대산의 「제1조사전기」를 쓰는 민지의 관점에 의한 자의적인 개변이 아닌가 한다. 실제로 「제1조사전기」에는 민지의 개변으로 생각되는 부분이 다수 더 있다. 예컨대, 「가섭불연좌석」[57]조와 유사한 내용을 다루면서, 민지는 이를 "황룡사는 세존과 가섭이 안좌(연좌)·설법한 땅입니다"[58]라고 기록한 것이 여기에 해당한다. 이는 가섭불(Kāśyapa Buddha)과 마하가섭(Mahā-kāś-yapa)을 혼동한 것으로, 불교에 대한 전문지식의 부재에서 기인한 개변에 해당한다.

민지와 같은 경우는 태화지 용과 자장과의 관계를 보다 강조하면서 자장을 부각시키고 있다. 그리고 이러한 과정에서 태화지 용의 무게비중 역시 증대시킨다. 이는 두 가지의 각기 다른 전승의 유기적인 결합구조 형성에 있어서, 태화지 용의 특수한 역할이 요청되기 때문으로 이해된다. 이러한 관점에서 민지는 황룡사의 건탑과 관련해서 원향선사설을 배제시키고, 태화지 용의 개연성을 증대시키고 있다. 즉 민지라

---

57 『三國遺事』 3, 「塔像第四-迦葉佛宴坐石」(大正藏 49, 999a·b).

58 『五臺山事跡記』 「奉安舍利開建寺庵第一祖師傳記」, "皇龍寺者世尊與迦葉晏座說法之地"

는 정리자의 입장에서 자장의 중국 오대산과 관련된 두 가지의 각기 다른 기록은 봉합의 필연성이 있었으며, 이러한 과정에서 태화지 용에 대한 무게비중은 자연스럽게 증대될 수밖에는 없었던 것이다.

3. 한국 오대산과 관련된 수정 인식

1) 한국 오대산의 당위성과 찾은 시기

자장이 귀국하여 오대산을 찾게 되는 것은 중국 오대산에서 친견한 문수가 신라의 동북방 명주에도 중국 오대산에 상응하는 문수주처文殊住處가 존재한다며, 이의 친견을 종용했기 때문이다. 이는 「대산오만진신」조를 통해서 확인해볼 수 있는데, 이의 해당 내용을 적시해보면 다음과 같다.

> (문수보살이) 가사 등을 주면서 부탁하여 말했다. "이는 본사석가(세)존本師釋迦尊의 도구道具이니, 당신이 잘 호지하십시오." 또 말하였다. "당신 본국〔신라〕의 간방艮方〔동북방〕에 (속하는) 명주 경계에 오대산이 있는데, 1만 문수가 항상 저곳에 살고 있으니, 당신은 가서 1만 문수를 친견하십시오." 말을 마치자 보이지 않았다.[59]

이는 두 가지로 요약해볼 수 있다. 첫째, 문수에 의해서 한국 오대산이 비정되고 있는 한국 오대산의 당위성에 관한 부분, 둘째, 한국 오대산에

---

59 『三國遺事』 3, 「塔像第四-臺山五萬眞身」(大正藏 49, 998c), "仍以所將袈裟等付而囑云 此是本師釋迦尊之道具也 汝善護持 又曰 汝本國艮方溟州界有五臺山 一萬文殊常住在彼 汝往見之 言已不現."

서의 재차 친견과 관련된 것이 바로 그것이다. 그런데 이 중 두 번째의 측면은 지켜지지 않고 있어 주목된다. 이와 관련된 부분은 「대산오만진신」조와 「대산월정사오류성중」조를 통해서도 확인해볼 수가 있다. 이를 적시해보면 다음과 같다.

법사는 정관 17(643)년 이 산〔강원도 오대산〕에 이르러 (문수)진신을 보고자 하였으나, 3일 (동안이나 날씨가) 음침해서 결과를 얻지 못하고 돌아갔다. 돌아와 원녕사元寧寺에 머물렀는데, 이에 문수가 나타나서 말하기를, "갈반처葛蟠處로 가라" 하였으니 지금의 정암사淨嵒寺가 그 곳이다.[60]

사중에 전해지는 『고기』를 살펴보면, 다음과 같다.

자장법사가 처음에 오대산에 이르러 문수진신을 보고자 하여, 산기슭에 모옥茅屋을 맺고 머물렀다. (그러나) 7일이 되도록 친견하지 못하니, 묘범산妙梵山에 이르러 정암사를 창건했다.[61]

두 기록은 3일과 7일의 차이를 나타내고 있기는 하지만, 문수를 친견하지 못하고 있다는 점에서는 일치한다. 더욱이 특기할 만한 것은 같은 「대산오만진신」조 안에서조차 자어상이의 모순이 발생하고 있다

60 같은 책(大正藏 49, 998c), "師以貞觀十七年來到此山 欲睹眞身三日 晦陰不果而還 復住元寧寺 乃見文殊 云至葛蟠處 今淨嵒寺是(亦載別傳)."

61 『三國遺事』 3, 「塔像第四-臺山月精寺五類聖衆」(大正藏 49, 1000a), "按寺中所傳古記云 慈藏法師初至五臺 欲睹眞身 於山麓結茅而住 七日不見 而到妙梵山創淨岩寺."

는 점이다. 즉 문수에 의해서 친견이 종용되는 동시에, 실제로는 친견의 기록이 없는 것이다. 이는 자칫 문수가 자장에게 했던 말들에 대한 신뢰성 자체를 의심케 할 수도 있다는 점에서 커다란 문제를 내포한다. 즉 한국 오대산의 당위성 자체에 문제가 초래될 수 있다는 말이다.

이러한 문제의식을 보완하기 위해서 민지는 다음과 같은 다소 완화된 내용을 기록하고 있어 주목된다.

> (문수보살이) 또 말하기를, "경의 본국, 명주 지역에도 또한 오대산이 있으니 (이곳도 중국 오대산과 같은) 1만 문수가 상주하는 진신의 장소입니다. 경이 본국으로 돌아가면 가서 친히 참배하십시오(이상은 『대산본기』에 나온다). 뒤에 마땅히 경을 태백산의 갈반지처葛蟠之處에서 다시 보게 될 것입니다"라고 하였다. … (원효가 찬술한 『기』에 나와 있다.)[62]

이 기록은 전체적으로는 「대산오만진신」조와 유사하다. 그러나 자세히 보면, 두 가지가 다르다는 점을 알 수 있다. 첫째, 한국 오대산에서의 친견에 관한 부분이 참배로 대체되고 있다는 점, 둘째, 실질적인 친견이 오대산이 아닌 태백산의 갈반지로 되어 있다는 점이 바로 그것이다. 친견이 문수를 보는 것이라면, 참배는 자장이 찾아보기만 하면 된다는 점에서 차이가 크다.

오대산에서의 문수친견은 한국 오대산의 입장에서는 이곳이 성지라는 당위성을 확립할 수 있는 매우 중요한 부분이다. 그럼에도 불구하고

---

62 『五臺山事跡記』 「奉安舍利開建寺庵第一祖師傳記」, "又曰卿之本國溟洲之地亦有五台山一萬文殊常住眞身之所也卿還本國可往親叅(已上出臺山本記)後當見卿於太白山葛蟠之處."

「대산오만진신」조에서조차 친견하지 못했다고 기록하고 있는 것은, 이러한 전승이 보다 사실적인 고전古傳이라는 것을 의미한다고 해석해 볼 수 있다. 그러므로 민지의 기록은 오대산적인 관점에서 내용을 수정해 문제를 제거하려는 목적의 의도적인 기술이라고 하겠다. 즉 민지는 이 문제가 내포하고 있는 부분을 정확하게 인지하고서, 이를 수정하려는 시도를 개진하고 있는 것이다.

그리고 이의 대안으로서 제시되고 있는 것이 바로 갈반지에서의 문수친견이다. 이 부분은 「자장정율」조에서도 나타나는 부분이지만,[63] 엄밀하게 말한다면 오대산에서의 친견이라는 부분과는 차이가 있다. 즉 같은 명주에서의 일이라고 해도 쉽게 대체될 수 있는 성질은 아니라는 말이다. 그런데 민지는 이를 끌어내 연결하는 방식으로, 오대산에서 문수를 친견하지 못한 부분에 대한 정당화를 제시하고 있는 것이다.

다음으로 이와 연결되는 내용으로 「대산오만진신」조에는 "법사는 정관 17(643)년 이 산〔강원도 오대산〕에 이르렀다"고 하여 자장이 오대산을 찾은 것이 귀국 직후라고 적시하고 있다. 그러나 자장이 입당시에 사신과 같이 동행했다는 기록이 있는 것처럼, 「자장정율」조에 의하면 올 때에는 선덕(여)왕의 요청에 의해서 귀국[64]하는 것으로 되어 있다는 점에서 이 역시 이론의 여지가 있다.

자장의 귀국시에 선덕(여)왕의 요청이 있었는지는 다소 불분명하다고 전제하더라도, 귀국하자마자 명주의 오대산으로 향했다는 것은 납득하기 어렵다. 자장이 당시 재상을 품수 받을 정도의 최고신분에

---

63 『三國遺事』 4, 「義解第五-慈藏定律」(大正藏 49, 1005c).

64 같은 책(大正藏 49, 1005b), "貞觀十七年癸卯 本國善德王上表乞還."

속하는 인물이라는 점[65]은 자장이 사신과 동행했다는 점에 무게를 실어준다. 또한 당태종의 환대와, 귀국과 관련해서 황제 및 태자에게까지 존중을 받았다는 것[66]은 자장이 신라를 대표할만한 인물이었다는 점을 의미한다. 그리고 이러한 연결선상에서 우리는 선덕(여)왕의 귀국요청에 관해서도 파악해볼 수가 있다.

그런데 귀국과 함께 곧장 오대산으로 갔다는 것은, 이치적인 관점에서 이해하기에 무리가 있다. 즉 자장은 선덕(여)왕의 요청에 의해서 귀국하지는 않았다고 치더라도, 오대산을 먼저 간다는 것은 논리적으로 납득되기 어렵다는 말이다. 물론 자장이 경주에 먼저 들렸다가 오대산을 찾았다는 견해도 수립될 수 있다. 그러나 귀국 당시 자장의 연만한 나이나,[67] 선덕(여)왕 시기 동북방이 안정되지 못하고 혼란스러웠다는 점을 고려한다면,[68] 이는 납득되기 어렵다. 그러므로 이 부분은 재고되어야 할 문제점을 내포하고 있다고 하겠다.[69]

---

65 같은 책(大正藏 49, 1005a), "適台輔有闕 門閥當議 累徵不赴."; 『續高僧傳』 24, 「唐新羅國大僧統釋慈藏傳」(大正藏 50, 639b), "物望所歸 位當宰相頻徵不就."; 『五臺山事跡記』 「奉安舍利開建寺庵第一祖師傳記」, "善德王聞師魁傑欲拜相國"

66 『三國遺事』 4, 「義解第五-慈藏定律」(大正藏 49, 1005b), "詔許引入宮 賜絹一領 雜綵五百端 東宮亦賜二百端."; 『續高僧傳』 24, 「唐新羅國大僧統釋慈藏傳」(大正藏 50, 639b·c), "貞觀十七年 本國請還 啓勅蒙許 引藏入宮 賜納一領雜綵五百段 東宮賜二百段 仍於弘福寺爲國設大齋 大德法集 幷度八人 又勅太常九部供養 藏以本朝經像彫落未全 遂得藏經一部幷諸妙像幡花蓋具堪爲福利者 齎還本國."

67 南武熙, 「『續高僧傳』「慈藏傳」과 『三國遺事』「慈藏定律」의 원전 내용 비교」, 『文學/史學/哲學』 제19호(2009), 46·52쪽; 南武熙, 「慈藏의 生涯 복원」, 『韓國學論叢』 제32호(2009), 178~181쪽.

68 金福順, 「新羅 五臺山事跡의 形成」, 『江原佛教史 硏究』(소화, 1996), 參照; 박미선, 「新羅 五臺山信仰의 成立時期」, 『韓國思想史學』 제28집(2007), 148쪽.

실제로 김복순이나 신종원 및 남무희와 같은 경우는 자장이 명주지역을 찾았다는 측면 전체를 후대의 왜곡된 인식으로까지 볼 정도이다.[70] 이와 같은 논리가 있을 정도의 상황에서, 귀국 직후에 가장 먼저 찾은 곳이 오대산이라고 하는 것은 분명 지나친 감이 없지 않다. 이러한 문제와 관련해서 우리는 민지의 인식을 주목해보게 된다. 왜냐하면, 민지와 같은 경우는 경주에 먼저 갔다가 오대산을 찾은 것으로 기록하고 있기 때문이다.

이의 해당 부분을 적시해보면 다음과 같다.

> 정관 17(643)년 계묘에 돌아왔다. (이에) 선덕(여)왕이 대국통에 봉하고 아울러 분황사에 주석케 하였다. 정관 19(645)년 태화지 용의 말대로 황룡사구층탑을 건립했다. (그리고) 저 오대(산)의 범승이 준 바의 사리를 탑의 심주心柱에 봉안했다. (이로) 인하여 황룡사에 주석하였다. … 운운. 후에 명주(지금의 강릉이다)의 오대산에 갔다.

---

69 金相鉉, 「三國遺事 慈藏 기록의 검토」, 『天台宗 田雲德 總務院長 華甲紀念 佛教學論叢』(丹陽郡: 天台佛教文化研究院, 1999), 759~760쪽.

70 金福順은 慈藏 晩年의 溟洲行이 圓仁의 『入唐求法巡禮行記』 卷3, 840년 7월 2일자의 기록과 유사하다는 점을 들어 이를 後代의 竄入으로 보았으며(「新羅 五臺山事跡의 形成」, 『江原佛教史 研究』, 소화, 1996, 18~19쪽), 辛鍾遠(「慈藏의 佛教思想에 대한 재검토」, 『新羅初期佛教史研究』, 〔民族社, 1992, 255쪽〕)과 南武熙(「『續高僧傳』 「慈藏傳」과 『三國遺事』 「慈藏定律」의 원전 내용 비교」, 『文學/史學/哲學』 제19호〔2009〕, 48쪽) 역시 『續高僧傳』에 언급되지 않고 있다는 점을 들어 이의 사실성을 부정하고 있다. 그런데 南武熙와 같은 경우, 「三國遺事에 반영된 고려국내 유통 「慈藏傳」의 복원과 그 의미」, 『韓國學論叢』 제34호(2010), 543쪽에서 慈藏의 溟洲行과 관련하여 "전부 부정할 필요가 있을까라는 점에는 의문이 든다"고 하여 다른 관점을 견지하기도 하여 주목된다.

… (원효가 찬술한『전傳』에 나와 있다.)[71]

일설에 의하면, 조사가 곧 환국하여 범승이 준 불의佛衣·불발佛鉢·보리[72]·뇌골腦骨 등을 황룡사에 봉안하고 이에 그 절에 머물러 공양하였다. (그러다) 문수를 친견코자 하여 (문수를) 찾아 명주의 오대산으로 갔다. … (이는『대산본전기』에 나와 있다.)[73]

민지는 자장이 귀국 후에 분황사와 황룡사에 주석하고, 그 뒤에 오대산을 찾은 것으로 기록하고 있다. 이럴 경우 자장의 나이가 너무 많아지는 문제가 있기는 하지만, 이치적으로는 이것이 더 타당성이 높다. 즉 민지는 여러 자료들을 검토하면서 문제를 인식하고 다시금 수정에 의한 해법을 제시하고 있는 것이다. 더구나 이러한 기록을「제1조사전기」에 수록하고 있다는 점에서 우리는 그의 고민을 느낄

71『五臺山事跡記』「奉安舍利開建寺庵第一祖師傳記」, "以貞觀十七年癸卯而還 善德王封爲大國統合住芬皇寺 貞觀十九年太和池龍之言立皇龍寺九層塔 以彼五臺梵僧所授舍利安于塔之心柱 因住皇龍寺 云云 後往溟州(今江陵也)五臺山 … (出元曉所撰傳)."

72 菩提는 무엇을 말하는 것인지 불분명하다. 이를 菩提樹로 보기에는 오대산이 너무 춥기 때문에 가능성이 없다. 전후의 내용을 통해서 살펴보면, 자장이 태화지의 용에게 菩提(bodhi, 覺)를 구하기 위해서 왔다는 대목이 있다. 만일 여기의 菩提가 그 菩提를 의미하는 것이라면, 찬술자인 閔漬의 불교이해에 심각한 문제를 확인해볼 수 있어 주목된다.

73『五臺山事跡記』「奉安舍利開建寺庵第一祖師傳記」, "一云師旣還國以梵僧所授佛衣佛鉢菩提腦骨等入安皇龍寺仍留其寺而供養 爲欲面見文殊尋往溟州五臺山 到今月精寺地假立草庵留至三日 于時是山陰沈不開未審其形而去 後又復來創八尺房而住者凡七日 云云 (上出臺山本傳記)."

수가 있다. 왜냐하면, 오대산을 찾은 시기를 경주에 비해서 늦추는 것은 오대산불교의 입장에서는 결코 바람직한 일이 아니기 때문이다. 즉 이치적인 측면과 신앙적인 부분의 선택에 있어서 민지는 결국 이치적인 면을 선택하고 있는 것이다.

자장이 오대산을 찾은 시기와 관련해서 우리가 생각해볼 수 있는 것은, 자장의 입당 목적을 중국 오대산의 문수친견이라고 적고 있는 기술이다. 이와 연관시켜 이해해 본다면, 자장은 입당과 귀국 후 공히 오대산의 문수와 관련된 행동을 하고 있는 것이 된다. 이는 종교적인 관점에서 강한 부절符節의 일치를 보인다고 할 수 있다. 그러나 바로 그렇기 때문에 앞의 '1) 중국 오대산의 참배시기' 항목에서도 검토한 바와 같이, 이 부분은 사실이라기보다는 신앙적인 관점에서 이해되어야 하지 않은가 한다. 즉 후대의 문수화엄 신앙의 약진과 고려시대 오대산불교의 강세가 이와 같은 신앙적인 관점에서의 왜곡을 파생하고 있는 것이다.

자장은 본질적으로는 문수화엄보다는 계율과 관련된 인물이다. 이는 자장이 살던 당시에는 계율의 필연성이 컸던 것이 한 이유이기도 하다. 그러나 시대가 바뀌면서 계율의 일반화는 화엄의 세계관적인 인식에 비교될 수 없게 된다. 이로 인하여 자장은 문수화엄적인 가치에서 화엄으로의 재규정을 겪게 된다. 그리고 이러한 재규정의 중심에는 오대산불교의 영향이 존재한다고 하겠다.

『삼국유사』에 남아 있는 4편의 오대산관련 항목들은 당시 오대산불교의 성세영향이 반영된 것이다. 또한 월정사에는 오늘날까지도 고려시대를 대표하는 월정사 팔각구층석탑이 존재하고 있다. 이는 고려조의 월정사를 중심으로 하는 오대산불교의 성세를 방증해주는 유물이다. 즉 『삼국유사』의 오대산관련 항목과 월정사 팔각구층석탑을 통해서 우리는 고려시대 오대산불교의 강세를 추정해볼 수 있고, 이와 관련하여 자장에 대한 인식의 재정립에 관해서도 추론해볼 수가 있다. 다시 말해서 자장의 입당과 귀국 직후 공히 오대산을 방문했다는 기록은, 후대 오대산불교의 영향에 의한 종교적인 관점의 왜곡이며, 이를 민지는 『오대산사적』을 기술하면서도 이치적인 관점에서 과감하게 수정하고 있는 것이다.

2) 월정사의 시원과 문제의식

자장의 '한국 오대산 개산'과 '월정사의 창건'과 관련하여, 자장이 문수를 친견하지 못했다는 기록은 심각한 문제점이 아닐 수 없다. 게다가 자장이 문수를 친견하기 위해서 머문 기간이 각각 3일과 7일에 불과하고, 또한 머물렀다는 것이 겨우 임시적인 모옥에 불과하다는 것 역시 큰 문제가 된다. 앞서도 인용한 바 있지만, 대조의 편의를 위해서 해당 부분만을 다시금 적시해보면 다음과 같다.

> (자장이 문수)진신을 보고자 하였으나, 3일 (동안이나 날씨가) 음침해서 결과를 얻지 못하고 돌아갔다.[74]

> (자장이) 산기슭에 모옥을 맺고 머물렀다. (그러나) 7일이 되도록 친견하지 못하였다.[75]

---

74 『三國遺事』 3, 「塔像第四-臺山五萬眞身」(大正藏 49, 998c), "欲睹眞身三日 晦陰不果而還."

75 『三國遺事』 3, 「塔像第四-臺山月精寺五類聖衆」(大正藏 49, 1000a), "欲睹眞身 於山

이러한 두 가지 문제는 관점에 따라서 자장을 오대산의 개산조나, 월정사의 개창자로 볼 수 있느냐의 문제를 내포하게 된다. 그러므로 이에 대한 수정 인식이 나타나게 되는 것은 지극히 당연하다고 할 수 있다.

『오대산사적』의 해당 부분을 적시해보면 다음과 같다.

> (자장은) 문수를 친견코자 하여 (문수를) 찾아 명주의 오대산으로 갔다. 지금의 월정사지에 이르러, 임시로 풀암자(草庵)를 세워 3일에 이르도록 머물렀다. 이때 그 산이 음침하여 열리지 않으니, 그 형상을 살필 수 없어 물러났다. 뒤에 또다시 가서 8척 방을 세우고 무릇 7일을 머물렀다. 운운 (이는 『대산본전기』에 나와 있다.)[76]

민지의 수정 인식은 두 가지로 살펴볼 수 있다. 첫째, 문수를 친견하기 위한 3일과 7일의 두 가지 설을 하나로 붙여 두 차례에 걸친 것으로 바꾸고 있다는 점. 둘째, 모옥 하나만 등장하던 것을 이에 상응하는 가치로서의 초암과 8척 방으로 증광하여 정식 건물화하고 있다는 점이 바로 그것이다. 즉 두 가지의 다른 전승에 따른 혼란과 비정식 건물이라는 문제점을 하나로 연결시키고 정식 건물로 변화시켜, 자장에게 월정사의 실질적인 개창자의 역할을 부여하고 있는 것이다.

「대산월정사오류성중」조의 모옥으로는 월정사의 위치를 자장이

麓結茅而住 七日不見."

76 『五臺山事跡記』「奉安舍利開建寺庵第一祖師傳記」, "爲欲面見文殊尋往溟州五臺山 到今月精寺地假立草庵留至三日 于時是山陰沈不開未審其形而去 後又復來創八尺房而住者凡七日 云云 (上出臺山本傳記)."

비정한 것으로 볼 수 있느냐의 문제가 파생할 수 있다. 그로 인하여 「대산오만진신」조와 「대산월정사오류성중」조에서는 그 자리에 후일 범일梵日의 문인인 두타승 신의信義와 수다사水多寺의 장로 유연有緣[77] 및 신효거사信孝居士[78]와 같은 이들이 와서 살았다고 하고 있는 것이다. 즉 자장과 같은 경우는 오대산과 월정사의 시원적인 역할만을 하고 있을 뿐이다.

또한 이와 관련해서는 자장이 임시로 며칠 머물던 모옥의 위치를 약 200여 년 뒤의 후인이 다시금 찾아서 머무를 수 있었을까 하는 문제도 제기될 수 있다. 이는 이치적인 관점에서 분명 납득하기 용이한 측면이 아니다.

이러한 문제들을 해결하기 위해서 민지는 오대산 및 월정사와 자장의 인연을 두 번으로 연결시켜 강조하고, 임시 건물이 아닌 정식 건물의 존재를 기록하고 있는 것이다. 아무래도 임시 건물이 아닌 정식 건물이 있었다면, 200여 년이 흘렀다고 하더라도 그 자리를 다시금 확보할 개연성이 상대적으로 크기 때문이다. 물론 이렇게 수정했다고 하더라도 7일 정도 머물다 갈 정도의 건물지에 200여 년 후에 다시금 찾아든다는 것은 그리 상식적인 납득은 되지 않는다. 그러나 민지의 수정 인식을 통해서, 우리는 그가 '오대산불교의 정통성'과 '자장의 월정사 시창자로

---

77 『三國遺事』 3, 「塔像第四-臺山五萬眞身」(大正藏 49, 998c), "後有頭陀信義 乃梵日之門人也 來尋藏師憩息之地 創庵而居 信義旣卒 庵亦久廢 有水多寺長老 有緣重創而居 今月精寺是也."

78 『三國遺事』 3, 「塔像第四-臺山月精寺五類聖衆」(大正藏 49, 1000a), "此月精寺慈藏初結茅 次信孝居士來住 次梵日門人信義頭陀來 創庵而住 後有水多寺長老有緣來住 而漸成大寺."

서의 위상을 확고히 하려고 했다는 것'은 분명하게 인지해볼 수가 있다.

오대산 및 월정사와 관련된 자장의 위치가 불분명하다는 점은 중대의 적멸보궁과 관련해서도 문제를 파생시킨다. 『삼국유사』의 자장관련 기록에서 자장이 중국 오대산에서 모셔온 사리를 봉안한 안장처로 나오는 곳은 '황룡사 구층목탑'과 '통도사 금강계단', 그리고 '태화사탑'이 언급될 뿐이다.

이의 해당 내용을 적시해보면 다음과 같다.

「황룡사구층탑」 - 자장은 오대산에서 받은 바의 사리 100립〔100과〕을 (황룡사 구층목)탑의 기둥〔주심초석과 상륜부를 의미함〕과 아울러 통도사의 (금강)계단 및 대화사탑에 나누어 봉안하였다.[79]

「전후소장사리」 - 선덕(여)왕 대인 정관 17년 계묘(643)에 자장법사가 모셔온 것은 불두골·불아佛牙·불사리 100립과 불소착佛所著의 비라금점緋羅金點 가사 1령이다. 그 사리는 셋이 되도록 나누었는데 1분은 황룡사탑에 있고, 1분은 대화탑에 있으며, 1분과 함께 가사는 통도사의 (금강)계단에 있다. 그 나머지는 소재를 알 수 없다.[80]

---

79 『三國遺事』 3, 「塔像第四-皇龍寺九層塔」(大正藏 49, 991a), "慈藏以五臺所授舍利百粒分安於柱中 幷通度寺戒壇 及大和寺塔."

80 『三國遺事』 3, 「塔像第四-前後所將舍利」(大正藏 49, 993a·b), "善德王代貞觀十七年癸卯 慈藏法師所將佛頭骨佛牙佛舍利百粒 佛所著緋羅金點袈裟一領 其舍利分爲三 一分在皇龍塔 一分在大和塔 一分幷袈裟在通度寺戒壇 其餘未詳所在."

「자장정율」—자장의 도구道具와 포布·말襪과 태화지의 용이 헌상한 바의 목압침木鴨枕[81]과 석존의 유의由衣〔유의는 전의田衣의 오기誤記로 방의方衣, 즉 가사를 의미함〕 등은 모두 함께 통도사에 있다.[82]

자장의 오대산행과 관련된 기록에서 중대에 사리를 모셨을 개연성과 관련해 눈에 띄는 기록은 전무하다. 그러나 중대 적멸보궁의 타당성 주장은 민지에게 있어서는 필연성이 되기에 충분하다. 또한 민지의 기록은 현존하는 자료 가운데 오대산 중대가 적멸보궁이라는 가장 오래된 사료이기도 하다.

『오대산사적』의 해당 부분을 적시해보면 다음과 같다.

오대산 지로봉에 올라 불뇌와 정골頂骨을 봉안했다. (그리고는) 가라허伽羅墟에 비를 세웠다(비는 숨어서 나타나 있지 않다). 그 사적을 기록하고 (이로) 인하여 월정사를 세우고 13층탑을 건립하여 사리 37매를 탑심에 봉안했다. (지금 전하기를, 우바국다優婆掬多의 사리탑이라는 것은 그릇된 것이다. 원효가 찬술한 『전』에 나와 있다.)
일설에 의하면, 조사가 곧 환국하여, 범승이 준 불의佛衣·불발佛鉢·보리·뇌골 등을 황룡사에 봉안하고 이에 그 절에 머물러 공양하였다. (그러다) 문수를 친견코자 하여 (문수를) 찾아 명주의 오대산으로 갔다. … (이는 『대산본전기』에 나와 있다.)[83]

---

81 『三國遺事』 4, 「義解第五-慈藏定律」(大正藏 49, 1006a), "又巘陽縣(今彦陽)有鴨遊寺 枕鴨嘗於此現異 故名之."

82 같은 책, "藏之道具布襪 幷太和龍所獻木鴨枕 與釋尊由衣等 合在通度寺."

83 『五臺山事跡記』「奉安舍利開建寺庵第一祖師傳記」, "五臺山登地爐峰奉安佛腦及頂骨 立碑於伽羅墟(碑則隱而不現) 以紀其蹟因創月精寺建十三層塔奉安舍利三十

이러한 기록을 통해서 민지가 주장하고자 하는 것은 중대인 지로봉에 불뇌와 정골을 봉안했다는 내용이다. 즉 자장이 문수에게서 전해 받은 사리의 핵심이 오대산의 중대에 있다는 주장인 것이다. 그러나 이와 유사한 주장은 황룡사나 통도사에서도 발견되는 것을 우리는 확인해볼 수가 있다.[84] 이렇게 놓고 본다면, 이것은 자장과 연결되어 있던 사찰들 중에서 보다 두각을 나타내려는 한 방법이었다는 추정이 가능하게 된다.

불뇌와 정골이라는 의미는 고대에 사리의 수장공간 중 하나가 불상의 육계肉髻였기 때문에 파생한 명칭이지, 그것이 실질적인 불뇌와 정골을 의미하는 것은 아니다.[85] 즉 이는 불사리가 봉안되어 있던 장소와 관련된 측면이 일반화되면서 파생한 명칭이라는 말이다. 그러던 것이 후대에는 불상에서의 사리 봉안장소가 배로 옮겨지면서 복장腹藏문화로 자리잡게 된다.[86] 이는 인도와 서역의 머리를 중시하는 문화가 중국문화의 배 중심문화로 변모되면서 나타나는 양상이다.[87] 그러므로 불뇌와 정골이라는 의미는 본래 사리의 봉안처와 관련된 명칭에서 출발하여, 후대

七枚於塔心 (今傳優婆掬多之舍利塔者誤也 出元曉所撰傳) 一云師旣還國以梵僧所授佛衣佛鉢菩提腦骨等入安皇龍寺仍留其寺而供養 爲欲面見文殊尋往溟州五臺山 … (上出臺山本傳記)."

84 『五臺山事跡記』「奉安舍利開建寺庵第一祖師傳記」, "梵僧所授佛衣佛鉢菩提腦骨等入安皇龍寺"; 韓國佛教硏究院 著, 「通度寺舍利袈裟事蹟略錄」, 『通度寺』(一志社, 1999), 32~33쪽.

85 拙稿, 「髻珠에 관한 사상적 관점에서의 재조명」, 『宗教硏究』 제61집(2010), 202~208쪽; 이주형, 「간다라 불상과 사리 봉안」, 『中央아시아硏究』 제9호(2004), 139~143쪽.

86 拙稿, 「髻珠에 관한 사상적 관점에서의 재조명」, 『宗教硏究』 제61집(2010), 207쪽.

87 같은 논문.

에는 최상의 사리라는 뜻으로 의미적인 변화를 겪게 된다고 하겠다.

자장이 문수에게서 받은 사리도 종교적인 신성성을 배제하고 이치적인 관점에서만 접근한다면, 불상의 육계에서 적출된 사리와 일반적으로 유통되던 사리의 두 가지로 구분해볼 수가 있다. 또한 부처님의 가사라는 것도 고대로부터 불상에 가사를 입혔었고, 이를 계절이나 필요한 조건에 따라서 갈아입혔다는 점을 고려한다면,[88] 이때 파생되는 가사라고 할 수가 있다.[89] 사실 종교의 상징적인 의미로만 본다면, 불상에서 나온 사리나 불상에 입혔던 가사가 붓다의 사리나 가사가

88 한국불교에서는 현재 불상에 가사를 입히는 전통은 사라지고 없다. 그러나 불상에 표현된 가사가 전통가사색인 붉은 색이 아니라, 황금색으로 개금되어 있다는 것은 그것이 가사이기도 하지만, 동시에 황금색의 佛身을 표현하고 있기 때문이다. 즉 본래는 갈아입히게 제작되는 과정에서 알몸을 그대로 노출시킬 수 없기 때문에 불상 자체에 가사를 상징적으로 표현하고 금색으로 한 것인데, 후일 사원경제가 열악해져서 갈아입힐 천이 부족해지는 과정에서 이 부분이 오히려 일반화하게 된 것이다.

89 현재 통도사에 전해지고 있는 붓다의 가사(安明淑,「袈裟의 衍義에 관한 硏究」, 東國大 博士學位論文, 1989, 65쪽; 李順德,「韓國袈裟에 대한 硏究」, 嶺南大 博士學位論文, 1995, 90쪽)는 인도의 더운 기후와는 무관한 중국의 추운기후와 관련된 두꺼운 비단 재질의 가사이다. 이는 이 가사가 붓다의 가사가 아닐 뿐만 아니라, 인도불교와 직접적으로 관련 있는 가사도 아니라는 점을 분명히 해준다. 또한 현존하는 가사는 조선후기에 다시금 재제작된 것으로 문화재지정조차 되지 못하고 있는 실정이다(현존하는 실물가사 중 문화재는 허동화 소유, 刺繡博物館 소장 刺繡袈裟가 보물 654호로 지정된 것〔修德寺 槿域聖寶館 編,『至心歸命禮』, 修德寺 槿域聖寶館, 2006, 190~195쪽〕과 表忠寺의 泗溟惟政의 袈裟가 重要民俗資料 29호로 지정된 것〔文化財廳 編,「제29호 泗溟大師의 金欄袈裟와 長衫」,『文化財大觀-重要民俗資料2 : 服飾·刺繡篇』, 文化財廳 無形文化財科, 2006, 147~150쪽〕, 그리고 金剛寺의 正愚스님 소장 袈裟〔이인영·홍정민,「金剛寺 소장 錦襴袈裟에 관한 연구」,『韓服文化』 제9권 3호, 2006, 88~89쪽〕가 있을 뿐이다).

아닌 것만도 아니다. 그러나 이러한 문제를 너무 깊이 추구하는 것은 종교의 특성을 인식하지 않는 것이며, 또한 본고와도 큰 관련이 없다고 할 수 있으므로 이에 대한 부분은 이 정도에서 지양하고자 한다.

자장의 사리는 관련문헌을 근거로 분명 '정골관련 사리라는 특수사리'와 '일반사리'라는 두 종류로 구분된다. 민지는 이 중 특수사리가 오대산 중대에 봉안되었다고 주장하고 있는 것이다. 그리고 민지의 기록에 따르면, 이러한 사리안장과 관련된 내용의 비석도 존재하고 있었던 것으로 보인다. 물론 이러한 비석을 자장이 세운 것은 아니며, 이는 후인이 당위성 확립을 위해서 제작한 것으로 사료된다.

민지의 중대 적멸보궁 강조는 그러나 그 자신도 대단히 혼란스러워하고 있었던 것 같다. 이는 황룡사에 불뇌를 모셨다는 기록을 병기하고 있는 것을 통해서 분명해진다.

13층탑 운운하는 대목은 월정사 팔각구층석탑(사진19_1, 19_2)의 기단부[90]를 층수로 잘 못 계산하는 과정에서 파생된 오류로 이해된다. 또한 그 내용 역시도 자장 당대의 일로 보고서 기록하고 있다기보다는 후대의 사리탑과 관련된 내용을 병기해서 기록하고 있는 것으로 보인다. 그러므로 이를 착오로까지 보기는 어렵다. 왜냐하면, 민지 역시 자장이 월정사를 처음으로 개창했다고 기록하고 있으므로, 그 바로 다음에 자장을 월정사탑과 연결시켰다고 보기는 어렵기 때문이다.[91]

---

90 월정사 팔각구층석탑은 이중기단을 갖추고 있는데, 그 하부가 현재 땅 속에 50cm 정도 파묻혀 있다. 일반적으로 동북아의 탑은 수평적으로는 偶數(짝수)이고, 수직적으로는 奇數(홀수)로 만들어진다. 그러므로 이를 문외한이 탑의 층수인 홀수를 기준으로 이해할 경우 13층으로 오해할 개연성이 존재하게 된다.

91 이는 월정사 팔각구층석탑의 이전에 있었던 先行한 석탑과 관련된 내용이 혼재된

사진19_1 월정사팔각구층석탑(국보 제48호)과 공양보살상

사진19_2 월정사팔각구층석탑의 기단부(현재 지면 아래로 50cm 이상 더 파묻혀 있음)

그러나 황룡사에 불뇌를 모셨다는 기록을 병기한 것은 민지 역시 무언가 석연치 않음을 표명한 것으로 이해된다. 즉 민지는 오대산 적멸보궁과 관련된 수정 인식을 통해 그 타당성을 변증하고 있지만, 그럼에도 여러 전승에 따른 혼란을 통체적으로 극복하지는 못하고 있는 것이다.

4. 나가는 말

이상을 통해서『오대산사적기』의「제1조사전기」를 통해서 확인되는 민지의 오대산 관련자료들의 취사선택에 따른 수정 인식에 관해서

것일 수도 있다.

고찰해보았다. 본문에서 검토한 내용들을 종합적으로 정리해보면 다음과 같다.

먼저, 중국 오대산과 관련해서, 민지는 자장의 입당 연도와 관련하여 도선의 638년설을 취하고 있다. 또한 입당 직후 오대산을 참배했다는 당시 고려의 일반론을 취하지 않고, 이를 뒤로 늦추고 있다. 이러한 두 가지의 수정 인식을 통해서, 우리는 민지가 『오대산사적』을 집필하면서도 종교적으로 유리한 입장보다는 합리적인 관점을 우선적으로 취하고 있다는 것을 인지해보게 된다.

다음으로, 자장의 문수보살 친견 장소로 등장하는 북대와 태화지의 두 가지설과 관련하여 민지는 이를 하나로 연결해서 수용하려는 수정 인식을 나타내 보인다. 이는 서로 다른 두 전승에 의한 오대산불교의 당위성 문제를 극복하려는 관점으로 이해된다. 그리고 이와 같은 양상은 다음 항에서 살펴지는 태화지 용의 무게비중 확대와 연관되어 이해될 수 있다.

한국 오대산과 관련해서 민지는 자장이 명주의 오대산을 찾은 것이 귀국 직후가 아니라, 경주에서의 일들이 마무리된 이후로 기록하고 있다. 이는 이치적인 이해가 보다 높게 확보된다는 점에서, 민지 수정 인식의 타당성을 인정케 하는 대목이다. 또한 이 부분은 자장의 입당목적과 직결되어서는 종교적인 상징성의 관점에서 파악되는 것이 보다 올바른 관점이라고 하겠다.

다음으로 오대산불교와 월정사의 시원과 관련되는 부분은 「제1조사전기」에 있어서 가장 중요한 부분이다. 이는 「봉안사리개건사암제1조사전기」라는 전칭을 통해서 분명해진다. 그러므로 민지는 자장을 오대산불교와 월정사 개산조로서 보다 합당한 위상을 부여하기 위한 수정

인식을 전개하게 된다. 그러나 그럼에도 불구하고 이 부분과 관련해서 민지는 보다 효율적인 해법의 도출에 실패하고 있다. 가장 중요한 부분에 대한 목적 실패는 월정사의 정당한 인식과 관련해서 시사하는 바가 적지 않다. 또한 이는 오대산 중대의 사리봉안과 관련해서도 확인되는 문제이다.

중대의 적멸보궁과 관련된 부분은 오대산불교와 관련해서 가장 중요한 측면 중 하나이다. 이는 「봉안사리개건사암」이라는 명칭을 통해서 단적인 확인이 가능하다. 그럼에도 민지는 이에 대한 단정적인 기술을 피하고 있는 것이다. 이러한 민지의 서술은 그가 합리적인 관점을 우선적으로 취하는 학문적인 입각점을 수립하고 있었기 때문으로 이해된다. 즉 완전히 새로운 부분을 창조해서 연결시키는 것이 아니라, 당시의 선행 자료들만을 통한 논리만을 전개하다 보니 효율적인 완성에 실패하고 있는 것이다. 그러나 이를 통해서 우리는 민지의 기술 태도와 선행 자료의 충돌 양상에 대해서 보다 분명한 인식에 도달해볼 수가 있게 된다.

민지의 합리성에 기초한 서술태도는 비록 그 안에 수정 인식이 내포되어 있기는 해도, 고려시대의 오대산불교를 이해할 수 있는 정초가 된다는 점에서 충분한 의의를 가진다. 그리고 이와 더불어 자장에 대해서도 보다 풍부한 입각점이 수립될 수 있다는 것은, 본고와 관련된 또 하나의 중요한 의의라고 하겠다.

Ⅲ. 동양사상에서의 물에 대한 관점과 한강의 시원에 관한 전통인식 고찰 1

- 도가와 유교사상을 중심으로 -

1. 들어가는 말

서울은 조선조 이전인 한성백제漢城百濟시대까지 더하면 무려 천 년의 역사를 가진 유구한 도읍이다. 이러한 오랜 수도의 역사는 한강과 함께 해온 것이며, 그 근원을 살핀다면 이는 거기에 한강이 있었기 때문이라고 할 수 있다. 즉 한강이 있었기에 서울은 수도로 존재할 수가 있었던 것이다. 그러므로 한강의 시원始源에 관한 정리는 우리역사에 있어서 서울이 차지하는 위상에 비례하여 중요하다고 할 수 있다.

그런데 이와 관련하여 조선조까지는 강원도 오대산의 우통수于筒水(사진 20)와 금강연金剛淵(사진 21)이 시원으로 인식되던 것이, 현대적인 원거리 개념이 대두되면서 시원지에 대한 변동문제가 생기게 된다.[1]

1 최승업·전상호, 「한강 발원지의 구명에 관한 연구」(江原開發硏究院, 2000), 25쪽, "이형석은 근세 한국 1/50,000지형도(1918)의 도상계측자료를 근거로 한강의 가장

즉 우리는 한강의 시원과 관련하여 전통적인 측면을 수용할 것인지, 또는 지리적인 관점을 기준으로 할 것인지, 그리고 지리적인 관점을 기준으로 한다면 전통적인 측면은 어떻게 처리할 것인지의 문제를 안고 있는 것이다.

사진20 서대 수정암의 우통수

사진21 한강의 시원제가 열렸던 금강연

긴 물줄기가 있는 곳은 태백시의 금대산(당시 기록에는 어룡산으로 기록하고 있다)이라고 1981년 월간 산에 발표하고 이를 한강의 발원지로 발표하였다. 이 발표는 우리나라의 하천 발원지를 물의 특이성이나 신비성을 근거로 한 방법에서 특정 기준점에서 가장 긴 유로가 있는 지역 혹은 집수역으로 해야 한다는 개념을 도입한 최초의 시도로 알려져 있다. 지금까지 태백시의 금대산은 한강의 기점에서 가장 긴 물줄기를 가진 산으로 알려져 있다. … 지형도상 금대산 일대가 한강 최상류 하천인 장죽천의 집수역이므로 한강발원지로서 가장 타당한 지역이다."; 이형석, 「月刊 '山'」(朝鮮日報社, 1981), 5월호 參照.

우리의 선조들이 지리학적으로 한강의 시원을 비정하려고 했던 상황이라면, 오늘날의 관점에서 더욱더 원거리의 장소가 발견될 경우 한강의 시원지가 옮겨지는 것은 타당하다. 그런데 우리 조상들은 지리학적인 관점과는 논리적인 층차가 다른 시원에 관한 인식을 가지고 있었다는 데 문제의 핵심이 있다. 즉 시원에 대한 인식에 상호 차이가 있는 것이다. 이는 단순히 어떠한 방식을 통해서 이 문제를 획일화할 수 없다는 것을 의미한다.

이 문제의 해법과 관련하여 필자는 먼저 전통적인 한강의 시원 인식에 관한 내원來源을 동양사상적인 관점에서 고찰해보고자 한다. 이는 시원 인식의 전통관념에 대한 보다 정확한 판단을 수립하기 위한 배경이 된다.

이를 위하여 중국사상에 있어서는 물과 보다 밀접한 철학적 연관관계를 가지고 있는 도가에 관해 고찰한 후, 한강의 시원 비정에 있어서 중요한 역할을 담당하고 있는 유교적인 관점에 대해서 모색해보았다. 이를 통해서 우리는 중국사상에서의 물에 대한 인식과 강의 시원 비정에 대한 사상적인 배경을 확보해 보게 된다.

다음으로는 이를 바탕으로 한강의 시원에 대한 우리의 전통적인 인식과 물에 대한 중국문화권 최초기의 인식에 관해 모색해보았다. 이를 통해서 우리는 중국사상적인 물에 대한 관점이 우리 민족의 심성구조 속에서 어떻게 연결 관계를 형성할 수 있는지에 대한 개연성을 확보하게 된다. 이는 조선조에서 한강의 시원을 우통수와 금강연으로 비정하고 있는 것에 대한 한 해법이 된다고 하겠다.

본고는 한강의 전통적인 시원 인식에 관한 동양사상적인 관점 중에서 먼저 도가와 유교의 인식을 중심으로 검토해보고자 한 것이다. 그러나 한강의 시원 인식과 관련해서는 우통수가 『삼국유사』에 나타나고 있는 불교기록[2]인 동시에 수정암水精菴과 무관하지 않다는 점. 그리고 우통수와 더불어 한강의 시원으로 거론되고 있는 금강연金剛淵이 명칭에서부터 불교와 무관할 수 없다는 점 등에서, 불교적인 검토가 함께 개진되는 것이 필연적이다.

그러나 논문의 분량적인 한계와 관련하여 부득이 「동양사상에서의 물에 대한 관점과 한강의 시원에 관한 인식 고찰1」과 「2」로 분할하지 않을 수 없게 되었다. 이로 인하여 논리에 있어서 다소간 분절적인 양상이 나타나는 문제를 내포하게 된다. 왜냐하면, 문화는 한데 어우러져서 전개되는 것이지 철학이나 종교에 의해서 분절되는 것이 아니며, 또한 그렇게 될 수도 없는 것이기 때문이다.

오류에 의한 문제라면 의당 시정되는 것이 옳다. 그러나 관점이 다른 문제를 수백 년 이래의 전통적인 타당성을 일거에 무시하고 현대의 서구적인 관점에 의해서 일방적으로 재정립한다는 것은, 우리가 문화민족이라는 측면을 스스로 부정하는 어리석음이라고 할 수 있다. 만일

---

2 『三國遺事』 3, 「溟州(古河西府也)五臺山寶叱徒太子傳記」(大正藏 49, 999c~1000a), "黃處中臺風爐山. 亦名地爐山. 毘盧遮那爲首. 一萬文殊常住. 眞如院地. 文殊大聖每日寅朝化現三十六形(三十六形見臺山五萬眞身傳). 兩太子並禮拜. 每日早朝汲于洞水. 煎茶供養. 一萬眞身文殊."; 『三國遺事』 3, 「臺山五萬眞身」(大正藏 49, 999a), "二公每汲洞中水煎茶獻供. 至夜各庵修道."
『三國遺事』의 于洞水와 洞中水는 五臺山 水精菴의 于筒水와 통하는 것으로 인식되고 있다. 江原大學校中央博物館·平昌郡 編, 『于筒水 地表調查』(江原大學校中央博物館·平昌郡, 2004), 26~27쪽.

이러한 일방적인 잣대로 재단하게 된다면, 과연 우리의 전통문화 중에서 타당성을 확보할 수 있는 측면이 얼마나 될 수 있을지 또한 의문이다. 그러므로 한강의 시원에 관한 전통관념의 올바른 이해와 정립은 그 자체로 충분한 필연성을 가진다고 하겠다.

2. 중국사상과 물

1) 도가에서의 물

중국철학에서 물에 대해 보다 주목하는 것은 명철보신明哲保身의 관점[3] 속에서 "불감위천하선不敢爲天下先(감히 천하에 앞장서지 않는다)"[4]과 같은 물러남에 대한 측면을 통해 주위를 환기시키고, 유약柔弱으로 견강堅强을 극복하는 관점의 도가道家라고 할 수 있다.

선진先秦의 도가는 전체적으로 물에 대한 상징성을 원용하여 자신들의 견해를 잘 피력해내고 있다. 이 중 물을 근원적인 존재로 인식해서 물에 대한 독립된 철학체계를 구축하는 것은, 황로도가黃老道家의 전적인 『관자管子』「수지水地」편이라고 할 것이다.[5]

「수지」편은 희랍의 탈레스Thales가 물을 아르케arche로 본 것[6]과 같이, 물을 만물의 근원적인 시원이라고 주장한다. 이는 "(물은) 만물의 본원本原이요, 제생諸生의 종실宗室이다"[7]라는 언급이나, "물이란 땅의

3 『詩經』「大雅」,〈烝民篇〉; 狩野直喜 著, 吳二煥 譯,『中國哲學史』(乙酉文化社, 1997), 198~199쪽.

4 『老子』,〈第67章〉, "三曰不敢爲天下先"

5 馮友蘭 著,『中國哲學史新編 中』(北京: 人民出版社, 2004), pp.199~202.

6 B. 러셀 著, 최민홍 譯,『西洋哲學史 上』(集文堂, 2002), 66쪽.

혈기로 경락과 같은 것이다. 그러므로 물은 (다양한 가능성의) 질료(氣質)를 갖추었다고 한다"[8]라는 표현을 통해서 단적인 인식이 가능하다.

그리고 이러한 발생론적인 이해는 인간존재에 대한 부분에서도 확인해볼 수가 있다. "인간은 물이다. 남녀의 정기精氣가 합해져 물이 흘러 형체를 이루게 된다"[9]라는 대목이 바로 그것이다.

그러나 「수지」편은 이와 같은 발생론적인 부분의 이해에만 제한적으로 그치지 않고, 물이 만물에 편재되어 있어 존재유지에 있어서도 필연성을 가지고 있다고 주장한다. 이는 "만물이 그 기능을 다하고, 언제나 꾸준한 것은 물에 의한 내재적인 준칙에 의한 것이다"[10]라는 것이나, "(물은) 두루 편만하여 없는 곳이 없다. 천지에도 집취集聚되어 있고 만물에도 함장含藏되어 있으니, 금석金石에서도 산출되고[11] 제생諸生에서도 집취된다. 그러므로 '수신水神'이라고 하는 것이다"[12]라는 언급을 통해서 인지될 수 있다. 특히 두 번째에서는 '수신'이라는 측면이 대두되는데, 이는 물에 대한 철학적 관점을 넘어서 종교적인 인식이 작용하고 있다는 것을 나타내준다.

이와 같은 「수지」편의 물에 대한 절대성은 결국 중국철학에서의 핵심인 정치적인 관점[13]으로까지도 그대로 연결된다. 「수지」편에서

---

7 『管子』 14, 「水地第三十九」, 〈短語十三〉, "水者何也, 萬物之本原也, 諸生之宗室也."

8 같은 책, "水者, 地之血氣, 如筋脈之通流者也. 故曰 : 水, 具材也."

9 같은 책, "人, 水也. 男女精氣合, 而水流形."

10 같은 책, "萬物莫不盡其幾, 反其常者, 水之內度適也."

11 이는 五行의 '金生水' 관점을 상정한 것으로 사료된다.
양계초·풍우란 外 著, 金弘炅 譯, 『陰陽五行說의 硏究』(신지서원, 1993), 78쪽.

12 『管子』 14, 「水地第三十九」, 〈短語十三〉, "是以無不滿, 無不居也. 集于天地而藏于萬物, 産于金石, 集于諸生. 故曰水神."

"성인이 세상을 교화함은 그 해법이 물에 있다"[14]는 것이나, "성인이 세상을 다스리는 것은 … 그 핵심이 물에 있다"[15]라고 하는 것이 바로 여기에 해당한다.

이상의 「수지」편을 통해서 우리는 황로도가 중 일부학파에서는 물을 존재의 근원이자, 현상유지의 원리로 이해하는 관점이 존재했다는 것을 확인해볼 수가 있다. 그리고 이를 중국철학의 특징인 정치철학적인 부분으로까지 연결하여 물에 '치자治者의 도道'가 존재한다는 주장에 대해서도 확인해보게 된다.

「수지」편은 물에 대한 철학을 확립하고 있다는 점에서 주의가 요구된다. 특정요소와 관련된 이와 같은 일관된 철학이 중국에 존재한다는 것은 매우 특별한 경우로, 이는 본래 양생養生의 배경과 관련되어 이해된 것이다.[16] 그러나 이를 통해서 우리는 물에 대한 중국문화의 한 고층古層적인 인식을 확보해볼 수 있다는 점에서 주목된다.

물과 관련하여 이를 상징적인 관점에서 잘 형상화시켜 철학적인 관점을 구축하고 있는 것은 「수지」편보다는 노자의 『노자老子』이다. 또한 『노자』는 『논어論語』와 더불어 중국철학과 문화에 있어서 가장 큰 영향력을 행사하는 전적이라는 점에서, 그 중요도가 「수지」편과는

---

13 司馬遷 著, 『史記』 130, 「太史公自序第七十」, "夫陰陽·儒·墨·名·法·道德, 此務爲治者也"; 李宗桂 著, 李宰碩 譯, 『中國文化槪論』(藝文書院, 1993), 57쪽; 狩野直喜 著, 吳二煥 譯, 『中國哲學史』(乙酉文化社, 1997), 52쪽; 申採湜 著, 『東洋史槪論』(三英社, 1997), 94쪽; 이강수 著, 『中國 古代哲學의 理解』(知識產業社, 2000), 20~21쪽.

14 『管子』 14, 「水地第三十九」, 〈短語十三〉, "是以聖人之化世也, 其解在水."

15 같은 책, "是以聖人之治于世也(不人告也, 不戶說也,) 其樞在水."

16 馮友蘭 著, 『中國哲學史新編 中』(北京: 人民出版社, 2004), p.199.

비교될 수 없다.

『노자』에서 물에 대한 인식은 전편에 걸쳐 두루 나타나고 있는데, 요지는 물이 도에 대한 상징적인 실체라는 것이다.[17] 『노자』와 같은 경우는 최고의 핵심 개념으로써 '도道'를 주장하는데, 이는 종래의 유신론有神論적인 개념을 넘어선 새로운 대안의 제시이다. 이와 같은 측면은 도를 "상제지선象帝[18]之先"[19]이라고 언급하는 것을 통해서 분명한 파악이 가능하다. 그러나 도라는 새롭게 제시되는 개념은 그 자체가 진리의 당체이므로 표현되기 어려운 속성이 발생한다. 이는 "도라고 말할 수 있는 도는 항상한 도가 아니요, 이름 부를 수 있는 명칭은 실다운 명칭이 아니다. 이름이 없는 것은 천지의 시작이요, 이름이 있는 것은 만물의 어미가 된다"[20]라는 구절이나, "혼성된 어떤 것이 천지가 생기기 이전에 있었다. 그것은 고요하고 허虛한데, 독립하여 있으면서도 변화하지 않고 두루하면서도 위태롭지 않다. 가히 천하의 어머니라 할 만하나 나도 그[道] 이름을 알지 못한다. (그러므로) 그저 임시로 이름하여 도라 하고, 억지로 이름하여 크다고 한다"[21]라는 등의

---

17 『老子』에도 「水地」편에서와 같은 발생론적인 관점도 일부가 나타나 보인다. 〈第4章〉의 "淵兮 似萬物之宗"이 바로 그것이다. 그러나 이 보다도 『老子』에서의 물은 道에 대한 비유적인 상징이 보다 일반적이라고 할 수가 있다. 이는 「水地」편과 『老子』의 물에 대한 관점 차이를 의미하는 것이라고 하겠다. 즉 전자가 養生과 관련된다면 후자는 体道(도의 체득)에 주된 초점이 맞추어져 있는 것이다.

18 王弼 註, 임채우 譯, 『王弼의 老子』(藝文書院, 1997), 59쪽, "帝, 天帝也."

19 『老子』, 〈第4章〉.

20 같은 책, 〈第1章〉, "道可道 非常道 名可名 非常名 無名 天地之始 有名 萬物之母."

21 같은 책, 〈第25章〉, "有物混成 先天地生 寂兮寥兮 獨立而不改 周行而不殆 可以爲天下母 吾不知其名 字之曰道 强爲之名曰大."

언급을 통해서 인식될 수 있다.

이러한 도의 표현되기 어려운 측면은 결국 설명에 있어서 난점을 초래하게 되는데, 이로 인하여 상징적인 비유로써 제시되는 것이 다름 아닌 물이다. 이는『노자』안에서 물이 다양한 양태로 등장하게 되는 배경이 된다.

이와 같은 측면은 "상선上善은 물과 같다. 물은 만물을 좋고 이익되게 하면서도 다투지 않으며, 뭇 사람들이 싫어하는 곳에 처한다. 그러므로 도와 가깝다는 것이다. … 오직 다투지 않으므로 허물이 있을 수 없다"[22]라는 구절을 통해서 확인해볼 수 있다. 여기에서 물은 도에 가까운 존재양태라는 점이 분명하다. 이는 물 자체가 도는 아니지만, 물의 '다툼이 없고' '낮은 곳에 처하는 속성' 자체가 도를 상징할 수 있다는 의미이다. 단순히 다툼이 없다는 것만을 말한다면, 이는『장자莊子』에서의 허주虛舟[23]와 같다. 그러나 물은 여기에 낮음의 미학을 내포하고 있는 것이다. 그렇지만 이렇게만 끝난다면, 이것은 물의 하열성下劣性이 될 수는 있어도 위대성偉大性이 될 수는 없다.

물이 낮은 곳을 점하는 것은 곧 그로 인하여 모든 것들을 수용할 수 있기 때문이다. "강과 바다가 능히 100곡百谷〔모든 골짜기 물들〕의 왕이 될 수가 있는 것은 그들이 낮은 곳에 있는 것을 잘하기 때문이다. 그러므로 능히 100곡의 왕이 되는 것이다"[24] 이 구절을 통해서 우리는

---

22 같은 책, 〈第8章〉, "上善若水 水善利萬物而不爭 處衆人之所惡 故幾於道 … 夫唯不爭 故無尤"

23『莊子』「外篇」, 〈山木〉, "方舟而濟於河, 有虛船來觸舟, 雖有惼心之人不怒. 有一人在其上, 則呼張歙之. 一呼而不聞, 再呼而不聞, 於是三呼邪, 則必以惡聲隨之. 向也不怒而今也怒, 向也虛而今也實. 人能虛己以遊世, 其孰能害之!"

물의 양보가 단순히 양보에서 그치는 것이 아니라, 전체를 섭수하기 위한 양보라는 것을 알 수 있다. 바로 그렇기 때문에 물이 도의 상징으로까지 차용될 수가 있는 것이다.

이와 같은 물의 존재방식은 결국 치국의 원리로까지 승화된다. "천하에 물보다 약한 것이 없지만, 굳세고 강한 것을 공격함에 있어서 물보다 나은 것도 없다. 그러므로 어떤 것도 물을 대신할 수 없는 것이다. 부드러운 것이 단단함을 이기고 약한 것이 강함을 이긴다는 것은 천하에 알지 못함이 없지만, 천하에서 능히 행하는 이 또한 없다. 그러므로 성인이 이르기를, '나라의 허물을 수용하는 이를 사직社稷의 주인이 된다고 하고, 국가의 상서롭지 못함을 받아들이는 이를 천하의 왕이 된다'고 하였으니, 올바른 것은 오히려 상반되는 듯한 것이다."[25] 이는 '물의 덕德'을 통해서 군왕의 위치를 설정한 것이니, "대성약결大成若缺, 대영약충大盈若沖, 대교약졸大巧若拙(완전한 이루어짐은 이지러진 것 같고, 충분히 가득 찬 것은 빈 것 같으며, 지극한 공교로움은 졸렬한 것 같다)"[26]의 의미라고 할 수 있다. 즉 『노자』에서의 물은 낮음과 무쟁無爭[다툼이 없음]을 통하여 전체를 통섭統攝하고자 하는 철학인 것이다.

이상을 통해서 우리는 도가의 물에 대한 인식을 살펴볼 수가 있었다. 먼저 황로도가에서는 물의 존재적인 시원과 현실적인 변만성遍滿性을

---

24 『老子』, 〈第66章〉, "江海所以能爲百谷王者 以其善下之 故能爲百谷王"

25 같은 책, 〈第78章〉, "天下柔弱 莫過乎水 而攻堅强者 莫之能勝 其無以易之 故柔勝剛 弱勝强 天下莫不知 天下莫能行 故聖人云 受國之垢 是謂社稷主 受國不祥 是謂天下王 正言若反."

26 같은 책, 〈第45章〉.

수립하여 물을 신성시하는 수신水神의 관점으로까지 승화시키고 있다. 그리고 『노자』에서는 수덕水德(현덕玄德·상덕上德)[27]의 수용을 통한 명철보신明哲保身을 주장하고 있다. 그러므로 이러한 양자를 통해서 우리는 물이 곧 도의 첩경捷徑인 동시에 인간완성으로 인도할 수 있는 수승한 가치적 존재라는 것을 인식해볼 수가 있다.

그러나 본고의 중심 주제인 한강의 시원 문제와 관련하여 보다 주목되는 것은, 도가보다는 유교의 물에 대한 인식이다. 왜냐하면, 도가의 물에 대한 인식이 중국문화에 있어서 물에 대한 철학적인 관점을 우리에게 제공해주고 있다면, 유교적인 인식은 한강의 시원에 관한 보다 실질적인 측면을 내포하고 있기 때문이다. 그러므로 다음으로는 유교의 물에 대한 관점에 대하여 정리해보도록 하겠다.

2) 유교에서의 물

유교儒教는 상대적으로 도가에 비해서 물의 상징성을 사용하는 것이 많지 않다. 왜냐하면, 선진유교의 중심덕목인 인仁이나 충서忠恕[28]는 공히 인간중심적인 가치로, 전체를 아우르는 도가의 도와 같은 측면은 아니기 때문이다.

그러나 같은 선진철학이라는 점에서 물에 대한 관점을 공유하는 부분이 다수 나타나 보인다. 그렇지만 유교와 같은 경우는 도가에서와 같이 물 자체가 목적이나 목적에 대한 상징이 되지는 않는다.

---

27 같은 책, 〈第65章〉, "是謂玄德 玄德 深矣 遠矣 與物反矣 然後乃至大順"·〈第41章〉, "上德若谷."

28 『論語』「里仁第四」, "子曰, 參乎! 吾道一以貫之. 曾子曰, 唯. 子出, 門人問曰, 何謂也? 曾子曰, 夫子之道, 忠恕而已矣."

먼저 『논어』와 관련된 물에 대한 언급으로 가장 많이 회자되는 것은, 공자가 강변에 서서 말했다는 "흘러간다는 것이야말로 이와 같구나. 밤낮으로 멈추지 않는구나"[29]라는 것이다. 이는 농업의 순환론을 배경[30]으로 하는 유교적인 도도하고 유장한 변화에 대한 관점으로, 『주역』 「건괘乾卦」의 "원형이정元亨利貞"[31]과 10익十翼 중 「상전象傳」의 "하늘의 움직임은 쉼이 없으니, 군자는 이를 본받아 스스로 굳세어 쉬지 않는다"[32]라는 구절을 생각하게 한다.

또한 『논어』에는 "백성들에게 인仁은 물과 불보다 더 중요하다"[33]라는 구절도 있는데, 이는 유교에서 물이 목적이나 목적의 상징이 되지 않는다는 것을 분명히 해주고 있다.

물과 관련된 공자의 언사는 충분치 않다. 그러나 『맹자』에 오게 되면 물에 대한 유교적인 인식이 보다 분명해진다. 맹자는 "백성이 인仁에 귀의하는 것은 물이 아래로 흐르고, 짐승이 들판을 달리는 것과 같다"[34]라고 하고 있다. 이는 물을 철학적인 상징으로 보기 보다는 윤리적인 입각점에서 비유의 대상으로 보는 것이다.

맹자와 동시대 인물인 장자는 『장자』 「외편外篇」[35]에서 "물이 고요하면 밝아서 수염과 눈썹도 비춰지는데, 이렇게 평평할 때에는 대장大匠

---

29 같은 책, 「子罕第九」, "子在川上曰, 逝者如斯夫! 不舍晝夜."

30 馮友蘭 著, 鄭仁在 譯, 『간명한 中國哲學史』(螢雪出版社, 2008), 43~47쪽.

31 『周易』 「乾卦第一」.

32 같은 책, "象曰, 天行健, 君子以自强不息."

33 『論語』 「衛靈公第十五」, "子曰, "民之於仁也, 甚於水火."

34 『孟子』 「離婁上」, "民之歸仁也, 猶水之就下, 獸之走壙也."

35 「外篇」은 莊子의 후학들에 의한 것으로 추정되고 있다. 안동림 譯註, 『莊子』(玄岩社, 2001), 20~21쪽.

도 법으로 취하는 바이다"[36]라고 하여 물을 기준으로 파악하고 있는데, 이는 『맹자』와는 관점의 논리적인 층차가 완연히 다르다고 할 수 있다.

이와 같은 측면은 맹자가 "물을 관조하는 것에도 방법이 있으니, 반드시 그 물결을 관조할 것이다. 해와 달이 밝게 비출 때에는 그 광채가 반드시 비춰진다"[37]라는 것을 통해서 분명해진다. 맹자에게 있어서는 도가와는 달리 물 자체가 목적이나 진리의 상징이 되지 않고 있는 것이다.

그런데 『맹자』의 「이루하離婁下」에는 본고의 한강 시원 문제와 관련하여 이해될 수 있는 대목이 있어 주의가 요구된다.

> 서자徐子가 묻기를, "중니仲尼(공자)가 물을 칭탄하는 의미에서 '물이여, 물이여'라고 하였는데, 물의 어떠한 점을 취하고자 한 것입니까?" 맹자가 대답하기를, "근원되는 샘에서 솟아오른 물은 밤낮으로 멈추지 않고 흘러서, 부족한 곳을 채운 연후에 나아가 바야흐로 사해四海에 도달한다. 근본이 있다는 것이 이와 같으니 이것을 취하신 것이다. 진실로 근본이 없다면 그것은 7~8월 사이에 내리는 호우와 같아, 깊은 도랑도 능히 채울 수 있지만 곧 말라버리는 것을 서서 기다릴 수 있을 정도이다. 그러므로 명성이 실정보다 지나치는 것을 군자는 부끄럽게 여기는 것이다."[38]

---

36 『莊子』「外篇」, 〈天道第十三〉, "水靜則明燭須眉, 平中准, 大匠取法焉."

37 『孟子』「盡心上」, "觀水有術, 必觀其瀾. 日月有明, 容光必照焉."

38 『孟子』「離婁下」, "徐子曰, 仲尼亟稱於水, 曰, '水哉, 水哉!' 何取於水也? 孟子曰, 原泉混混, 不舍晝夜, 盈科而後進, 放乎四海. 有本者如是, 是之取爾. 苟爲無本, 七八月之間雨集, 溝澮皆盈, 其涸也, 可立而待也. 故聲聞過情, 君子恥之."

이 구절은 유장한 원천에 대해서 언급하고 있다. 즉 물이 많은 것이 중요한 것이 아니라, 충분한 근원을 가지고 꾸준히 확충될 때 비로소 사해라는 결과에 도달할 수 있다는 것이다.

이는 한강의 시원에 대한 인식에 있어서도 그대로 적용될 수 있는 것이 아닌가 한다. 즉 물이 많은 것이 중요한 것이 아니라, 끊임이 없는 항상함이 존재해야 하는 것이다. 이 부분은 물을 갑골甲骨과 『설문해자說文解字』 및 8괘八卦에서 공히 '수水'와 같은 상형으로 이해하는 것과 더불어 시사하는 바가 적지 않다.

3. 한강의 시원에 관한 인식

1) 관련문헌의 검토

한강에 대한 본격적인 인식 환기는 한양漢陽이 수도로 정해지는 1394년이 되어야 이루어진다.[39] 물론 한강은 〈광개토대왕비문廣開土大王碑文〉에도 아리수阿利水[40]로 등장하고 있으며, 이 외에도 한산하漢山河[41]라는 명칭과 신라시대의 북독北瀆,[42] 그리고 고려시대에는 사평도沙平度라고 불리웠다는 기록이 있다.[43] 고려시대에도 한양은 남경으로 중요한 위치를 점하고 있었다. 그러나 한강이 중요한 무게비중을 확보하기 위해서는 조선의 개국과 천도를 기다려야만 한다.

---

39 『太祖實錄』 6, 1冊 71面, 1394年 10月 25日.

40 〈廣開土大王碑文〉, "王威赫怒渡阿利水."

41 李肯翊 著, 『燃藜室記述 別集』 16, "古稱漢山河"; 尹廷琦 著, 『東寰錄』 3, "古稱漢山河."

42 尹廷琦 著, 『東寰錄』 3, "新羅時爲北瀆."

43 李肯翊 著, 『燃藜室記述 別集』 16, "高麗稱沙平度."

한양漢陽이라는 명칭은 풍수지리에서 '한강漢江의 양택陽宅'이라는 의미이다. 풍수론風水論에서는 강의 북쪽을 양陽이라 하고 강의 남쪽을 음陰이라 하는데, 한양은 한강의 북쪽에 위치하므로 한양이라 하는 것이다.

한강의 발원과 관련하여 인식이 환기되는 것 또한 유교국가인 조선에 와서라고 할 수가 있다. 한강의 발원지로서 『세종실록世宗實錄』의 「지리지地理志」 강원도 강릉대도호부江陵大都護府조에 "우통수즉금강연위한수지원춘추명소재관행재于筒水卽金剛淵爲漢水之源春秋令所在官行祭(우통수 곧 금강연이니 한수의 시원이 된다. 〔이로 인하여〕 봄과 가을로 관원에게 명하여 제례케 하였다)"[44]라는 기록이 있는 것은, 수도를 한양으로 하고 있는 조선의 젖줄에 대한 근원으로서의 신성성을 상징하는 것이다.

우통수에 대한 최초의 체계적인 기록은 여말선초의 유학자인 양촌 권근權近(1352~1409)의 『양촌집陽村集』 권14에 수록되어 있는 「오대산서대수정암중창기五臺山西臺水精菴重創記」이다.[45] 이 기록은 『세종실록世宗實錄』의 언급과 더불어 매우 중요하다. 왜냐하면, 우통수나 금강연이 한강의 시원이 된다는 이후의 기록들은 내용상으로 볼 때 이 두 전적의 절대적인 영향 하에 존재하고 있기 때문이다.

---

44 『世宗實錄』「地理志」江原道 江陵大都護府, 5冊 675面.

45 이 글은 『東文選』 권80에도 동일하게 수록되어 있다. 徐居正 外 編, 『東文選』 80, 「五臺山西臺水精菴重創記」.

權近의 기록보다 시기적으로 빠른 것은 洪萬宗의 『小華詩評』에 수록되어 있는 李成桂의 詩(突兀高峯接斗魁 漢陽形勝自天開 山盤大野擎三角 海曳長江出五臺)와 연대가 다소 불분명할 수 있는 『高麗史』 卷58의 기록이 있다. 그러나 이 두 기록은 공히 한강의 시원에 대한 언급일 뿐, 구체적인 기록은 아니다.

한강의 시원과 관련된 기록들을 전하고 있는 전적들은 상당히 다양하다. 본고에서는 먼저 이러한 관련전적들에 관한 언급을 연대순으로 정리하고, 다음으로 이에 관한 내용적인 고찰을 개진해보고자 한다.

『고려사』 권58－오대산: 다섯의 봉우리가 둥글게 벌려 대소의 크기가 엇비슷하므로 (오대산이라고) 이름한다. 서대의 아래에 샘이 있어 용출하는데, 한수漢水의 근원이 된다.[46]

『소화시평』－(이성계의 시로 기록되어 있음) 불현듯 우뚝 솟은 봉우리는 북두에 닿았으니, 한양의 빼어난 지세는 하늘이 낸 것이라네. 산은 평야에서 굽이쳐 삼각으로 치솟고, 바다는 장강을 끌어들이는데 이는 오대에서 왔다네.[47]

『세종실록』－서대의 아래인 수정암 인근에 테두리를 두른 샘(檻泉)이 용출하는데 색과 맛이 보통 물보다 뛰어나고 그 무게 역시 그러하다. 일컬어 우통수라 하는데 곧 금강연이니 한수의 시원이 된다. (이로 인하여) 춘추春秋로 관원에게 명하여 제례케 하였다. 한강이 비록 여러 곳의 물들을 받아들여 모인 것이나 우통수가 중령中泠이 되며, 색과 맛이 변하지 않는다. 이는 마치 중국의 양자강과 같으니, 한漢(강

---

46 金宗瑞·鄭麟趾 外 編, 『高麗史』 58, 「志12(地理 3-34)」, "有五臺山: 五峯環列大小均敵故名西臺之下有泉湧出卽漢水之源."
『高麗史』는 조선초기의 저작이긴 하지만, 고려시대의 선행 자료와 그 인식을 반영하고 있다고 생각해서 맨 앞에 배열하였다. 그러나 그 확실성은 담보할 수 없다.

47 洪萬宗 著, 『小華詩評』, "突兀高峯接斗魁 漢陽形勝自天開 山盤大野擎三角 海曳長江出五臺."

江)이라는 명칭도 이를 통해서 얻은 것이다.[48]

『신증동국여지승람』 권44－우통수는 강릉부의 서쪽 150리에 있다. 오대산 서대의 아래에 샘이 용출하는 곳이 있는데, 여기가 한강의 시원이 된다. 권근의 「오대산서대수정암중창기」에 (다음과 같은 기록이 있다.) “서대의 아래에 테두리 있는 샘이 있어 물이 용출하는데, 색과 맛이 일상적인 것 보다 수승하며 그 무게 역시 그러하다. 일컬어 우통수라고 한다. 서쪽으로 수 백리를 흘러서 한강이 되고, 다시금 바다로 들어간다.”[49]

『동국여지지』－우통수는 강릉부의 서쪽 150리에 있다. 오대산 서대의 아래에 샘이 용출하는 곳이 있는데, 여기가 한강의 시원이 된다. 본조本朝 권근의 「오대산서대수정암중창기」에 (다음과 같은 기록이 있다.) “서대의 아래에 테두리 있는 샘이 있어 물이 용출하는데, 색과 맛이 일상적인 것보다 수승하며 그 무게 역시 그러하다. 일컬어 우통수라고 한다. 서쪽으로 수백 리를 흘러서 한강이 된다.”[50]

---

48 『世宗實錄』「地理志」江原道 江陵大都護府, 5冊 675面, “西臺之下水精庵側檻泉涌出. 色味勝常. 其重亦然. 曰于筒水. 卽金剛淵爲漢水之源. 春秋令所在官行祭. 漢水雖受衆流之聚. 而于筒爲中泠. 色味不變. 若中國之楊子江. 漢之得名以此.”

49 李荇·洪彦弼 增補, 『新增東國輿地勝覽』卷44, 「江原道 江陵大都護府-山川」, “于筒水在府西一百五十里 五臺山西臺之下有泉湧出卽漢水之源 權近記西臺之下有檻泉湧出色味勝常其重亦然 曰于筒水 西流數百里爲漢江入于海.”

50 柳馨遠 著, 『東國輿地志』, “于筒水在府西一百五十里 五臺山西臺之下有泉湧出卽漢水之源 本朝權近記西臺之下有檻泉湧出色味勝常其重亦然 曰于筒水 西流數百里爲漢江.”

『지행록』-장령長嶺 아래에 신천神泉이 솟는데 우통수라고 한다. 그 물은 산중의 물과 합해져 기린봉麒麟峰의 동쪽 골짜기로 흘러 반야연般若淵과 금강연金剛淵이 되니 이것이 한수의 근원이다.[51]

『택리지(박종지·팔역지)』-강릉 서쪽이 대관령이 되고 대관령의 북쪽은 오대산이 되는데, 우통의 물은 여기에서 나온다. 이 물이 한강의 시원이 된다.[52]

『여지도서』-우통수: 강릉부의 서쪽 150리에 있다. 오대산 서대의 아래에 샘이 용출하는 곳이 있는데, 여기가 한강의 시원이 된다.[53]

『연려실기술 별집』 권16-한강이 비록 여러 물줄기들을 받아들이지만, 우통수가 그중 핵심이 된다.[54]

『동환록』 권3-(한강은) 예전에는 한산하라 하였고, 신라시대에는 북독이라 하였다. 강은 강릉 오대산에서 비롯되는데, 그 발원처는 우통수가 된다. 『팔역지』에 이르기를, "대관령의 북쪽이 오대가 되는

---

51 李萬敷 著, 『地行錄』「五臺」, "長嶺下出神泉謂之于筒之水 合山中之水會于麒麟東壑爲般若淵金剛淵爲漢水之源."

52 李重煥 著, 『擇里志(博綜誌·八域志)』「八道總論 江原道」, "江陵西爲大關嶺嶺北爲五臺于筒之水於是乎出 寔爲漢江之源."

53 『輿地圖書』「江原道 江陵」, "于筒水 在府西一百五十里 五臺山西臺之下有泉湧出卽漢水之源."

54 李肯翊 著, 『燃藜室記述 別集』 卷16, 「地理典故(摠地理)」, "漢江雖受衆流之聚而于筒水爲中派."

데, 우통의 물은 여기에서 나온다. 이 물이 한강의 시원이 된다."[55]

『대동지지』—우통수: (강릉의) 서쪽 150리에 있다. 오대산 서대의 아래에 테두리 있는 샘이 있어 물이 용출하는데, 색과 맛이 일상적인 것보다 수승하니 한강의 첫째가는 시원이 된다.[56]

『임하필기』 권3—물의 종宗에는 12이 있다. 첫째, 한강의 근원은 셋이다. 한 곳은 강릉 오대산의 우통에서 나온다. 한 곳은 회양 금강산의 만폭동에서 나온다. 한 곳은 보은 속리산의 문장대에서 나온다.[57]

『증보문헌비고』 권20—한강의 근원은 셋이다. 한 곳은 오대산의 우통에서 나온다〔江陵〕. 한 곳은 금강산의 만폭동에서 나온다〔淮陽〕. 한 곳은 속리산의 문장대에서 나온다〔報恩〕.[58]

『관동지』 권10—우통수: 강릉부의 서쪽 150리에 있다. 오대산 서대의 아래에 샘이 용출하는 곳이 있는데, 여기가 한강의 시원이 된다.[59]

---

55 尹廷琦 著, 『東寰錄』 卷3, "古稱漢山河新羅時爲北瀆 其出江陵五臺山其發源處爲于筒水 八域志云 大關嶺北爲五臺于筒之水於是乎出 寔爲漢江之源."

56 金正浩 著, 『大東地志』 「江陵」, "于筒水 西一百五十里 五臺山西臺之下有檻泉湧出色味勝常爲漢水第一源."

57 李裕元 著, 『林下筆記』 卷3, "水之宗十二 一曰漢江之源三 一出江陵五臺之于筒 一出淮陽金剛之萬瀑洞 一出報恩俗離之文藏臺."

58 李萬運 等 增補, 『增補文獻備考』 卷20, 「輿地考8」, " 漢江之源三 一出五臺之于筒江陵 一出金剛之萬瀑洞淮陽 一出俗離之文藏臺報恩."

59 『關東志』 卷10, 「江陵」, "于筒水 在府西一百五十里 五臺山西臺之下有泉湧出卽漢水之源."

이 외에도 김정호의 〈청구도靑丘圖〉에는 금강연을 표기하고, 그 옆에 '한수지원漢水之源', 혹은 '한수지정漢水正源'이라는 표기가 되어 있는 것이 있어 주의가 요구된다. 이는 한강의 시원에 대한 인식이 지도제작에까지 영향을 미친 것으로 파악해볼 수 있다.

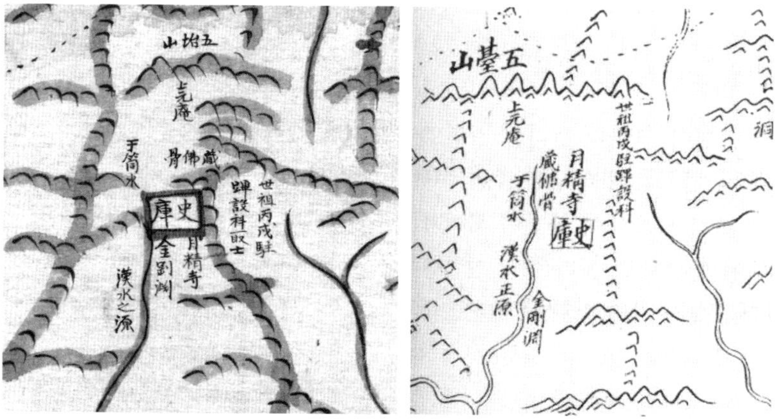

한수지원漢水之源과 한수정원漢水正源의 표기 차이에 있어서는 한수정원이 보다 높은 타당성을 확보하는 것으로 생각된다. 왜냐하면, 김정호의 『대동지지』에서 확인되는 "위한수제1원爲漢水第一源"이라는 의미에는 한강의 시원이 여럿이지만, 그중에 우통수가 첫째가 된다는 측면을 내포하기 때문이다.

이상의 문헌들을 통해서 우리는 전통적인 한강의 시원 인식이 우통수와 금강연에 있었다는 것을 확인하게 된다. 그리고 한강의 시원 정립은 장거리 개념에 의한 것이 아니라, 물의 특수성 혹은 신성성과 관련된다는 점에 관해서도 시사받아 볼 수 있다고 하겠다.

2) 내용 분석 및 전통사상과의 관련성

여러 전적들에 의한 거듭된 기록을 통해서 한강의 시원을 우통수 및 금강연으로 보고 있다는 점에서, 우리는 이로 인한 관점적인 당위성을 인지해볼 수가 있다. 그러나 내용적인 부분에 있어서의 여러 기록들은, 권근의 「오대산서대수정암중창기」와 『세종실록』 「지리지地理志」의 강원도 강릉대도호부조라는 두 전적으로부터 크게 벗어나지 않고 있다. 그러므로 이에 대한 검토는 곧 관련전적들의 인식이해를 일관一貫한다고 하겠다.

이 중 먼저 권근의 「오대산서대수정암중창기」의 해당 부분을 살펴보면 다음과 같다.

> 서대의 아래에 테두리를 두른 샘(檻泉)이 용출하는데 색과 맛이 보통물보다 뛰어나고 그 무게 역시 그러하다. 일컬어 우통수라 하는데 서쪽으로 수백 리를 흘러 한강이 되어 바다로 들어간다. 한강이 비록 여러 곳의 물들을 받아들여 모인 것이나 우통수가 중령中泠이 되며, 색과 맛이 변하지 않는다. 이는 마치 중국에 양자강이 있는 것과 같으니, 한漢(강江)이라는 명칭도 이를 통해서 얻은 것이다.[60]

권근의 글을 검토해보면 다음의 다섯 가지로 요약해볼 수 있다. 첫째, 우통수의 물은 색과 맛, 그리고 무게가 여타의 물들과는 다르다

60 權近 著, 『陽村集』 14; 徐居正 外 編, 『東文選』 80, 「五臺山西臺水精菴重創記」, "西臺之下. 有檻泉涌出. 色味勝常. 其重亦然. 曰于筒水. 西流 數百里而爲漢江. 以入于海. 漢雖受衆流之聚. 而于筒爲中泠. 色味不變. 若中國之有楊子江. 漢之得名以此."

는 점.

둘째, 우통수의 물이 유장悠長하게 흘러 한강이 되어 서해로 들어간다는 점.

셋째, 우통수는 양자강에 있어서의 중령中泠과 같은 천하제일천天下第一泉이 된다는 점.

넷째, 우통수는 한강 속에서도 색과 맛이 변하지 않는다는 점.

다섯째, 한강은 중국의 양자강揚子江과 대비될 수 있으며, 이로써 '한漢'으로 강명江名을 삼게 되었다는 점.

이를 분석해보면,

첫째는 우통수 물의 탁월성과 범상치 않은 측면을 나타낸 것이라고 할 수 있다.

둘째는 우통수가 한강의 발원으로 이해될 수 있는 개연성이 되는 부분이다.

셋째는 우통수가 중령과 대비될 수 있다는 것이다. 중령이란, 양자강이 서에서 동으로 흐르다가 석해산石解山과 골산에 가로막혀 물이 세 굽이로 돌아 흐르게 되는데, 이로 인하여 북령北泠·중령中泠·남령南泠의 3령이 파생한다. 그런데 이 3령의 강 아래에서는 공히 샘이 솟아올라 각각 북령천北泠泉·중령천中泠泉·남령천南泠泉이라고 하는데, 이 중 중령의 수량이 가장 많아서 중령이 3령을 아우르며 대표하게 된다. 이러한 과정에서 중령천은 남령천으로 불리기도 한다.

중령의 물맛은 특별히 좋아서 장우신張又新의 「전다수기煎茶水記」에는 다성茶聖 육우陸羽가 탁월한 물로 평가했다고 기록[61]하고 있다. 또 당나라의 유백추劉伯芻는 이를 천하제일천天下第一泉으로까지 평가[62]

하고 있을 정도이다.

현재 중령은 양자강의 퇴적과 강줄기의 변화로 인해 강심江心에서 이탈하여 강소성江蘇省 진강鎭江 금산金山의 서쪽에 위치해 있다.[63] 이러한 중령에 관한 내용을 통해서 본다면, 권근이 중령 운운한 것은 최상의 물맛을 두고 한 것이지, 양자강의 시원을 지칭한 표현은 아니라고 할 수 있다.[64]

넷째는 색과 맛이 변하지 않는다는 것이다. 이는 우통수가 한강의 핵심이 된다는 것을 의미한다. 사실 권근의 기록만으로는 우통수가 한강을 흐르면서도 색과 맛이 변하지 않는다는 것인지, 아니면 우통수의 샘물이 언제나 항상하게 그렇다는 것인지가 다소 불분명하다. 그러나 성현成俔의 『용재총화慵齋叢話』 권3에 "한강중지우중수漢江中之牛重水(우중수는 우통수와 상통하는 것으로 이해됨[65])"라는 기록이 있고, 이외에도 『신증동국여지승람』 권44에 "우통위중려색미불변于筒爲中旅色味不變(우통수는 〔한강의〕 중앙을 흐르면서도 색과 맛이 변하지 않는다)"[66]이라는 기록 등이 다수 등장하고 있다. 그러므로 이를 우통수가 한강의

---

61 張又新 著, 「煎茶水記」, "漢江金州上游中零水第十三."

62 치우지핑 著, 김봉건 譯, 『茶經圖說』(이른아침, 2005), 178쪽.

63 拙稿, 「한강의 시원으로서 于筒水와 金剛淵의 타당성 고찰」, 『溫知論叢』 제28집(2011), 285쪽.

64 이 점에 관해서는 許筠이 남긴 기록도 있어 참고가 된다.
許筠 作, 〈和思潁詩-書懷 用答邵資政韻〉, "于筒在五臺山上院寺側 是漢江上流 爲東國第一泉."

65 江原大學校中央博物館·平昌郡 編, 『于筒水 地表調査』(江原大學校中央博物館·平昌郡, 2004), 30쪽.

66 李荇·洪彦弼 增補, 『新增東國輿地勝覽』 卷44, 「江原道 江陵大都護府-山川」.

핵심이 된다는 의미로 해석해도 큰 문제가 없는 것으로 사료된다.

다섯째는 한강이 양자강과 대비된다는 점이다. 양자강은 인도에서의 데칸고원[67]과 마찬가지로 중국의 남북을 분기하는 지형지물이다. 한강이 양자강과 대비된다는 것은 우리나라를 지리적으로 양분할 수 있기 때문으로 생각된다.

또한 한강의 명칭이 양자강과 연하여 '한漢'이라고 하였다고 되어 있는데, 이는 양자강을 직접적으로 지칭하는 것이라기보다는 그 지류인 한수漢水를 가리키는 것으로 이해된다. 중국의 모든 강들은 서고동저형西高東低形의 지형지세 때문에 서에서 동으로 흐른다. 그런데 유독 한수만이 남북의 흐름을 가지고 있다. 한강의 흐름도 남한강과 북한강을 고려하면 이와 유사한 경향이 있으니, 이를 통해서 한강이라고 하는 것이다. 남북의 흐름을 가지고 있는 것은 한수漢水 이외에도 은하수銀河水가 있는데, 그로 인하여 '한漢'자에는 은하수의 뜻도 깃들어 있다.[68]

권근은 한강을 양자강과 견주고 있는데, 이는 지형적인 분할과 아울러 한수를 염두에 둔 것으로 사료된다. 이는 한강이 곧 한수로도 불리고 있다는 것[69]과, 권근이 성리학자로써 『입학도설入學圖說』과 같은 저술

---

67 문을식 著, 『印度의 思想과 文化』(如來, 2001), 22쪽.

68 拙稿, 「한강의 시원 정립에 관한 불교적인 영향 고찰」, 『韓國禪學』 제25호(2010), 214쪽.

69 이는 본고와 관련해서도 漢水正源이나 漢水之源의 표현을 통해서도 단적인 확인이 가능하다. 그리고 江과 水와 관련해서 한문에 있어서는 江은 河와 더불어 최상의 河川을 가리키는 것이며, 水는 그보다 작은 것을 지칭한다. 그러므로 한강과 같은 경우는 朝鮮과 漢陽을 중심으로는 크다는 의미에서 江이라는 표현을 붙일 수가 있는 동시에 중국의 長江이나 黃河에 비해서는 작다는 의미로 水라는 표현을

로 퇴계에게까지 직접적인 영향[70]을 미치는 대유大儒라는 점과도 부절符節이 상응한다고 하겠다.

이러한 권근의 기록을 통해서 본다면, 우통수가 매우 탁월한 물이라는 점은 분명하게 인지된다. 그런데 한강의 발원이라는 부분에 있어서는 이를 암시하는 정도에서 그치고 있다는 것을 알 수 있다. 그런데 『세종실록』「지리지」에 오게 되면, 우통수가 한강의 시원이 된다는 점이 분명해진다.

『세종실록』「지리지」의 기록 중 중요한 부분은 전술한 "우통수즉금강연위한수지원于筒水卽金剛淵爲漢水之源, 춘추령소재관행제春秋令所在官行祭"이다. 이 외의 우통수와 관련된 기록들은 권근의 기술과 큰 차이를 보이고 있지 않다. 그러나 『실록』에 우통수가 한강의 시원으로 인식되어 기록되고 있다는 것은, 당시에 우통수가 한강의 시원이라는 점이 보편적인 관점이었다는 것을 알 수 있게 해준다. 이는 나라차원에서 봄·가을로 제를 올렸다는 것을 통해서도 단적인 확인이 가능하다. 이로 인하여 이후 한강의 시원으로 우통수가 기록되는 것은 매우 당연시 된다고 하겠다.

우통수의 물과 관련하여 주목되는 것 중 또 하나는 우통수가 한강의 중심을 흐른다는 강심수江心水에 대한 측면이다. 이에 대한 기록은 권근과 『세종실록』의 관점에서 비롯되어, 『용재총화慵齋叢話』·『신증

사용하는 것도 동시에 가능하다고 하겠다.

70 장숙필, 「權近의 〈入學圖說〉과 그 影響」, 『圖說로 보는 韓國儒學』(藝文書院, 2003), 57쪽.

동국여지승람』·『연려실기술』「별집」 등에서 구체화된다.[71]

우통수가 한강을 흘러 바다에 이르도록 그 본래의 순수성과 특징을 유지한다는 것에는 이론異論의 여지가 있다. 그러나 이를 통해서 우리는 한강의 시원을 단순히 거리가 아닌 핵심적인 관점에서 구하고 있다는 과거의 인식을 파악해보게 된다. 즉 백미白眉에 관한 인식이 존재하는 것이다.

실제로 물 '수水'자와 같은 경우는 갑골甲骨[72]과 『설문해자說文解字』[73]에서 공히 중앙이 연결되고 좌우측이 분절된 양태로 나타나고 있다. 이는 8괘八卦 중 물을 나타내는 감괘坎卦(☵)가 중련中連으로 되어 있어, 감중련坎中連을 형성하고 있는 것[74]과 정확하게 일치한다. 이는 다른 한자들에서는 찾아볼 수 없는 것으로, 물에 대한 인식은 중앙의 핵심적인 측면이 중요한 의미를 차지한다는 것을 나타낸다.

이와 같은 물에 대한 관점은 한강의 시원을 논구함에 있어서, 강심수에 대한 측면이 대두되는 것과 관점적으로 일치한다. 또한 이는 앞의 '2) 유교에서의 물' 항목에서 언급한 『맹자』「이루하離婁下」의 유장한 물의 개념과도 부절이 합하는 인식이다. 즉 이를 통해서 우리는 과거 한강의 시원에 대한 인식이 왜 지리상으로 먼 거리나 수량水量에 있지

71 최승업·전상호, 「한강 발원지의 구명에 관한 연구」(江原開發研究院, 2000), 7~11쪽; 江原大學校中央博物館·平昌郡 編, 『于筒水 地表調査』(江原大學校中央博物館·平昌郡, 2004), 29~35쪽.

72 사라 알란 著, 오만종 譯, 『孔子와 老子, 그들은 물에서 무엇을 보았는가』(藝文書院, 1999), 64~66쪽.

73 許愼 著, 班吉慶·王劍·王華寶 點校, 『說文解字校訂本』(南京: 鳳凰出版社, 2004), p.311.

74 程頤·朱熹 註, 金碩鎭 譯, 『周易傳義大全譯解』(大有學堂, 1997), 82~121쪽.

않고, 내용적으로 중요점을 확보하고 있는 우통수를 근거로 하고 있는지에 대한 한 해법을 파악해 보게 된다.

한강의 시원에 대한 과거의 인식은 오늘날의 거리적인 관점과는 분명 다르다.[75] 과거의 지도제작자와 같은 사람들의 거리적인 인식이, 오늘날의 사람들에 비해서 부족했기 때문에 우통수를 비정했다고는 볼 수 없다. 이는 한강의 시원 문제는 거리가 아닌 내용적인 측면에서 인식되었다는 것을 의미한다. 그러므로 이에 대한 부분이 역사와 전통을 올곧게 내포하고 있다는 점에서, 오늘날의 지리적인 인식은 전통의 관점에서 마땅히 재고되어야 한다고 판단된다.[76]

4. 나가는 말

이상의 연구접근을 통해서 필자는 전통적인 한강의 시원관념이 동양사상적인 내원 속에서 전개된 것으로, 충분한 입각점과 전통의 가치를 내포할 수 있다는 점을 보다 분명하게 제시해보았다. 이는 현대의 서구적인 잣대에 의해서 일방적으로 재단된 한강의 시원에 대하여 주의를 환기시킬 수 있는 측면이 된다.

또한 중국문화적인 관점에서 물에 대한 인식은 갑골甲骨에서부터 감중련坎中連과 같은 것으로, 핵심을 취하는 것이 옳은 것이지 최장에 관한 측면이 당위성을 차지할 수 없다는 점을 분명히 하였다. 그리고

---

75 이형석, 「月刊 '山'」(朝鮮日報社, 1981), 5월호 參照.

76 최승업·전상호, 「한강 발원지의 구명에 관한 연구」(江原開發硏究院, 2000), 32쪽; 전상호, 「한강 발원지의 역사성 및 현대적 의미 고찰」, 『한강의 발원지와 강원도』(江原開發硏究院, 2000), 35쪽.

이러한 인식 속에서 전통적인 한강의 시원관념 역시 존재하고 있는 것이다.

이 외에 불교와 관련하여서도 검토의 타당성이 있으나, 이와 관련해서는 「동양사상에서의 물에 대한 관점과 한강의 시원에 관한 전통인식 고찰 2」를 통해서 논의를 개진해보고자 한다.

오늘날의 합리적인 관점과 전통은 자칫 충돌할 수도 있다. 그러나 그렇다고 해서 전통에 합리성이 전혀 없다고 판단한다면 이는 명백한 오류이다. 전통에는 그 당시를 반영하는 합리성이 내포되어 있으며, 바로 그렇기 때문에 전통으로써 오랜 기간 동안 명맥을 유지하면서 전승되어 올 수가 있는 것이다.

처용무가 역병을 이길 것이라는 것은 오늘날에 있어서 전혀 합리성을 담보할 수 없다. 그러나 여기에는 분명 당시 민중들의 열망과 결부된 합리성이 내포되어 있는 것이며, 이로 인하여 처용무는 우리의 독창적인 전통문화가 될 수 있었던 것이다. 그리고 바로 이러한 특수성이 인정되었기 때문에 처용무는 우리문화를 대표하는 세계무형유산으로까지 인정받게 된다.

한강의 시원 문제도 오늘날의 관점과 전통이 충돌할 수 있다. 그러나 그렇기 때문에 전통을 오류로 단정하는 것은 분명 방법적인 접근에 있어서 문제가 있다고 하겠다.

전통은 하루아침에 만들어지는 것이 아니다. 그러므로 전통은 계승 대상이 될지언정 파괴의 대상이 되어서는 안 된다. 우리 민족의 자랑으로 세계에 내세울 수 있는 것은, 지금까지 세계문화유산과 무형유산에 등재된 것들과 같이 우리와 결부된 바로 우리의 것이어야만 한다.

한강의 시원과 관련해서 우리는 자칫 이를 간과하고 있다. 그러므로 이 부분에 있어서 논리적인 층차의 다름을 인정하는, 전통에 대한 주의환기와 최소한의 양방향적인 접근과 같은 노력이 그 어느 때보다도 절실히 요청된다고 하겠다.

Ⅳ. 동양사상에서의 물에 대한 관점과 한강의 시원에 관한 전통인식 고찰 2

- 불교사상을 중심으로 -

1. 들어가는 말

전통적으로 한강의 시원으로 인식되던 곳은 우통수于筒水와 금강연金剛淵이다.[1] 그런데 이는 공히 문수성지文殊聖地인 오대산에 위치하고 있어 우리로 하여금 불교적인 영향의 개연성을 상정케 한다. 즉 한강의 시원 인식에는 불교적인 영향력이 작용할 근거가 충분히 존재하는 것이다.

한강의 시원 인식에 대한 불교적인 이해에 있어서 먼저 주목해볼 수 있는 것은 '불교의 물에 대한 인식'과 '인도문화에서의 강에 대한 시원 인식'이다. 이러한 검토를 통해서 우리는 한강의 시원 인식에

---

1 전상호, 「한강 발원지의 역사성 및 현대적 의미 고찰」, 『한강의 발원지와 강원도』(江原開發研究院, 2000), 10~26쪽; 최승업·전상호, 「한강 발원지의 구명에 관한 연구」(江原開發研究院, 2000), 4~22쪽; 江原大學校中央博物館·平昌郡 編, 『于筒水 地表調査』(江原大學校中央博物館·平昌郡, 2004), 30~44쪽.

불교적인 영향이 존재한다면, 그것이 어떠한 입각점에 의해서 존재하게 되는지에 대한 관점을 수립해보게 된다.

이와 같은 불교와 인도문화적인 관점에 대한 이해를 기초로, 필자는 한강의 시원으로 인식되는 우통수와 금강연에 대해서 보다 명확한 정리를 개진해보고자 한다. 이를 통해서 우리는 우통수와 금강연의 관념들에 대한 불교와 인도문화적인 영향관계를 파악해볼 수 있게 되기 때문이다.

중국문화는 불교의 전래 이전부터 고등한 문화를 구축하고 있었다는 점에서, 강의 시원에 대한 인식이 비단 불교에 의한 것이라고만은 할 수 없다. 실제로 필자와 같은 경우도 「동양사상에서의 물에 대한 관점과 한강의 시원에 관한 전통인식 고찰 1」을 통해서 한강의 시원 인식에 관한 중국문화적인 측면을 살펴본 바 있다. 그러나 '불교의 전래가 오래 되었다는 점'과 '중국문화권에서의 성공적인 안착'은, 우리의 전통문화 속에서 불교가 결코 국외자局外者가 될 수만은 없다는 점을 분명히 한다. 즉 불교의 비배타성에 의한 선주先住문화와의 자연스러운 융화는, 동시에 선주문화에 불교적인 측면이 폭넓게 영향을 미칠 수 있는 부분이 되기도 하는 것이다.

이러한 점에서 한강의 시원에 대한 인식 고찰에 있어서, 중국문화적인 측면과 아울러 불교적인 영향이 검토되어야 하는 것은 필연적인 타당성을 내포하게 된다. 특히나 한강의 전통적인 시원으로 인정되는 우통수가 『삼국유사』의 오대산 문수보살과 관련하여 최초로 기록되어 있는 점이나, 금강연의 '금강'이 불교적인 용어라는 점에서 불교적인 부분은 결코 누락되어서는 안 된다고 하겠다.

문화는 다양한 형성과정을 거쳐 완성되는 복합적인 산물이다. 그러므로 한강의 시원 인식에 있어서 우리는 중국문화적인 관점과 더불어 불교 및 인도문화적인 관점에 관해서도 검토를 해야만 하는 필연성에 직면해 있는 것이다. 그리고 이러한 전체적인 완성을 통해서만이, 우리는 한강의 시원 인식에 대한 보다 정당한 관점을 파악해볼 수가 있게 된다.

2. 불교에서의 물과 시원에 관한 인식

물은 인간의 생존에 있어서 가장 중요한 필수요소 중 하나이다. 그로 인하여 적정수준 이하가 될 경우 인간의 존립은 위태로워진다. 그러나 반대로 적정수준 이상이 될 경우 물은 커다란 재앙을 가져오기도 한다.

또한 수량은 기후 환경에 따라서 결정되고는 하는데, 이는 지역에 따른 물에 대한 인식을 비정하는 중대한 요인이 된다. 중국문화가 물에 대해서 긍정적인 인식이 주류를 이루는 것은 물이 상대적으로 귀하며, 기후 환경적으로 대홍수와 같은 요인이 적기 때문이다.

그러나 인도와 같은 아열대 기후를 가진 나라에 있어서 물은 단순히 긍정의 대상만은 아니다. 실제로 인도불교에 있어서 물에 대한 인식은 편차가 크다. 이는 중국문화의 물에 대한 인식에 부정적인 측면이 적은 것과는 대비된다고 하겠다.

1) 불교에서의 물

인도는 물이 부족한 기후가 아니다. 특히 아열대 기후에서 파생되는 우기는 물에 의한 범람이 초래되는 기간이다. 이는 인도문화에 있어서 물이 부정적으로 비춰지는 배경이 된다.

초기불교도 이러한 인도문화의 물에 대한 인식을 수용하고 있다. 흔히 자등명自燈明 법등명法燈明 등으로 잘못 알려져 있는, 붓다 열반 전 3개월의 설법[2]은 자주自洲 법주法洲, 즉 자신을 '등燈'이 아닌 '섬(島)'으로 삼으라는 것이다.[3]

강의 하류는 우기와 더불어 주기적인 범람을 통해서, 별도의 비료가 필요 없는 비옥한 상태가 된다. 이는 농업에 있어서 풍작을 초래하는 매우 중요한 측면이다. 그러나 이러한 인식은 표면적으로 눈에 띄는 것이 아니다. 그러므로 인류는 하천의 범람을 재앙으로만 인식했으며 관계수로의 정비, 곧 '치수治水'는 위정자의 능력을 가늠하는 중요한 기준이 되고는 했다.

이러한 배경 하에서 설해지는 붓다의 가르침이, 바로 자신 스스로와 진리를 안전한 섬〔의지처의 의미〕으로 삼으라는 '자주自洲 법주法洲'의 교설인 것이다. 이는 고지대에서 홍수피해를 극복하고 새로운 삶터를 만들어가는 당시 인도인들의 생활상을 반영한 것이다. 이렇게 놓고 본다면, 이 설법에서의 물은 극복의 대상이 되며, 이는 물에 대한 부정적인 인식을 내포하고 있다고 할 수 있다.

---

2 『長阿含經』 2, 「(二)第一分遊行經第二初」(大正藏 1, 15b), "當自熾燃. 熾燃於法. 勿他熾燃. 當自歸依. 歸依於法. 勿他歸依."; 『Dīgha Nikāya』 2, p.100; 『Dīgha Nikāya』 3, p.58, 77, "atta-dīpā (bhikkave) viharatha atta-saraṇā anañña-saraṇā, dhamma-dīpā dhamma-saraṇā anañña-saraṇā."
'自燈明 法燈明'과 관련해서는 번역상의 문제에 의해 '燈'과 '洲'의 번역적인 차이가 존재한다는 지적이 있다(이수창〔摩聖〕, 「自燈明 法燈明의 번역에 대한 고찰」, 『佛教學研究』 제6호〔2003〕, 157~182쪽).

3 『雜阿含經』 2, 「三六」(大正藏 2, 8a), "住於自洲. 住於自依. 住於法洲. 住於法依."

또한 안거安居 역시 우기와 더불어 시행되는 수행자들의 집중 수행기간을 의미한다.[4] 그런데 이때도 물에 의해서 여러 생명체들이 밖으로 나오기 때문에 정주定住를 규정하여 다른 생물들에 대한 피해를 줄이는 의미가 있다. 그러므로 이 역시 물에 대한 인식을 긍정적으로 보기는 어렵다.

물론 인도는 무더운 기후조건을 가지고 있기 때문에, 목욕과 같은 부분은 긍정적으로 인식된다. 이는 죽림정사나 기원정사 등의 유적에서 공히 계단식 연못(사진22_1, 22_2)이 발견되고 있는 것을 통해서 단적인 확인이 가능하다.[5] 그러나 목욕은 또한 쾌락에 대한 추구와도 연결된다는 점에서 정신적인 조복에 있어서 장애가 된다는 관점도 있다.

실례로 붓다와 같은 경우도 6년 고행의 포기와 관련하여, 불전에서는 니련선하에서의 목욕이 나타나고 있다. 이 사건을 전후로 후에 5비구가 되는 다섯 수행자들이 붓다의 타락을 이유로 붓다에게서 떠나는 양상을 보인다.[6] 이는 단순히 목욕이 수행자들에게 있어서 긍정적인 것만은

---

4 『四分律』 37, 「安居揵度」(大正藏 22, 830c), "以無數方便呵責六群比丘已告諸比丘. 汝不應於一切時春夏冬人間遊行. 從今已去. 聽諸比丘三月夏安居. 白所依人言. 我於此處夏安居. 長老一心念. 我比丘某甲. 依某甲聚落. 某甲僧伽藍. 某甲房前. 三月夏安居. 房舍破修治故. 如是第二第三說. 後三月夏安居法亦如是."; 李太元 著, 『初期佛敎 敎團生活』(雲舟社, 2000), 70~74쪽; 佐藤密雄 著, 崔法慧 譯, 『律藏』(東國譯經院, 1994), 43쪽.

5 拙稿, 「佛國寺 伽藍配置의 思想背景 硏究」(東國大 博士學位論文, 2009), 99쪽.

6 『佛所行讚』 3, 「阿羅藍鬱頭藍品第十二」(大正藏 4, 24c); 『佛本行集經』 25, 「向菩提樹品第三十上」(大正藏 3, 772a); 渡邊照宏 著, 『新釋尊伝』(東京: ちくま學藝文庫, 2005), p.157.

사진22_1 죽림정사의 계단식 연못

사진22_2 기원정사의 계단식 연못

아니었다는 점을 분명히 해준다. 그리고 이의 연장선상에서 우리는 붓다가 율장에서 목욕일을 규정[7]하고 있는 이유에 대해서도 일정 부분

시사받을 수가 있다.

그러나 대승불교로 오게 되면서 물은 나름의 상징성을 확보하며 종교적인 신성의 가치를 획득하게 된다. 불교 안에서 물에 대한 인식이 큰 폭으로 변화될 수 있었던 것은, 불교의 영역이 확대되면서 물에 대한 긍정적인 인식을 확보하고 있는 지역으로까지 불교가 전파되었기 때문이다.

대승불교의 물과 관련하여 빼놓을 수 없는 부분이 '『화엄경』의 해인삼매海印三昧'와 '극락정토사상 중 구품연지九品蓮池'라고 할 수가 있다. 이 중 해인삼매는 물의 본체론적인 명정성明淨性을 나타내고 있으며, 구품연지는 재생의 관점과 연관된다. 그런데 여기에서 나타나는 물은 바다와 연못 속의 물이라는 점에서 초기불교의 범람하는 물과는 다르다. 즉 초기불교의 물에는 비규정성이 내포되어 있다면, 대승불교의 물에는 규정성이 존재하는 것이다.

실제로 바닷물과 같은 경우는 범람의 우려가 없다. 이는 상대적으로 인간에게 무엇인가를 앗아가는 물이 아닌, 주는 물일 개연성이 크다. 다음으로 연못과 같은 물 역시 인간의 이익을 위해서 유용한 물이다. 특히 극락정토사상이 발생하는 서북인도와 같은 경우는 물이 흔한 기후가 아니다. 이렇게 놓고 본다면, 대승불교에 와서 물의 긍정성이 강조되는 측면에 관해서 우리는 하나의 정확한 이해에 도달하게 된다. 즉 동일한 물에 대한 인식이 바뀐 것이 아니라, '홍수의 물'과 '유익한 물'이 서로 다른 쪽에서 작용하고 있는 것이다. 그리고 이는 대승불교

7 『四分律』 16, 「九十單提法之六」(大正藏 22, 674c), "若比丘半月洗浴不得過. 除餘時波逸提. … (五十六竟)."

안에서도 물에 대한 인식이 동시에 부정적인 측면으로도 나타날 수 있는 개연성이 된다고 하겠다.

이러한 대승불교의 물에 대한 관점을 바탕으로, 먼저 화엄의 해인삼매와 관련된 인식을 정리해보면 다음과 같다.

화엄교학의 전체적인 구조가 해인삼매를 토대로 하여 구축되었다는 것은, 화엄종의 제3조인 현수법장賢首法藏이 『화엄오교장華嚴五教章』의 첫 머리에 "이제 장차 여래 해인삼매의 일승교의一乘教義를 여는 데 있어서, 간략히 10문十門을 제시하고자 한다"[8]라고 하는 데에서 알 수가 있다. 즉 해인삼매는 『화엄경』의 전체구조 건립에 있어서 가장 핵심적인 삼매인 것이다.[9]

해인삼매의 이해와 관련해서 가장 중요한 구절은 「현수보살품賢首菩薩品」에 보이는 대해비유大海譬喩이다. 이는 제석천(indra)과 아수라의

---

8 『華嚴一乘教義分齊章』 1(大正藏 45, 477a), "今將開釋如來海印三昧一乘教義略作十門."

9 玉城康西郎 著, 李元燮 譯, 『華嚴經의 世界』(玄岩社, 1970), 25쪽, "해인삼매가 『화엄경』의 기본적인 세계관이 되는 이유는 우주의 삼라만상이 우주자체의 대삼매, 비로자나불의 대삼매 속에 그림자를 비추고 노닐고 있다는 뜻이다. 따라서 우주 안의 어떤 사물이라도 그 자신의 고정적인 근거를 지니고 있지 않다. 모든 존재는 이 대삼매에 의거하여 있고 그 바다 위를 떠돌아다니고 있을 뿐이다. 무엇이 존재한다는 것이 그것이 대삼매안에 있다는 것을 뜻하는 동시에, 반대로 그것은 대삼매를 반영하고 있다는 뜻이기도 하기 때문이다. 인간은 비로자나불의 큰 바다에 에워싸여 있는 동시에, 그렇기 때문에 도리어 비로자나불을 반영하고 있는 것이다. 이를테면 비로자나불에 쌓여 있으면서도 또 거꾸로 비로자나불을 싸고 있는 것이다. 그래서 해인삼매의 개념은 인간이 언제 어디서 무엇을 생각하든 그 생각은 하나도 빠짐없이 비로자나불의 의식을 벗어날 수 없고, 인간의 의식은 비로자나불의 의식 안에서 그 힘과 빛을 부여받는다고 말할 수 있는 것이다."

전투에 의탁하여 '해인海印'을 설명하는 부분이다.

> 마치 정수淨水 중에 비친 4병四兵의 형상이 각각 다르지만 모두 명료해서 도검刀劍과 수레, 그리고 창 등의 여러 병기들이 실제와 같이 모두 다 실답게 나타난다. 그 병장기들의 본래 형상을 따라서 저 정수淨水 중에 실답게 나타나지만, 물은 4병을 비춤에 애증이 없으니 이를 이름하여 대선정자재大仙定自在라고 하는 것이다.[10]

여기에서 4병은 전후의 문맥으로 보아 아수라의 군대를 의미한다. 파도가 없는 맑고 투명한 정수淨水〔항수해를 의미함〕 중에 이들의 병사들과 무기가 모두 다 명료하게 나타나지만, 정수가 이들을 비추되 마치 거울처럼 애착과 장애가 없으니, 이것을 일컬어 대선정자재라고 한다는 것이다. 여기에서의 대선정자재는 곧 해인삼매를 의미한다.[11]

다음으로 「보왕여래성기품寶王如來性起品」 중에도 또한 중요한 해인사상이 기술되어 있다.

> 비유컨대, 모든 대해大海가 일체중생들의 색상色像을 실답게 현현顯現하는 고로 일체인一切印이 된다고 말하는 것처럼, 시방세계의 가운데에 일체중생들이 무상보리해無上菩提海에 참다이 나타나지 않음이 없다.[12]

---

10 『大方廣佛華嚴經』 7, 「賢首菩薩品第八之二」(大正藏 9, 439b), "如淨水中四兵像 各各別異皆明了 刀劍輪戟衆兵器 如是等仗皆悉現 隨其器仗本形相 悉現於彼淨水中 水影四兵無憎愛 是名大仙定自在."

11 全海住 著, 『義湘華嚴思想硏究』(民族社, 1994), 152쪽.

여기에서의 '일체인'이 80권본 『화엄경』에서는 '해인'[13]과 연관되어 나타나고 있으니, 양자를 같은 것으로 보아도 큰 무리는 없다. 그러므로 이는 대해와 같은 해인삼매 안에서 무량한 일체중생의 색상이 그대로 다 드러남을 의미한다고 하겠다.

해인삼매의 비유와 관련해서 주의해야 하는 것은 그 바다가 일반적인 외해外海, 즉 염해鹽海가 아니라는 것이다. 그 바다는 내해內海 중 가장 안쪽에서 수미산을 감싸고 있는 8공덕수八功德水[14]로 파도가 없는 향수해香水海이다.[15] 이로 인하여 향수해는 해인삼매가 가능한 명정성을 확보하게 된다.

불교의 우주론과 관련하여 현존하는 자료들은 『누탄경樓炭經』을 중심으로 하는 『누탄경樓炭經』 계열[16]의 전적과 『대비바사론大毘婆沙論』을 중심으로 하는 『대비바사론』 계통[17]의 두 전적군이 있다.[18] 이

---

12 『大方廣佛華嚴經』 35, 「寶王如來性起品第三十二之三」(大正藏 9, 627b), "譬如諸大海 一切衆生類 色像悉顯現 故說一切印 十方世界中 一切衆生類 無上菩提海 無法而不現"

13 『大方廣佛華嚴經』 52, 「如來出現品第三十七之三」(大正藏 10, 275c), "如海印現衆生身 以此說其爲大海 菩提普印諸心行 是故說名爲正覺"

14 『阿毘達磨俱舍論』 11, 「分別世品第三之四」(大正藏 29, 57c), "七中皆具八功德水. 一甘. 二冷. 三軟. 四輕. 五淸淨. 六不臭. 七飮時不損喉. 八飮已不傷腹."

15 拙稿, 「Kailas山의 須彌山說에 관한 종합적 고찰」, 『佛教學硏究』 제17호(2007), 322쪽.

16 拙稿, 「佛教宇宙論과 寺院構造의 관계성 고찰」, 『建築歷史硏究』 제56호(2008), 66쪽.

17 拙稿, 「『樓炭經』 계통과 『大毘婆沙論』 계통의 須彌山 宇宙論 차이 고찰」, 『哲學論叢』 제56집(2009), 227~228쪽.

18 같은 논문, 227~230쪽.

중 아수라는 『누탄경』 계통의 전적에서만 나타나는 것으로, 이에 의거하면 아수라는 9산8해九山八海[19] 가운데에서 가장 안쪽의 향수해에 살고 있는 것으로 되어 있다.[20]

그러나 설일체유부說一切有部 등에서는 6도윤회설에서 아수라를 제외한 5도윤회[21]만을 인정한다.[22] 이는 우리로 하여금 아수라의 군대를 상정해서 전개되는 해인삼매설이 기본적으로 『누탄경』 계통의 문헌에 기초하고 있다는 것을 나타내준다.

그러나 『누탄경』 계통의 문헌에는 수미산 주위의 향수해에 연꽃이 채워져 있는 것으로 묘사되어 있다.[23] 이는 『화엄경』에서 "맑고 깨끗하여 명정하다"[24]고 되어 있는 것과는 차이가 크다. 그러므로 우리는

---

19 拙稿, 「Kailas山의 須彌山說에 관한 종합적 고찰」, 『佛教學研究』 제17호(2007), 321~322쪽.

20 『長阿含經』 20, 「第四分世記經阿須倫品第六」(大正藏 1, 129b); 『大樓炭經』 2, 「阿須倫品第五」(大正藏 1, 287b); 『起世經』 5, 「阿修羅品第六之一」(大正藏 1, 336a); 『起世因本經』 5, 「阿修羅品第六上」(大正藏 1, 390c~391a).

21 『阿毘達磨俱舍論』 8, 「分別世品第三之一」(大正藏 29, 42a), "論曰. 於三界中說有五趣. 卽地獄等如自名說. 謂前所說地獄傍生鬼及人天是名五趣. 唯於欲界有四趣全. 三界各有天趣一分."

22 權五民 譯, 『阿毘達磨俱舍論2』(東國譯經院, 2002), 373쪽의 각주 27, "阿修羅를 더한 6취설이 일반에 알려져 있지만, 이는 犢子部의 주장이고, 有部나 上座部의 정설은 5취설이다. 그리고 대승경전에서도 대개 5취설을 취하는 경우가 많다."; 定方晟 著, 『須彌山と極樂-佛教の宇宙觀』(東京; 講談社, 昭和48年), p.82; 拙稿, 「梵鐘 타종횟수의 타당성 고찰」, 『韓國佛教學』 제57호(2010), 251쪽.

23 『長阿含經』 18, 「(三〇)第四分世記經閻浮提州品第一」(大正藏 1, 115c); 『起世經』 1, 「閻浮洲品第一」(大正藏 1, 311c); 『起世因本經』 1, 「閻浮洲品第一」(大正藏 1, 366c).

24 『大方廣佛華嚴經』 7, 「賢首菩薩品第八之二」(大正藏 9, 439b); 『華嚴經探玄記』

이를 통해서 해인삼매의 관점은 『누탄경』 계통의 관점을 배경으로 하여 수정된 것이라는 점을 인지해보게 된다.

이상과 같은 해인삼매의 측면과 이러한 내용이 『화엄경』을 일관하고 있다는 점을 생각한다면, 물은 대단한 의미를 확보하고 있다고 하겠다. 그러나 이 물은 바다이므로 강의 시원적인 측면과는 다르다. 또한 이러한 바다는 성聖과 속俗의 분기[25]에 의미가 있으며,[26] 해인삼매 역시 다분히 본체론적인 관점을 견지하고 있다. 그러므로 이를 한강의 시원 논의와 연결시키기에는 문제가 있다고 판단된다.

다음으로 극락정토사상에서 언급되고 있는 구품연지와 관련된 측면을 정리해보면 다음과 같다.[27]

4, 「賢首菩薩品第八」(大正藏 35, 192a); 『大方廣佛華嚴經疏』 16, 「賢首品第十二」(大正藏 35, 621b); 『法界圖記叢髓錄』下(『韓佛全』 6, 811b).

25 멀치아 엘리아데 著, 李東夏 譯, 『聖과 俗-종교의 본질』(학민사, 1997), 19~22쪽; 金勝惠 編, 『宗教學의 理解』(분도출판사, 1995), 103쪽.

26 拙稿, 「佛教宇宙論과 寺院構造의 관계성 고찰」, 『建築歷史研究』 제56호(2008), 73~74쪽.

27 拙稿, 「佛國寺 伽藍配置의 思想背景 研究」(東國大 博士學位論文, 2009), 95~96쪽, "九品蓮池는 『觀無量壽經』에 의해 설시된 명칭이라고 할 수 있다. 왜냐하면, 『無量壽經』에는 七寶池와 七寶華가 각기 다른 계통에서 설해져 있고, 또한 극락왕생에 있어서도 三輩(上輩·中輩·下輩)往生만이 언급되어 있기 때문이다(『無量壽經』上, 大正藏 12, 271b, "黃金池者底白銀沙. 白銀池者底黃金沙. 水精池者底琉璃沙. 琉璃池者底水精沙. 珊瑚池者底琥珀沙. 琥珀池者底珊瑚沙. 車磲池者底瑪瑙沙. 瑪瑙池者底車磲沙. 白玉池者底紫金沙. 紫金池者底白玉沙. 或二寶三寶. 乃至七寶轉共合成"; 『無量壽經』下, 大正藏 12, 272b, "此等衆生臨壽終時. 無量壽佛與諸大衆. 現其人前. 卽隨彼佛往生其國. 便於七寶華中自然化生. 住不退轉. 智慧勇猛神通自在"·"凡有三輩"). 또한 『阿彌陀經』에서는 七寶池와 八功德水가 서로 대응하여 나타나고

구품연지는 연못인 동시에 또한 재생의 공간이다. 구품연지의 연꽃 속에서 왕생극락한 중생들은 근기가 성숙할 때까지 잠재적으로 존재하다가 마침내 연꽃이 피는 것과 함께 아미타불 쪽으로 나아가게 된다.[28] 이렇게 놓고 본다면, 여기에는 물을 통한 재생의 의미가 존재한다고 하겠다.

또한 돈황벽화 등에 존재하는 〈관무량수경변상도〉들에는 구품연지에 계단이 설시되어 있는 양태가 나타난다.[29] 구품연지의 계단은 『정토3부경淨土三部經』에서는 살펴지는 양상이 아니다. 그러나 구품연지에서 깨어난 존재들이 아미타불이 계시는 곳으로 나아가기 위해서는 계단이 요청되고, 이러한 부분이 회화에서는 표현되고 있는 것이다.[30]

이렇게 놓고 본다면, 이는 한강의 시원 중 우통수가 우물형태로 되어 있다는 점[31]에서 보다 근접한 측면을 확보한다고 하겠다. 그러나

있지만, 그것이 극락왕생의 측면과는 계통을 달리하고 있으며, 三輩나 九品과 같은 개념은 전혀 나타나 보이지 않고 있다(『佛說阿彌陀經』, 大正藏 12, 347a, "極樂國土有七寶池. 八功德水充滿其中"). 이는 『觀無量壽經』에 등장하는 七寶池와 그 속의 蓮花(연화의 재질에는 칠보에서부터 이하로 차등이 있음)가 서로 상응하는 가운데 九品이 설명되고 있는 것(『佛說觀無量壽佛經』, 大正藏 12, "卽得往生七寶池中蓮花之內〔346a〕"·"凡生西方有九品人〔344c〕")과는 크게 대비된다고 할 수가 있다. 그러므로 구품연지라는 명칭은 당연히 『觀無量壽經』에 의한 것이라고 하겠다."

28 拙稿, 「佛國寺 伽藍配置의 思想背景 硏究」(東國大 博士學位論文, 2009), 98쪽; 坪井俊映 著, 李太元 譯, 『淨土三部經槪說』(운주사, 1995), 467~474쪽.

29 敦煌文物硏究所 編, 『敦煌莫高窟4』(北京: 文物出版社, 1990), 圖4·158 參照; 中國美術全集編纂委員會(敦煌硏究院) 編, 『中國美術全集 繪畫編15-敦煌壁畵 下』(上海: 上海人民美術出版社, 1993), 76~77·120~121쪽.

30 拙稿, 「佛國寺 伽藍配置의 思想背景 硏究」(東國大 博士學位論文, 2009), 99쪽.

31 江原大學校中央博物館·平昌郡 編, 『于筒水 地表調査』(江原大學校中央博物館·平昌郡, 2004), 57~69쪽.

이러한 구품연지 역시 흐르는 물이 아니라 연지蓮池에 불과하다는 점에서, 양자의 접근에는 필연적인 한계가 있을 수밖에 없다.

이 외에도 불교는 아니지만, 자이나교와 같은 경우에는 '계단우물(Vav)'에 대해 신성을 부여하는 측면이 있어 이와 관련된 유적과 유물이 현재까지도 다수가 남아 있다.[32] 이러한 우물에 대한 신성의 강조는 분명 우통수와 관련해서 훨씬 근접되는 인식을 파생할 수 있다. 그러나 이러한 측면은 불교와 관련된 기록이나 유적들에서는 특별히 나타나는 부분이 없다. 그러므로 이 역시 인도적인 관념에 대해서 시사받아 볼 수는 있어도 직접적인 연결은 어렵다고 하겠다.

이상을 통해서 우리는 인도불교에 있어서 물에 대한 인식의 관점적인 측면들을 정리해보았다. 그러나 이러한 관점들은 불교의 물과 관련된 관점의 양태에 대해서 시사점을 제공해주기는 하지만, 이를 곧장 한강의 시원 문제와 연결시키기에는 어려움이 있다고 하겠다.

그러나 인도문명 역시 강과 함께하고 있으며, 갠지스(Gaṅgā) 강과 같은 경우에는 강을 신성시하는 측면까지 나타나 보인다. 이에 관해서 확인해볼 수 있는 문헌이 인도 2대 서사시 중의 하나인 『라마야나Ramayana』이다.

『라마야나』에는 갠지스 강의 하강下降에 대한 이야기가 기록되어 있다. 이에 따르면 갠지스 강은 본래 하늘 위를 흐르던 강이었는데, 바기라타라는 수행자의 노력과 시바Shiva신의 도움으로 인해 결국

32 안영배 著, 『안영배 교수의 印度建築紀行』(다른세상, 2005), 75~82쪽.

땅으로 내려져서 대지를 흐르게 되었다고 한다.[33] 이러한 내용을 기초로 인도인들은 갠지스 강에서 목욕을 하거나 화장을 하게 되면, 천상天上에 나게 된다는 종교적인 관점을 수립하게 된다. 즉 갠지스 강의 시원은 하늘이기 때문에 현재는 땅 위를 흐르고 있다고 하더라도 그 본래적인 속성은 천상이라는 것이다.

이러한 기록은 갠지스 강의 내용적인 시원에 관한 측면이 된다. 그러나 갠지스 강을 신성화하고, 이 강이 현재 지상을 흐르고 있다는 것은 갠지스 강의 발원적인 시원에 관한 인식도 존재할 개연성이 된다. 실제로 갠지스 강의 발원지로 인식되는 히말라야의 여러 곳에는, 갠지스 강의 시원에 대한 성소聖所와 이를 숭배하는 강고트리Gangotri와 같은 사원이 건립되어 있다. 이는 갠지스 강의 시원 인식이 지상과 관련해서도 존재한다는 것을 나타내준다.

갠지스 강의 시원으로 인정되는 곳은 관점에 따라 논란이 있다.[34] 그러나 인도의 우주론과 관련된 고층古層의 자료들이 전하고 있는 장소는, 후대에 힌두교 사원이 건립된 곳이 아닌 아뇩달지阿耨達池이다. 그런데 아뇩달지는 비단 갠지스 강의 시원일 뿐만 아니라, 인더스 강을 포함한 4대강의 발원지로도 인식되는 곳이어서 주목된다.

실제로 자이나교도였던 마하트마 간디 역시 이곳을 성소로 여겨, 그의 사후 화장한 재의 일부를 아뇩달지로 추정되는 마나사로바 호수에 뿌리게 된다.[35] 이는 강의 시원에 대한 특별한 인식이 인도문화에도 존재한다는 것을 의미하는 단적인 예이다. 또한 아뇩달지와 관련해서

---

33 G. 라자고파라차리 著, 허정 譯, 『라마야나』(한얼미디어, 2005), 66~71쪽.

34 定方晟 著, 『須彌山と極樂-佛教の宇宙觀』(東京; 講談社, 昭和48年), pp.21~28.

35 김규현 著, 『티베트의 신비와 명상』(到彼岸社, 2001), 289~291쪽.

는 불교전적들에도 다수의 내용들이 전해지고 있다. 그러므로 한강의 시원 문제 검토에 있어서 우리는 아뇩달지를 주목하지 않을 수 없게 된다.

2) 불교에서의 시원 인식

아뇩달지는 불교의 우주론에서 남섬부주 북쪽에 위치한다고 기록되어 있는 인도 4대강의 시원지이다. 아뇩달지阿耨達池의 아뇩달阿耨達은 범어 아나바타프타Anavatapta를 음사한 것으로 '무열뇌無熱惱'와 '청량淸涼'으로 번역된다.

아뇩달지는 인도의 우주론에 있어서 수미산須彌山이 이 세계의 중심으로 이해되듯이, 남섬부주南贍部洲를 흐르는 4대강의 시원지로서 성역聖域의 의미를 확보한다. 그로 인하여 붓다께서는 신통을 통하여 이곳에 가셔서 법을 설하시기도 하며,[36] 아뇩달지를 관장하는 아뇩달용왕은 8대용왕(難陀·跋難陀·娑伽羅·和修吉·德叉迦·阿那婆達多〔阿耨達〕·摩那斯·優鉢羅)[37] 중 최고의 지위를 확보하게 된다.[38]

아뇩달지라는 명칭은 이 연못 수면 아래의 용궁에 사는 아뇩달용왕의 명칭에서 기인한 것이다. 이에 관해서 관련전적들은 공통된 기록을 하고 있는데, 그것은 일반 용에게는 있는 3가지 근심이 아뇩달용왕에게

---

36 『增壹阿含經』 29, 「六重品第三十七之一-三」(大正藏 2, 708c~709a).

37 『妙法蓮華經』 1, 「序品第一」(大正藏 9, 2a); 『添品妙法蓮華經』 1, 「序品第一」(大正藏 9, 35a·b).

38 『大唐西域記』에는 8地菩薩의 變顯으로까지 설해지고 있다.
『大唐西域記』 1, 「三十四國」(大正藏 51, 869b), "八地菩薩以願力故化爲龍王. 於中潛宅. 出淸冷水. 給贍部洲."

는 존재하지 않는다는 아뇩달용왕만의 특수한 위덕에 관한 것이다.[39] 일반 용에게 있는 3환三患이 없으므로 아뇩달용왕은 두려움이 없어 언제나 무열뇌無熱惱, 혹은 청량淸涼의 안정상태에 처하게 되는데, 이것이 바로 아뇩달이라는 명칭적인 기원이 된다.

아뇩달지의 크기는 가로와 세로가 각각 50유순(yojana)인데, 그 물은 차고 맑고 깨끗함 등의 항수해와 같은 8공덕수[40]의 특징을 가지고 있다.[41] 그리고 아뇩달지의 사면으로부터는 남섬부주를 흐르는 4대강이 시작된다. 4대강의 출구로는 인도문화와 관련 깊은 코끼리(象)·소(牛)·말(馬)·사자(師〔獅〕子)의 입 조각이 상징적으로 나타나 있다. 그러나 상징적인 네 동물에 관해서는 관련기록들이 일치되고 있지만, 각각의 방위와 관련해서는 이견이 나타나 보인다.

아뇩달지로부터 발원하는 4대강은 각각 동쪽-긍가恆伽(Gaṅgā: Ganges), 남쪽-신도信度(Sindh, Sindhu: Indus), 서쪽-박추縛芻(Vakṣu, Ikṣu: Amu-Daria, Oxus), 북쪽-사다徙多(Śītā, Sītī: Sir-Daria, Jaxartes)이다. 아뇩달지가 4대강의 발원지이며, 각 강이 시작되는 방위와 명칭에 관한 기록은 관련 자료들에서 공통되게 나타난다.[42]

---

39 『長阿含經』 18, 「(三〇)第四分世記經閻浮提州品第一」(大正藏 1, 121b), "唯阿耨達龍無有三患. 云何爲三. 一者擧閻浮提所有諸龍. 皆被熱風. 熱沙著身. 燒其皮肉. 及燒骨髓以爲苦惱. 唯阿耨達龍無有此患. 二者擧閻浮提所有龍宮. 惡風暴起. 吹其宮內. 失寶飾衣. 龍身自現以爲苦惱. 唯阿耨達龍王無如是患. 三者擧閻浮提所有龍王. 各在宮中相娛樂時. 金翅大鳥入宮搏撮或始生方便. 欲取龍食. 諸龍怖懼. 常懷熱惱. 唯阿耨達龍無如此患. 若金翅鳥生念欲往. 卽便命終. 故名阿耨達."

40 『阿毘達磨俱舍論』 11, 「分別世品第三之四」(大正藏 29, 57c), "七中皆具八功德水. 一甘. 二冷. 三軟. 四輕. 五淸淨. 六不臭. 七飮時不損喉. 八飮已不傷腹."

41 『十誦律』 2, 「明四波羅夷法之二」(大正藏 23, 13a), "阿耨達池其水甘美有八功德."

이상을 통해서 우리는 아뇩달지가 '성역으로서 4대강의 발원지가 된다'는 측면과, '4대강의 발원지이기 때문에 성역이 될 수 있다'는 두 가지의 의미를 모두 확보하게 된다.

현실적으로 아뇩달지로 추정되는 곳은 마나사로바Manasarova 호수이다. 마나사로바 호수는 히말라야의 해발 4,560미터에 위치해 있는 호수로, 카일라스Kailas 산의 정남방향에서 약간 동쪽으로 틀어진 위치에 있다.[43] 이 호수 또한 카일라스 산과 마찬가지로 주변 4종교인 불교·힌두교·자이나교·본Bon교의 관점에서 성호聖湖로 인식되고 있는 산상호수山上湖水이다.[44]

우리가 마나사로바 호수에 관해서 주목해야 하는 이유는, 마나사로바 호수와 아뇩달지 사이에 높은 유사성이 발견되기 때문이다. 아뇩달지는 남섬부주의 북쪽 끝부분에 위치한 설산 위의 호수이다. 남섬부주에 관해서는 인간세상의 전체 대륙을 다 가리키는 것으로 볼 수도 있다. 그러나 남섬부주의 개념이 인도인들의 우주론에서 파생된 개념

---

42 4大江의 방위와 명칭은 『樓炭經』 계통과 『大毘婆沙論』 계통은 일치한다. 그러나 그 외의 단편적인 경전들까지도 모두 일치되는 것은 아니다.
『增壹阿含經』 21, 「苦樂品第二十九-九」(大正藏 2, 658c), "爾時. 世尊告諸比丘. 今有四大河水從阿耨達泉出. 云何爲四. 所謂恒伽·新頭·婆叉·私陀. 彼恒伽水牛頭口出向東流. 新頭南流師子口出. 私陀西流象口中出. 婆叉北流從馬口中出. 是時. 四大河水遶阿耨達泉已. 恒伽入東海. 新頭入南海. 婆叉入西海. 私陀入北海."

43 김규현 著, 『티베트의 신비와 명상』(到彼岸社, 2001), 207쪽의 지도 參照; 로버트 서먼·태드 와이즈 著, 백영미 譯, 『티베트의 영혼 카일라스』(이룸, 2001), 11쪽의 지도 參照.

44 김규현 著, 앞의 책, 265쪽.

이고, 그 형태가 역사다리꼴을 취하고 있다는 기록 등을 통해서 볼 때, 인도만을 지칭하는 것으로도 이해된다. 그리고 여기에 설산이 히말라야라는 점을 고려하면, 마나사로바 호수와 아뇩달지는 지리적으로 상당히 높은 유사도를 보인다는 것을 알 수가 있다.[45]

또한 아뇩달지가 성역으로 4대강의 발원지라는 것은, 현재까지도 마나사로바 호수가 4대 종교의 성호로 인식되고 있다는 점. 그리고 실제로 인도를 흐르는 강의 발원지와 관련이 있다는 점에서 또다시 양자 간에 높은 유사도가 확보된다.[46] 즉 아뇩달지는 마나사로바 호수가 인도의 우주론 속에 함섭含攝된 경우라고 할 수가 있는 것이다. 그러므로 이는 동일한 측면을 지칭하는 것이라고 이해해도 큰 문제가 없다고 하겠다.

물론 마나사로바 호수에서 8공덕수의 특징은 어떻게 인정해볼 수가 있다고 하더라도, 아뇩달용왕의 존재와 같은 부분에 대해서 우리는 확인할 수 없다. 그러나 이것은 강의 발원지라는 성역의 측면에 대한 종교적인 상징성이 부여된 부분으로도 해석되어질 수 있기 때문에 그리 큰 문제가 된다고 보기는 어렵다. 주지하다시피, 종교에서는 현실적인 부분에서도 의미를 내포함에 따라서 다수의 상징적인 의미들을 부여하고는 하는데, 이는 속俗된 측면을 성화聖化시키기 위함이다. 즉 종교적인 의미부여를 통해서 속俗은 성聖으로 거듭나게 되는 것이다.[47] 그리고 불교에 있어서 용龍은 이러한 상징성의 대표적인 존재이

---

45 拙稿, 〈4. 阿耨達池와 Manasarovar〉, 「Kailas山의 須彌山說에 관한 종합적 고찰」, 『佛敎學硏究』 제17호(2007), 340~345쪽; 김규현 著, 앞의 책, 263~276쪽.

46 김규현 著, 앞의 책, 267·274쪽; 오정환 著, 『수미산의 이쪽과 저쪽』(韓國經濟新聞, 2003), 130쪽.

다. 특히 마나사로바 호수와 같이 물과 관련되는 경우에 있어서 용은 필연적이라고까지 할 수가 있는 존재이다.

마나사로바 호수를 아뇩달지로 볼 경우, 이는 '인도 4대강의 시원'이라는 실질적인 부분과 더불어 물 자체가 '8공덕수로서의 신성성'을 내포하고 있다는 점.[48] 그리고 '수승한 용이 살고 있다'는 종교의 상징적인 부분이 설시되어 있는, '실질'과 '신성'의 이중성을 인식해보게 된다.

그런데 주목되는 것은, '강의 시원 인식에 존재하고 있는 물에 대한 신성의 측면'과 '용이 살고 있다는 상징적인 부분'이 공히 한강의 시원 인식에 있어서도 그대로 발견된다는 것이다. 이는 우리로 하여금 한강의 시원에 대한 전통적인 인식이 단지 중국문화적인 영향에 의한 것이 아니라, 불교적인 영향도 수용해서 성립되었다는 점을 인식케 한다. 즉 전통적인 한강의 시원 인식과 관련해서 우리는 중국문화와 더불어 인도문화적인 입각점도 검토해야만 하며, 그 영향의 관점은 불교에 있다고 할 수가 있는 것이다.

3. 우통수·금강연과 불교

1) 『삼국유사』와 우통수

불교가 한강의 시원과 관련하여 논의될 수 있는 것은, 『삼국유사』에서

47 立川武藏 著, 김귀산 譯, 『曼荼羅의 神들』(東文選, 1991), 17쪽.

48 于筒水와 阿耨達池 물의 신성성에 있어서 가장 큰 차이는 우통수의 물은 무겁다고 되어 있는 반면, 8功德水에는 가볍다(『阿毘達磨俱舍論』 11, 大正藏 29, 57c, "四, 輕")는 내용이 있다는 것이다. 이는 중국과 인도의 좋은 물에 대한 인식 차이를 상징적으로 반영하고 있는 것이 아닌가 한다.

우통수于筒水에 대한 언급이 가장 먼저 나타나기 때문이다. 그러나 그 내용은 한강의 시원에 대한 논의라기보다는 통일신라 때 두 왕자가 당시의 왕위계승과 관련된 복잡한 역학관계 속에서 오대산으로 들어와 문수보살에게 계곡물〔우동수于洞水〕로 차 공양을 올렸다는 것 정도이다. 우통수와 관계된 『삼국유사』의 차 공양 기록을 정리해보면 다음과 같다.

> (5행의 방위 중 중앙에 속하는) 황처黃處는 중대中臺로 풍로산風爐山이다. 이는 또한 지로산地爐山이라고도 한다. 이곳에는 비로자나를 상수로 하여 1만의 문수보살이 상주한다. 진여원지〔지금의 상원사〕에서는 문수대성이 매일 3~5시 사이[49]에 36가지의 변화신을 나타내었는데(36가지 형상에 대해서는 「대산오만진신」조에 기록되어 있다), 두 태자가 함께 예배하였다. 그리고 매일 이른 아침에 우동수于洞水를 길어서 차를 끓여 1만 진신문수보살에게 공양하였다.[50]

> 매일 3~5시 사이에 문수대성이 진여원에 이르러 36종의 형상으로 변화하여 나타났다. …… 두 공자〔왕자〕는 매일 동중수洞中水를 길어와 차를 달여 헌공하고, 밤이 되면 각기 암자에서 도를 닦았다.[51]

---

49 이는 새벽예불시간을 상정하고 있는 것으로 생각된다.

50 『三國遺事』 3, 「溟州(古河西府也)五臺山寶叱徒太子傳記」(大正藏 49, 999c~1000a), "黃處中臺風爐山. 亦名地爐山. 毘盧遮那爲首. 一萬文殊常住. 眞如院地. 文殊大聖每日寅朝化現三十六形(三十六形見臺山五萬眞身傳). 兩太子並禮拜. 每日早朝汲于洞水. 煎茶供養. 一萬眞身文殊."

51 『三國遺事』 3, 「臺山五萬眞身」(大正藏 49, 999a), "每日寅朝. 文殊大聖到眞如院今上院. 變現三十六種形. (或時現佛面形. 或作寶珠形. 或作佛眼形. 或作佛手形. 或作寶

「명주오대산보질도태자전기」에서 언급된 것만을 본다면, 중대에 1만 문수가 출현하고 진여원지에 36변화신의 문수가 나타나는 것으로 되어 있다. 그러므로 두 왕자가 차를 올리는 대상은 1만 문수이므로 중대와 관련된다고 하겠다. 그러나 「대산오만진신」조의 기록에는 진여원이 상원사이며, 이곳에서 출현하는 36변화신에게 매일 같이 차를 공양한 것으로 기록되어 있다. 그러므로 이를 놓고 본다면, 차를 공양받은 대상이 1만 문수인지 36변화신인지가 다소 불분명하다.

언뜻 생각하기에는 1만 문수나 36변화신이나 같은 문수라는 점에서는 동일하다고 이해할 수도 있다. 그러나 '진신(의) 분신'과 '변신變身'은 다른 것이다. 예컨대 『화엄경』에서 석가모니 붓다가 정각의 보리도량菩提道場을 여의지 않고 도리천에 나타나는 것[52]은 법신변만法身遍滿에 의지하는 분신개념이라면, 변신은 『관음경』의 33응신[53]과 같은 등류等類의 화현적인 의미로 양자 간에는 차이가 있다. 즉 분신이 불타관佛陀觀과 불신관佛身觀의 발달[54]에 의한 연변의 결과라면, 변신은 자재천自在天

塔形. 或萬佛頭形. 或作萬燈形. 或作金橋形. 或作金鼓形. 或作金鐘形. 或作神通形. 或作金樓形. 或作金輪形. 或作金剛杵形. 或作金甕形. 或作金鈿形. 或五色光明形. 或五色圓光形. 或吉祥草形. 或青蓮花形. 或作金田形. 或作銀田形. 或作佛足形. 或作雷電形. 或來湧出形. 或地神湧出形. 或作金鳳形. 或作金烏形. 或馬産師子形. 或雞産鳳形. 或作青龍形. 或作白象形. 或作鵲鳥形. 或牛産師子形. 或作遊猪形. 或作青蛇形.) 二公每汲洞中水煎茶獻供. 至夜各庵修道."

52 『大方廣佛華嚴經』 16, 「昇須彌山頂品第十三」(大正藏 10, 80c); 『大方廣佛華嚴經』 7, 「佛昇須彌頂品第九」(大正藏 9, 441b).

53 『妙法蓮華經』 7, 「觀世音菩薩普門品第二十五」(大正藏 9, 56c~58b); 『正法華經』 6, 「光世音普門品第二十三」(大正藏 10, 128c~129c); 『添品妙法蓮華經』 7, 「觀世音菩薩普門品第二十四」(大正藏 9, 191b~193a).

54 金東華 著, 『原始佛敎思想』(寶蓮閣, 1992), 365~389쪽; 武內紹晃, 鄭承碩 譯, 「佛陀

(Viṣṇu)의 변화신變化身인 아바타라Avatāra의 영향에 의한 것이 불교적으로 수용되어 발전하는 측면[55]으로, 양자는 각기 다른 입각점에 기인하고 있는 것이다. 이러한 차이는 중대와 진여원의 위치에 따른 각기 다른 신성성을 강조하는 측면에서 기인된 것이 아닌가 사료된다. 그러므로 사료상의 불일치에 대한 해석은, 두 장소 사이가 멀지 않으므로 두 곳에 모두 다 차 공양을 올린 것으로 이해해도 큰 무리는 없는 것이 아닌가 한다.

차를 공양하였다는 것은 중국적인 관점이다. 중국은 평지형의 대륙국가이기 때문에 수질이 좋지 않아 일찍부터 차 문화가 발전하였다. 그러나 우리나라와 같은 경우는 산이 많고, 그로 인하여 물이 좋기 때문에 굳이 차의 필연성이 없다. 그럼에도 차 공양을 올렸다고 하는 것은 중국문화적인 관점을 답습하고 있는 것이라고 하겠다.[56]

그런데 차 공양과 관련하여 「명주오대산보질도태자전기」조에서는 우동수于洞水가 나오고 「대산오만진신」조에서는 동중수洞中水가 나타나고 있다. 이러한 양자가 공히 차를 끓이는 물로 되어 있다는 점. 그리고 중대와 상원사가 서대의 우통수와 거리가 있다는 점에서, 이의 해석은 '골짜기의 물'이라고 해야 옳은 것으로 사료된다.[57]

觀의 變遷」, 『大乘佛教概說』(김영사, 1998), 181~187쪽; 金妙注 著, 「唯識經論에 나타난 佛身觀」, 『唯識思想』(經書院, 1997), 368~371쪽; 노권용, 「三身佛說의 전개와 그 의미」, 『韓國佛教學』 제32집(2002), 51~54쪽.

55 이는 「神妙章句大陀羅尼」 속의 내용을 통해서 단적인 확인이 가능하다.
전재성 著, 『千手陀羅尼와 붓다의 가르침』(한국빠알리성전협회, 2003), 159~176쪽; 正覺 著, 『千手經研究』(운주사, 2001), 217~220쪽.

56 이는 현재까지도 禮佛과 관련된 茶偈를 통해서 남아 있다.
安震湖 編, 『釋門儀範(上篇)』(法輪社, 2000), 1쪽, "我今清淨水 變爲甘露茶"

처음에는 골짜기의 물 정도를 지칭하던 것이 후대에 이러한 골짜기 물의 시원에 대한 인식이 강조되면서, 우동수와 동중수가 서대의 우통수로 비정되어 고유명사화 하는 것이 아닌가 한다. 실제로 이와 같은 개연성은 『삼국유사』에서 보질도가 우동영수于洞靈水를 장복하여 "육신등공肉身登空(육신이 하늘을 날아다님)"하게 되었다[58]는 기록을 통해서도 시사받아 볼 수가 있다. 이는 골짜기 물에 대한 신성화를 의미한다. 그리고 이러한 신성화는 후대에 오대산 전체가 불교성지화되면서 보다 구체적으로 집약되어, 골짜기 물의 시원 인식과 더불어 우통수로 완성되었을 개연성을 상정케 한다.

이렇게 될 경우 우통수는 서대의 특정 샘물을 지칭하는 것인 동시에 골짜기의 물 전체가 될 수 있다. 실제로 한강의 시원과 관련된 기록에는, 시원지를 우통수로 보는 문헌으로 『고려사』·『신증동국여지승람』·『동국여지지』·『택리지』·『여지도서』·『동환록』·『대동지지』·『임하필기』·『증보문헌비고』·『관동지』의 다수가 있다. 그러나 이와 동시에 『세종실록』[59]·『지행록』[60]·『연려실기술』「별집」[61]의 3문헌에서는 우통

57 한강의 시원을 우통수로만 보려는 주장(『于筒水 地表調査』, 江原大學校中央博物館·平昌郡, 2004, 26~27쪽)은 재고되어야 하는 것이 아닌가 한다.

58 『三國遺事』 3, 「溟州(古河西府也)五臺山寶叱徒太子傳記」(大正藏 49, 1000a), "寶叱徒太子常服于洞靈水. 肉身登空. 到流沙江. 入蔚珍大國掌天窟修道. 還至五臺神聖窟. 五十年修道(云云)."

59 『世宗實錄』 「地理志」 江原道 江陵大都護府, 5冊 675面, "西臺之下水精庵側檻泉涌出. 色味勝常. 其重亦然. 曰于筒水. 卽金剛淵爲漢水之源. 春秋令所在官行祭. 漢水雖受衆流之聚. 而于筒爲中冷. 色味不變. 若中國之楊子江. 漢之得名以此."

60 李萬敷 著, 『地行錄』 「五臺」, "長嶺下出神泉謂之于筒之水 合山中之水會于麒麟東壑爲般若淵金剛淵爲漢水之源."

61 李肯翊 著, 『燃藜室記述』 「別集」 卷16, 「地理典故(摠地理)」, "漢江雖受衆流之聚而

수와 금강연을 연계하여 기록하고 있는 양상이 보인다. 이러한 연계기록은 우동수와 동중수가 서대의 우통수로 집약된 것이라는 변화 가능성을 방증해준다.

특히 우통수와 금강연을 연계하는 기록에 『세종실록』 「지리지」가 존재한다는 점은 시사하는 바가 크다. 왜냐하면, 이 문헌이야말로 가장 권위 있는 국가문헌인 동시에 "춘추령소재관행제春秋令所在官行祭(봄과 가을로 관원에게 명하여 제례케 하였다)"라는 구절은 여기에만 등장하고 있기 때문이다. 이는 한강의 관리권자에 의해서 춘추의 한강 시원제가 베풀어지고, 그 장소가 우통수와 금강연의 동시 개연성을 상정하는 것으로 이해된다.

실제로 현재의 우통수가 위치해 있는 곳이 시원제의 장소로는 부적절하다는 점. 금강연에 용의 전설이 서려 있다는 점으로 미루어 볼 때, 시원제가 열린 곳은 금강연이었을 개연성이 더 크다.[62] 그렇다면 정부주도의 한강 시원 인식에는 우통수와 금강연으로 상징되는 골짜기의 물에 대한 의미가 내포되어 있다고 하겠다. 이는 『삼국유사』의 우동수·동중수와 현행 우통수의 차이에서 오는 문제를 해소해준다. 또한 이는 필자가 제시한 우동수와 동중수가 후대에 우통수로 집약되었을 개연성에 대해서도 무게를 실어준다고 하겠다. 그러므로 우동수·동중수가 우통수와 거리적인 차이를 내포하고 있다고 하더라도 내용적으로는 함께 이해될 수 있는 것이다.

于筒水爲中派."

62 2009年 10月 16日 五臺山 月精寺에서는 평창군청과 함께 끊어진 한강의 시원제를 다시 이었는데, 이때도 시원제의 장소는 우통수가 아닌 금강연에서 베풀어졌다.

우통수의 특징과 관련하여 권근은 「오대산서대수정암중창기」에서 "색과 맛이 보통 물보다 뛰어나고 그 무게 역시 그러하다. 일컬어 우통수라 하는데 서쪽으로 수백 리를 흘러 한강이 되어 바다로 들어간다. 한강이 비록 여러 곳의 물들을 받아들여 모인 것이나 우통수가 중령이 되며, 색과 맛이 변하지 않는다"[63]라고 기록하고 있다. 이를 통해서 우리는 우통수 물에 내포되는 "색미승상色味勝常 기중역연其重亦然(색과 맛이 보통 물보다 뛰어나고 그 무게 역시 그러하다)"과 "색미불변色味不變(색과 맛이 변하지 않는다)"의 신성성에 대해서 인지해볼 수 있다. 이는 우통수에는 질료에 기초한 신성성이 내재되어 있다는 것을 의미한다.

그런데 우리는 앞에서 '2) 불교에서의 시원 인식'을 검토함에 있어서, 아뇩달지에도 8공덕수라는 질료에 입각한 신성성이 내포되어 있다는 점을 확인한 바 있다. 8공덕수를 통한 신성성은 8공덕수가 향수해와 극락세계의 연못물[64]에도 적용된다는 것을 통해서 분명해진다. 이렇게 놓고 본다면, 양자의 인식 사이에는 질료에 기초한 물의 신성성이라는 공통성이 존재하게 된다.

또한 아뇩달용왕이 8대용왕 중 최고가 된다는 것은, 아뇩달용왕이 아뇩달지라는 성호聖湖를 관장하기 때문이라는 점도 작용하고 있다.[65]

---

63 權近 著, 『陽村集』 14; 徐居正 外 編, 『東文選』 80, 「五臺山西臺水精菴重創記」, "(西臺之下. 有檻泉涌出.) 色味勝常. 其重亦然. 曰于筒水. 西流 數百里而爲漢江. 以入于海. 漢雖受衆流之聚. 而于筒爲中冷. 色味不變. (若中國之有楊子江. 漢之得名以此.)"

64 『佛說阿彌陀經』(大正藏 12, 346c), "極樂國土有七寶池, 八功德水充滿"; 『無量壽經』上(大正藏 12, 271a).

65 定方晟 著, 『須彌山と極樂-佛教の宇宙觀』(東京; 講談社, 昭和48年), pp.23~24.

이는 질료적인 영향이 사용 주체에 미치는 것으로도 이해해볼 수가 있는데, 이 역시 보질도가 우동영수于洞靈水를 장복하여 "육신등공肉身登空"하게 되었다는 것과 구조적으로 일치된다. 물론 양자 간에는 구체적인 부분에 있어서는 확연한 차이가 있다. 그러나 질료가 사용 주체에 영향을 미치고 있다는 점에서 양자는 동일한 구조를 확보하고 있는 것이다.

우통수와 아뇩달지가 공히 강의 시원 인식과 관계된다는 점. 그리고 양자의 사이에 구조적인 유사성이 확보된다는 점은, 한강의 전통적인 시원 인식에 인도문화가 불교적인 측면을 통해서 영향을 미쳤다는 것을 나타내준다. 이는 한강의 시원 인식에 관한 검토에 있어서 중국의 전통문화와 더불어 불교적인 측면이 주목되어야 하는 한 필연성이 된다. 특히 한강의 시원지로 비정되는 곳이 문수성지인 오대산 내에 위치해 있다는 점에서, 이에 대한 타당성은 충분한 설득력을 가진다고 하겠다.

2) 금강연의 의미와 한강의 시원

우통수와 더불어 한강의 시원으로 언급되고 있는 금강연에 있어서, '금강'이라는 명칭이 인도문화적인 불교의 내원을 가지고 있다는 데 이의를 제기할 수 있는 이는 없을 것이다. 이는 한강의 시원 문제와 불교가 불가분의 관계를 구축하고 있다는 의미가 된다.

금강은 범어 바즈라vajra로 '금金 중에서 최강'이라는 의미를 가진다. 금강이라는 용어가 일반적으로 사용되는 방식에는 '무기'와 '보석'의 두 가지가 살펴진다. 이 중 전자는 금강저金剛杵와 같은 경우로 최상의 견고함과 날카로움 등의 의미를 내포한다. 후자는 금강석金剛石과 같은 경우로 최상의 수승한 가치 등의 의미로 사용된다.

이러한 의미들로 인하여 금강이란, '최고의 강함'이나 '완전함'을 상징하며, 또한 '강한 위신력威神力'과 '굳은 수호', 그리고 '권력자의 권위에 대한 표상' 등으로도 활용된다. 최고의 강함에 대한 상징은 금강견고金剛堅固·금강불괴金剛不壞·금강신金剛身·금강심金剛心과 같은 경우들이다. 강한 위신력이나 굳은 수호와 관련해서는 밀적금강密迹金剛이나 집금강執金剛 등의 금강역사金剛力士[66]나 위태천韋馱天[67] 등을 통해서 확인된다. 그리고 끝으로 권력자의 권위에 대한 표상은 제석천이 금강저를 소유하는 것을 통해 납득 가능하다.

전체적으로 금강은 1차적으로는 '깨트릴 수 없는 단단함'의 의미라고 할 수 있다. 이와 같은 의미가 전화되어 점차 여러 가지 의미로 파생되는 것이다.

금강이라는 것이 현실적인 측면에서 정확하게 무엇을 지칭하는 것인지는 다소 불분명하다. 이는 아마도 청동기 시대의 특수한 합금이나 철기시대에 있어서의 황철, 혹은 운석이나 특정 보석과 같은 부분들이 점차 신화적인 상징화를 힘입어 변모된 것이 아닌가 한다.

그러므로 금강에 대한 2차적인 관점을 끌어들이지 않는다면, 금강에는 단단함의 의미만이 있어서 여기에는 일체의 호오好惡가 있을 수 없다는 결론에 도달한다. 실제로 불교적인 금강에는 '금강철위金剛鐵圍'와 '금강반야金剛般若'로 상징되는 정반대의 두 가지 의미가 존재한다.

---

66 『大寶積經』 8~14, 「密迹金剛力士會第三之一~密迹金剛力士會第三之七」(大正藏 11, 42b~80c); 『大寶積經』 8, 「密迹金剛力士會第三之一」(大正藏 11, 43b), "於是金剛力士. 名曰密迹. 住世尊右. 手執金剛."

67 바이화원 著, 배진달 譯, 『中國寺院 文化紀行』(예경, 2001), 69~71쪽.

금강철위와 같은 경우는 지옥을 구성하고 있는 철위산의 소재가 금강이라는 것이다.[68] 지옥은 극심한 고통을 줄 수 있어야 한다. 또한 극열極熱·염열炎熱·초열지옥焦熱地獄이나 무간지옥無間地獄과 같은 경우는 지옥을 구성하고 있는 질료가 약하게 되면, 지옥자체가 붕괴될 우려가 있다.[69] 그러므로 가장 견고한 질료가 요청되게 되는데, 이로 인하여 철위산은 금강으로 되어 있다는 견해가 나타나는 것이다. 이로 인하여 철위산의 이명異名이 금강산金剛山이기도 한데,[70] 이는 이것을 반영한 관점이다.[71]

흔히 금강산 하면 법기法起보살의 주처住處[72]로 이해되어 좋은 이미지를 가지기 쉽다. 그러나 이는 대승불교에 와서 금강이 긍정적인 측면으로 확정된 이후에 나오는 것으로 변화된 가치이다.[73] 그러므로 금강을 곧장

---

68 『起世因本經』 2, 「地獄品第四上」(大正藏 1, 375c), "金剛所成."

69 拙稿, 「『樓炭經』 계통과 『大毘婆沙論』 계통의 須彌山 宇宙論 차이 고찰」, 『哲學論叢』 제56집(2009), 242쪽.

70 『大樓炭經』 2, 「泥犁品第四(之一)」(大正藏 1, 283b), "金剛山外復有第二大金剛山. 二山中間窈窈冥冥."; 『長阿含經』 19, 「第四分世記經地獄品第四」(大正藏 1, 121b), "金剛山外復有第二大金剛山. 二山中間窈窈冥冥."; 『長阿含經』 21, 「第四分世記經三災品第九」(大正藏 1, 139b), "自然變成大金剛輪山. 高十六萬八千由旬."

71 이 외에도 양자를 결합시켜 金剛鐵圍山(『大方等大集經』 50, 「諸惡鬼神得敬信品第八上」, 大正藏 13, 335b, 等)이나 鐵圍金剛山(『大寶積經』 78, 「神力品第五」, 大正藏 11, 449c, 等)이라고 지칭하는 경우들도 다수가 있다.

72 『大方廣佛華嚴經』 45, 「諸菩薩住處品第三十二」(大正藏 10, 241b), "海中有處. 名金剛山. 從昔已來. 諸菩薩衆. 於中止住. 現有菩薩. 名曰法起. 與其眷屬. 諸菩薩衆. 千二百人俱. 常在其中. 而演說法."

73 같은 大乘初期의 경전이라도 『法華經』의 「普門品」이나 『無量壽經』 등에서는 金剛山이 이전과 같이 지옥이라는 부정적 인식으로 사용되고 있어 주의가 요구된다. 『妙法蓮華經』 7, 「觀世音菩薩普門品第二十五」(大正藏 9, 57c), "或被惡人逐, 墮落

긍정적인 부분과 연결시키는 것은 불교적으로 문제가 있는 사고이다.

다음으로 금강반야와 같은 경우는 반야의 속성을 금강으로 상징하는 경우이다. 이는 앞의 금강철위에서 금강이 질료를 나타내고 있는 것과는 다르다. 금강반야金剛般若와 같은 의미로 '능단금강能斷金剛'이 있는데,[74] 이를 통해서 우리는 금강반야의 금강이 단순히 견고함을 넘어서 그러한 견고함을 통해 잘못된 것을 파하는 파사(즉)현정破邪(卽)顯正의 의미를 내포한다고 하겠다.

이와 같이 불교에는 서로 다른 용례에 따른 두 가지의 금강이 존재한다는 것을 알 수가 있다.

그렇다면 금강연의 금강은 이 중 어디에 속하는 것인가? 이에 대한 해답과 관련해서는 혼란의 여지가 달리 없다. 왜냐하면, 이는 『미수전집』「기언」 권28에 "산중의 물이 합류하여 내천大川을 이루는데 남대의 동쪽 골짜기에 이르러 반야연般若淵(사진23_1, 23_2, 23_3)이 되고, 월정사 아래쪽에 이르러 금강연이 된다"[75]는 구절과 『지행록』「오대五臺」에 "장령長嶺 아래에 신천神泉이 솟는데 우통수라고 한다. 그 물은 산중의

金剛山，念彼觀音力，不能損一毛.";『添品妙法蓮華經』7,「觀世音菩薩普門品第二十四」(大正藏 9, 192c);『無量壽經』上(大正藏 12, 270a), "又其國土無須彌山及金剛圍一切諸山. 亦無大海小海溪渠井谷."

74 玄奘은 '能斷金剛'라고 했고 義淨은 '能斷金剛般若'라고 했으며, 笈多는 '金剛能斷般若'라고 하고 있다.
『大般若波羅蜜多經』577,「第九能斷金剛分」(大正藏 7, 980a~985c);『佛說能斷金剛般若波羅蜜多經』(大正藏 8, 771c~775b);『金剛能斷般若波羅蜜經』(大正藏 8, 766c~771c).

75 許穆 著,『眉垂全集』「記言」卷之二十八 下篇 山川下, "山中之水合流爲大川 至南臺東壑 爲般若淵 至月井下 爲金剛淵"

사진23_1 반야연 유적과 반야교

사진23_2 반야연 유적에 새겨진 이름들

사진23_3 반야연 전경

물과 합해져 기린봉麒麟峰의 동쪽 골짜기로 흘러 반야연과 금강연이 되니 이것이 한수漢水의 근원이다"[76]라는 구절이 있기 때문이다. 이 말은 금강연의 위쪽에 반야연이 있다는 것이니, 여기에서의 금강은 반야와 짝하는 금강, 즉 '금강반야'가 되는 것이다. 이럴 경우 금강연의 금강은 긍정적인 의미로 사용된 것으로, 여기에는 다른 이론異論의 여지가 없다.

그러므로 금강연의 금강이라는 의미를 긍정적인 관점에서 한강의 시원과 연결하여 해석하면, '금강과 같은 견고함으로 변함없이 뻗어나감'을 상징한다고 하겠다. 우리는 우통수의 특징을 도출해봄에 있어서 우통수의 물이 한강의 물과 섞이지 않으면서, 본래적인 측면을 유지한다는 내용을 살펴본 바 있다. 이는 불변의 의미를 내포하면서 파사현정破邪顯正하는 금강의 의미와 연관지어 생각해볼 수가 있는 대목이다.

또한 이와 같은 부분은 금강연에 대한 부연으로서, 김정호에 의해 한수지원漢水之源과 더불어 한수정원漢水正源[77]이라는 표현이 등장하는 것에서의 '정正'이라는 글자와도 의미적인 부절符節이 합하는 바라고 하겠다. 즉 금강연의 금강이라는 의미 속에는 우통수와의 연결점 및 한강의 시원과 관련되어 해석될 수 있는 내포의미가 존재하고 있는 것이다.

필자는 한강의 시원에 관한 측면을 우통수와 금강연을 연계하는 거시적인 관점에서 검토되어야 함을 언급한 바 있다. 이러할 경우 논리적인 타당성은 보다 높은 정합성을 확보하게 된다. 또한 『맹자』의 「이루하離婁下」에는 유교적인 관점에서 유장한 물의 개념이 제시되어 있는데,[78] 이 점과 금강의 불변적인 속성 역시 일치된다고 할 수 있다.

---

76 李萬敷 著, 『地行錄』「五臺」, "長嶺下出神泉謂之于筒之水合山中之水會于麒麟東壑爲般若淵金剛淵爲漢水之源"

77 金正浩 編, 〈靑邱圖〉; 江原大學校中央博物館·平昌郡 編, 『于筒水 地表調査』(江原大學校中央博物館·平昌郡, 2004), 39쪽의 古地圖 參照.

즉 금강연의 금강이라는 표현을 통해서 우리는 한강의 시원에 관한 전통적인 인식을 보다 종합적으로 파악해볼 수가 있는 것이다.

이상으로 금강연의 명칭과 관련된 측면들을 정리해보았다. 그런데 이외에 우리는 금강연과 관련된 주목할 만한 기록으로, 금강연에 용의 전설이 있었다는 것을 살펴볼 수가 있다. 이는 『신증동국여지승람』 권44, 「강원도 강릉대도호부江陵大都護府-산천山川」의 금강연에 대한 기록에서 "언전신룡소장諺傳神龍所藏(신룡이 살고 있다는 말이 전해진다)"[79]이라는 것. 그리고 관찬읍지官撰邑誌인 『여지도서』의 금강연에 대한 언급에서 "언전신룡諺傳神龍(신룡에 관한 말이 전한다)"[80]이라는 것 등[81]을 통해 살펴볼 수 있다. 이는 금강연의 신성성을 강조하는 부분으로 금강연에 대한 내용적인 특수성으로 이해된다. 실제로 금강연에는 오늘날도 확인 가능한 깊은 소沼가 존재하고 있어 이러한 전설의 가능성을 방증해준다.

---

78 『孟子』 「離婁下」, "徐子曰, 仲尼亟稱於水, 曰, '水哉, 水哉!' 何取於水也? 孟子曰, 原泉混混, 不舍晝夜, 盈科而後進, 放乎四海. 有本者如是, 是之取爾. 苟爲無本, 七八月之閒雨集, 溝澮皆盈, 其涸也, 可立而待也. 故聲聞過情, 君子恥之."

79 李荇·洪彦弼 增補, 『新增東國輿地勝覽』 卷44, 「江原道 江陵大都護府-山川」, "諺傳神龍所藏"

80 『輿地圖書』 「江原道 江陵-山川」, "(金剛淵 在五臺山月精寺傍距府西一百十里. 四面皆盤石瀑流十尺匯而爲淵.) 諺傳神龍."

81 이 외에 金剛淵과 관련된 龍의 전설은 容齋 李荇의 詩 〈月精寺〉(神龍藏古湫)와 松齋 李堣의 『關東行錄』 중 〈月精寺 擇之韻〉(龍亡尙有湫), 그리고 白軒 李景奭의 詩 〈月精寺雪後〉(淵是神龍伏)와 希菴 蔡彭胤의 『瀛洲錄』 중 〈月夜登月精寺梵鍾閣〉(龍去猶懸噴石流), 및 渼湖 金元行의 詩 〈月精寺〉의 설명문 중 "僧言寺前金塔是淵龍之所湧出"을 통해서 확인해볼 수 있다.

물과 관련해서 용의 전설이 깃들어 있다는 것은, 이곳이 가장 신령한 곳이라는 상징을 내포한다. 왜냐하면, 용에게는 수신水神의 성질이 존재하기 때문이다.[82] 비록 "언전諺傳"이라고 하여 '속되게 퍼져 있는 전설 정도의 의미'일 뿐이지만, 괴력난신怪力亂神에 대한 거부[83]가 유교의 큰 특징 중 하나라는 점을 고려한다면, 이 정도의 기록도 매우 특별한 것이다.

특히 아뇩달지와 관련하여 8대용왕 중 최고가 되는 아뇩달용왕의 존재에 관해 우리는 검토한 바 있다는 점에서 더욱 그렇다. 인도문화의 시원 인식과 한강의 시원 인식에서 공히 최상의 용과 신룡神龍을 발견할 수 있다는 점은, 구조적인 유사성에 있어서 시사하는 바가 적지 않다. 특히나 양자 사이에 이미 검토한 바 있는 물의 신성함이 존재하고 있다는 점을 배경으로 한다면 말이다.

물론 현재의 금강연에는 용의 존재와 관련된 그 어떠한 증거도 존재하지 않는다. 그러나 아뇩달지의 현실적인 양태로 비정되는 마나사로바 호수에서도 이는 마찬가지이다. 그러므로 용에 관한 전승은 최고의 물에 대한 신성함의 의미부여라는 측면에서 이해되어야 할 것이다. 이렇게 놓고 본다면, 양자는 동일한 입각점에 의한 구조체계를 확보하고 있다고 하겠다.

이와 같은 양자의 구조체계에서 발견되는 높은 유사도는, 인도문화적인 시원 인식이 불교를 통해서 우리에게까지 영향을 미쳤다는 것을 분명하게 나타내준다고 하겠다.

---

82 『長阿含經』 18, 「第四分世記經鬱單曰品第二」(大正藏 1, 119a); 張貞海, 「先秦兩漢의 신화전설에 나타난 龍의 상징의미 고찰」, 『中國學硏究』 제9집(1994), 25~26쪽.

83 『論語』 「述而第七」, "子不語怪力亂神."

4. 나가는 말

이상을 통해서 우리는 한강의 시원에 관한 우통수와 금강연의 인식에, 불교를 통해서 유입된 인도문화의 강에 대한 시원 인식이 존재하고 있다는 것을 확인해볼 수가 있었다.

이는 우통수가 비단 『삼국유사』에서 최초로 등장하며, 금강연의 명칭이 불교적인 용어에서 유래된 것이라는 표면적인 측면을 넘어서는 내용이다. 이 중 먼저 우통수와 관련해서는 아뇩달지와 물이라는 질료적인 신성함에 관한 부분을 들 수 있다. 그리고 금강연과 아뇩달지의 사이에는 용이라는 의미적인 상징성을 확인해보게 된다.

이를 간략히 정리해보면 다음과 같다.

아뇩달지(마나사로바)-4대강의 시원
- 질료적인 특징: 8공덕수
- 내용적인 특징: 최고의 용왕이 존재함

우통수와 금강연-한강의 시원
- 질료적인 특징: 우통수/색과 맛이 뛰어나면서 무거움
- 내용적인 특징: 금강연/신룡의 전설이 존재함

이와 같은 두 가지의 구조적인 높은 유사도는, 한강의 시원 인식에 있어서 불교적인 영향이 자리매김하고 있다는 것을 말해준다. 그리고 이 점이야말로 본고의 중요한 의의가 된다.

한강의 시원 인식은 전통적인 문화배경에 기초한 것이다. 그러므로 그 속에 불교문화가 녹아 있다는 것은 어찌 보면 당연하다고 할 수 있다. 그리고 이와 동시에 중국문화적인 관점 역시도 존재하고 있는 것이다. 즉 우리의 한강에 대한 전통적인 시원 인식에는 인도문화와 중국문화에 의한 다양성과 복합성이 공존하면서 존재하고 있는 것이다.

또한 『삼국유사』에는 보질도(보천)가 우동영수于洞靈水를 장복하여 "육신등공肉身登空"하게 되었다는 기록이 있는데, 이는 신선사상과의 연관성을 상정케 하는 대목이라고도 할 수 있어 주목된다.[84] 도가사상이 노老·장莊이래의 가치를, 그리고 도교가 중국 사천四川지방의 문화배경을 가지고 있다면,[85] 신선사상은 산동山東 및 발해만과 관련된 우리의 고층문화와 연관될 수 있는 측면이다.[86]

이렇게 놓고 본다면, 한강의 시원 인식과 관련하여 우리는 인도와 중국, 그리고 우리의 것까지 모든 가치들을 문화라는 커다란 범주 속에서 하나로 융회融會하고 있는 대조화경大調和境을 목도하게 된다. 즉 한강의 시원 인식 속에서 우리는 개별의 합보다 큰 대통일성大統一性과 조우遭遇하게 되는 것이다.

---

84 李重煥의 『擇里志』「卜居總論」에는 "上黨 韓無畏(1517~1610)가 이곳에서 仙道를 깨치고 尸解(神仙이 되는 한 방법으로 죽음을 가장해서 神仙이 된다)하였는데, 鍊丹할 福地를 꼽으면서 이 산이 제일이라고 했다上黨韓無畏得道尸解而稱修丹福地以此山爲第一"과 같은 구절이 있어 주의가 요구된다.

85 구보 노리따다 著, 최준식 譯, 『道敎史』(분도출판사, 2000), 120~134쪽; 요시오카 요시토요 著, 최준식 譯, 『中國의 道敎』(民族社, 1991), 43~45쪽.

86 顧頡剛 著, 이부오 譯, 『中國 古代의 方士와 儒生』(온누리, 1991), 39~43쪽; 정재서 著, 『不死의 神話의 思想』(民音社, 2005), 67~69쪽.

V. 우통수于筒水 명칭의 타당성 검토

1. '우통于筒'의 문제점

한강의 시원 문제는 조선이 한양으로 천도하여, 한강의 무게비중이 증대되면서 확대된다.[1] 이는 한강 시원제가 『세종실록』「지리지」에서 처음으로 확인되는 것을 통해서 단적인 인식이 가능하다.[2]

『세종실록』에서 비정하고 있는 한강의 시원은 오대산의 우통수이며,[3] 이는 조선조를 일관하는 정설로 자리매김한다. 그러나 20세기

---

1 拙稿, 〈한강의 비중과 명칭〉, 「한강의 시원 정립에 관한 불교적인 영향 고찰」, 『韓國禪學』 제25호(2010), 191~192쪽.

2 『世宗實錄』「地理志」 江原道 江陵大都護府, 5冊 675面, "西臺之下水精庵側檻泉涌出. 色味勝常. 其重亦然. 曰于筒水卽金剛淵爲漢水之源. 春秋令所在官行祭. 漢水雖受衆流之聚. 而于筒爲中泠. 色味不變. 若中國之楊子江. 漢之得名以此."

3 于筒水의 위치와 특징 등에 관한 자세한 부분들은 江原大學校中央博物館·平昌郡 編, 『于筒水 地表調查』(江原大學校中央博物館·平昌郡, 2004), 17~23, 57~85쪽; 최승업·전상호, 「한강 발원지의 구명에 관한 연구」(江原開發硏究院, 2000), 22~24쪽의

들어 강의 시원에 대한 최장거리 개념이 도입[4]되면서 우통수에 대한 지위가 흔들리고, 결국 한강의 시원지가 태백산으로 옮겨지는 등의 문제가 발생하게 된다.[5]

1980년대에 오게 되면 한강의 시원이 금대산·금대봉·검용소·제당굼샘·고목나무샘·석간수·금강산 등 다양해진다.[6] 그러던 것이 한강의 관리자인 건설교통부의 한국하천일람에서 한강의 발원지를, 1981년 이형석이 제시[7]한 태백시 금대산 북쪽으로 비정함으로써 논란은 일단락되게 된다.

그러나 이는 우리의 전통적인 한강의 시원에 대한 인식을 전혀

조사결과 참조.

4 함석종, 「한강 발원지의 보존 및 활용 방안」, 『한강의 발원지와 강원도』(江原開發研究院, 2000), 43쪽; 전상호, 「한강 발원지의 역사성 및 현대적 의미 고찰」, 『한강의 발원지와 강원도』(江原開發研究院, 2000), 7~8쪽.

5 최승업·전상호, 「한강 발원지의 구명에 관한 연구」(江原開發研究院, 2000), 25쪽, "이형석은 근세 한국 1/50,000지형도(1918)의 도상계측자료를 근거로 한강의 가장 긴 물줄기가 있는 곳은 태백시의 금대산(당시 기록에는 어룡산으로 기록하고 있다)이라고 1981년 「월간 산」에 발표하고 이를 한강의 발원지로 발표하였다. 이 발표는 우리나라의 하천 발원지를 물의 특이성이나 신비성을 근거로 한 방법에서 특정 기준점에서 가장 긴 유로가 있는 지역 혹은 집수역으로 해야 한다는 개념을 도입한 최초의 시도로 알려져 있다. 지금까지 태백시의 금대산은 한강의 기점에서 가장 긴 물줄기를 가진 산으로 알려져 있다. … 지형도상 금대산 일대가 한강의 최상류 하천인 장죽천의 집수역이므로 한강발원지로서 가장 타당한 지역이다."; 전상호, 「한강 발원지의 역사성 및 현대적 의미 고찰」, 『한강의 발원지와 강원도』(江原開發研究院, 2000), 31쪽.

6 전상호, 「한강 발원지의 역사성 및 현대적 의미 고찰」, 『한강의 발원지와 강원도』(江原開發研究院, 2000), 8쪽.

7 이형석, 「月刊 '山'」(朝鮮日報社, 1981), 5월호 參照.

고려하지 않은, 현대적인 관점에 입각한 편의적인 판단에 불과하다는 데 문제가 있다. 즉 한강의 시원에 대한 인식에는 전통적인 관점의 우통수라는 측면과 현대적인 최장거리 개념의 원거리 인식의 두 가지 층차가 존재하고 있는 것이다.

또한 서구적인 관점에 입각한 최장거리 개념의 도입은 자칫 우리의 전통인식을 폄하하는 문제를 낳을 수 있어 문제의 소지가 있다. 그러므로 전통인식에 관한 측면 또한 그 타당성과 내포의미에 대한 연구가 진행되지 않으면 안 되는 것이다.[8] 본고는 한강의 시원에 관한 전통인식에 관한 검토 중 '우통수于筒水라는 명칭이 과연 타당한가'에 관해서 논구한 것이다.

한강의 시원에 관한 옛 문헌들은 공히 우통수가 한강의 시원이 된다고 기록하고 있다. 그런데 여기에는 우통수라는 명칭이 과연 특정 장소를 지칭하는 고유명사가 될 수 있느냐에 대한 문제가 내포되어 있다. 이와 같은 타당성에 관한 문제제기는 우통수의 명칭적인 근원이 되는 『삼국유사』에 '우통于筒'이라는 명칭 대신 '우동于洞'이라는 측면이 사용되고 있기 때문이다. 즉 우통수의 우통은 계곡물을 의미하는 우동이 변형된 것이기 때문에, 특정 고유명사로 단정하기에는 석연치 않은 면이 존재하고 있다는 말이다.

---

8 지금까지 한강의 전통적인 시원인 우통수와 관련된 연구로는 다음과 같은 것들이 있다.
전상호·함석종, 『한강의 발원지와 강원도』(江原開發硏究院, 2000); 최승업·전상호, 「한강 발원지의 구명에 관한 연구」(江原開發硏究院, 2000); 江原大學校中央博物館·平昌郡 編, 『于筒水 地表調査』(江原大學校中央博物館·平昌郡, 2004); 玆玄 外, 『한강의 시원지, 오대산 우통수』(五臺山月精寺, 2009); 拙稿, 「한강의 시원 정립에 관한 불교적인 영향 고찰」, 『韓國禪學』 제25호(2010).

2. 『삼국유사』의 계곡수溪谷水

1) 『삼국유사』의 선행명칭 정리

우통수의 명칭적인 기원은 『삼국유사』 권3의 「대산오만진신」조와 「명주오대산보질도태자전기」이다.[9] 이를 통해서 우리는 총 3곳의 사용 용례를 살펴볼 수 있다.

이의 해당 부분을 제시해보면 다음과 같다.

① 매일 3~5시 사이[10]에 문수대성이 진여원(지금의 상원사)에 이르러 36종의 형상으로 변화하여 나타났다. …… 두 공자(보천·효명)는 매일 동중수洞中水를 길어와 차를 달여 헌공하고, 밤이 되면 각기 암자에서 도를 닦았다.[11]

② (5행의 방위 중 중앙에 속하는) 황처黃處는 중대中臺로 풍로산風爐山이다. 이는 또한 지로산地爐山이라고도 한다. 이곳에는 비로자나를 상수

---

9 『三國遺事』 3, 「臺山五萬眞身」·「溟州(古河西府也)五臺山寶叱徒太子傳記」(大正藏 49, 998b~1000a).

10 이는 새벽예불시간을 상정하고 있는 것으로 생각된다.

11 『三國遺事』 3, 「臺山五萬眞身」(大正藏 49, 999a), "每日寅朝 文殊大聖到眞如院今上院 變現三十六種形 (或時現佛面形 或作寶珠形 或作佛眼形 或作佛手形 或作寶塔形 或萬佛頭形 或作萬燈形 或作金橋形 或作金鼓形 或作金鐘形 或作神通形 或作金樓形 或作金輪形 或作金剛杵形 或作金甕形 或作金鈿形 或五色光明形 或五色圓光形 或吉祥草形 或青蓮花形 或作金田形 或作銀田形 或作佛足形 或作雷電形 或來湧出形 或地神湧出形 或作金鳳形 或作金烏形 或馬產師子形 或雞產鳳形 或作青龍形 或作白象形 或作鵲烏形 或牛產師子形 或作遊猪形 或作青蛇形) 二公每汲洞中水煎茶獻供 至夜各庵修道."

로 하여 1만의 문수보살이 상주한다. 진여원지에서는 문수대성이 매일 3~5시 사이에 36가지의 변화신을 나타내었는데(36가지 형상에 대해서는 「대산오만진신」조에 기록되어 있다), 두 태자가 함께 예배하였다. 그리고 매일 이른 아침에 우동수于洞水를 길어서 차를 끓여 공양하기를 1만 진신문수보살에게 하였다.[12]

③ 보질도태자는 항상 우동영수于洞靈水를 마셔 육신이 공중을 날았는데, 유사강流沙江에 이르러 울진대국蔚珍大國의 장천굴掌天窟에 들어가 수도하였다. 다시금 오대산 신성굴神聖窟에 돌아와 50년을 수도하였다. (운운)[13]

이상을 통해서 우리는 우통수의 명칭적인 기원이 동중수洞中水·우동수于洞水·우동영수于洞靈水의 3가지라는 것을 알 수 있다. 또한 여기에는 공히 '통筒'자가 언급되고 있지 않다. 실제로 이 부분에 대한 『삼국유사』의 제 번역본들은 이를 우통수와 같은 고유명사로 해석하지 않고 '골짜기의 물', 즉 계곡수溪谷水 정도로 해석할 뿐이다. 이는 우통수라는 명칭에 대한 타당성 문제가 제기되기에 충분한 측면이 아닌가 한다. 특히 계곡물의 해석이 분명한 동시에, 어떻게 보아도 우통수의 '우통'과 연결시킬 수 없는 '동중수洞中水'와 같은 측면은 양자가 서로 다르다는

---

12 『三國遺事』 3, 「溟州(古河西府也)五臺山寶叱徒太子傳記」(大正藏 49, 999c), "黃處中臺風爐山 亦名地爐山 毘盧遮那爲首 一萬文殊常住 眞如院地 文殊大聖每日寅朝化現三十六形(三十六形見臺山五萬眞身傳) 兩太子並禮拜 每日早朝汲于洞水 煎茶供養 一萬眞身文殊."

13 같은 책(1000a), "寶叱徒太子常服于洞靈水 肉身登空 到流沙江 入蔚珍大國掌天窟修道 還至五臺神聖窟 五十年修道(云云)."

점을 분명히 해준다.

또한 동중수가 우동수于洞水·우동영수于洞靈水와 함께 등장하고 있으며, 내용적으로도 차별이 아닌 연결선상에 존재하고 있다는 점에서, 우동수와 우동영수 역시 계곡물을 지칭하는 것으로 보아야 할 것이다. 이와 같은 측면에 입각해 볼 때, 『삼국유사』의 제번역들은 충분한 타당성을 확보한다고 하겠다.

2) 선행명칭의 내용 분석과 의미

『삼국유사』에 등장하는 명칭이 계곡물을 의미한다는 것은, 위의 인용문에 대한 내용 분석을 통해서도 인지될 수 있다.

인용문 ①의 동중수洞中水를 어떻게 하더라도 서대의 우통수로 이해하는 것은 한문해석상 불가능하다. 실제로 내용적으로도 보천과 효명의 두 왕자[14]가 매일 인시寅時인 새벽 3~5시 사이에 중대 진여원의 문수보살에게 차 공양을 올렸다는 내용은, 이를 서대의 우통수로 해석하기에 무리가 있다. 왜냐하면, 두 왕자가 사는 곳과 서대의 우통수 사이에는 매일 새벽 차 공양을 올리기 위해 오갔다고 하기에는 상당히 먼 거리가 존재하기 때문이다.

특히 서대의 수정사가 개발되는 것이 보천의 유훈에 의해서라는 점[15]을 감안한다면, 이때는 오대산의 산림이 매우 울창했다고 할 수

---

14 『三國遺事』 卷3의 「溟州(古河西府也)五臺山寶叱徒太子傳記」조와 「臺山五萬眞身」 조에는 공히 태자로 되어 있으나, 왕자라고 칭하는 것이 더 타당한 것으로 사료된다.

15 『三國遺事』 3, 「臺山五萬眞身」(大正藏 49, 999b), "川將圓寂之日 留記後來山中所行輔益邦家之事云 … 曰方西臺 南面置彌陀房 安圓像無量壽及白地畫無量壽如來爲首一萬大勢至 福田五員晝讀八卷法華 夜念彌陀禮懺 稱水精社."

있다. 이런 상황에서 겨울 같은 경우는 미처 해도 뜨지 않는 시간인 이때, 새벽에 차 공양을 올리기 위해서 우통수까지 오갔다는 것은 현실적으로 타당성이 결여된다.

또한 우통수는 수정사에 딸린 식수원이므로 보천의 유훈[16]에 따라서 수정사가 정립된 후, 해당 암자의 필요에 의해 개발된 것으로 이해된다. 이렇게 놓고 본다면, 『삼국유사』가 지칭하는 우동은 우통수와는 전혀 다른 것으로 파악해볼 수 있다. 즉 우동수가 차 공양에 사용될 때, 우통수는 아직 개발되지도 않았을 개연성이 크다고 하겠다.

보천과 효명이 살던 곳이 과연 어디였는지에 대해서 오늘날 우리는 확실한 위치를 파악하지 못하고 있다. 그러나 『삼국유사』에는 이의 단서가 될 만한 구절들이 존재하고 있어, 개략적이나마 위치에 대한 추정을 가능케 한다.

『삼국유사』가 적시하고 있는 보천의 삶터는, 두 왕자가 처음 오대산에 이르러 중대의 남쪽에서 파란 연꽃이 피어 있는 곳을 목도한 장소이다.[17] 그리고 효명은 그곳으로부터 동북방으로 600보 정도 되는, 북대의 남쪽 지역에 역시 파란 연꽃이 피었던 장소에 살았다고 되어 있다.[18] 이는 두 왕자가 그리 멀리 떨어지지 않은 거리의 신성한 영지靈地에

---

16 같은 책, "曰(白)方西臺 南面置彌陀房 安圓像無量壽及白地畫無量壽如來爲首一萬大勢至 福田五員晝讀八卷法華 夜念彌陀禮懺 稱水精社."

17 『三國遺事』 3, 「溟州(古河西府也)五臺山寶叱徒太子傳記」(大正藏 49, 999c), "兄太子見中臺南下眞如院〔土*基〕下山末青蓮開 其地結草菴而居."; 『三國遺事』 3, 「臺山五萬眞身」(大正藏 49, 998c), "二太子到山中 青蓮忽開地上 兄太子結庵而止住."

18 같은 책, "弟孝明見北臺南山末青蓮開 亦結草菴而居 "; 『三國遺事』 3, 「臺山五萬眞身」(大正藏 49, 998c), "是日寶川庵向東 北行六百餘步 北臺南麓亦有青蓮開處 弟太子孝明又結庵而止."

살았다는 의미로 해석된다. 이치적으로도 두 왕자만이 오대산에 살고 있는 상황에서, 두 사람이 멀리 떨어져 살지는 않았을 것이라는 점에서 이는 충분한 타당성을 확보한다.

이 중 보천이 살던 곳은 이후 보천의 유훈에 의해서 보천암에서 화장사華藏寺로 명칭이 고쳐져, 계속 유지되었던 것으로 기록되어 있다.[19] 효명이 살던 곳에 대해서는 별도의 언급이 없는데, 이는 효명이 경주로 돌아가 보위에 오른 뒤 효명암은 사찰로서의 의미가 상실되었기 때문이 아닌가 한다.

보천암이 곧 화장사이므로 화장사의 위치를 파악하면 보천암 역시 위치가 파악된다. 그러나 화장사 또한 현재로서는 어느 곳에 위치해 있었는지를 알 수가 없다. 그러나 보천암이 자리 잡은 곳이 중대의 남쪽이라고 적시되어 있다는 점, 그리고 북대의 남쪽과 600보 정도 떨어진 곳이라는 점, 또한 "화장사를 5대의 본사로 삼으라"[20]고 하고 있다는 점은 화장사가 5대의 사찰들[21]과는 다른 가운데, 중대의 남쪽 아래의 어디쯤에 자리 잡고 있었다는 것을 인식하게 한다. 이와 같은 측면은 문장의 전후 관계나 내용들에 대한 고찰을 통해서도 인지되는 부분이다.

이는 첫째, 화장사의 언급이 중대의 진여원인 화엄사華嚴社 뒤에

---

19 『三國遺事』 3, 「臺山五萬眞身」(大正藏 49, 999c), "寶川庵改創華藏寺 安圓像毘盧遮那三尊及大藏經 福田五員長門藏經 夜念華嚴神衆 每年設華嚴會一百日 稱名法輪社."

20 같은 책, "以此華藏寺爲五臺社之本寺."

21 「臺山五萬眞身」의 내용을 요약·정리해보면 다음과 같다. 東臺: 觀世音-圓通社, 南臺: 地藏-金剛社, 西臺: 阿彌陀-水精社, 北臺: 釋迦牟尼와 阿羅漢-白蓮社, 中央: 文殊-華嚴社

언급된다는 점을 통해서도 간접적인 인식이 가능하다. 화엄사는 본존으로 문수보살 소상塑像을 모시고, 후불벽화로 황색 바탕에 비로자나불을 본존으로 하는 문수의 36(변)화형化形을 그렸다고 되어 있다.[22] 바로 그 뒤에 화장사가 언급되고 있는 것이다. 이는 양자의 관계를 암시한다고 해석해볼 여지가 존재한다. 물론 순서적으로 뒤에 언급된다고 해서 반드시 같은 중대에 위치할 필연성이 존재하는 것은 아니다. 그러나 오대와 관련된 5사五社를 오행의 관점에서 말하고 마지막 중대의 언급 뒤에 화장사를 설정했다는 것은, 화엄사와 화장사가 위치적으로 전혀 무관하지 않을 개연성을 상정케 한다. 이는 또한 화장사가 5대의 본사라는 점에서 더욱 그렇다. 왜냐하면, 본사라는 의미가 이들 5대사를 총괄하는 것이라고 본다면, 5대 중 중대에 위치하는 것이 가장 타당하기 때문이다.

그리고 내용적으로도 화장사의 '화장華藏'이 화엄의 연화장세계蓮華藏世界를 의미하는 것이므로, 이 역시 중대의 신앙체계와 일치한다. 화장사에는 환조丸彫의 비로자나 3존, 즉 중앙의 비로자나불과 좌우협시로 문수·보현을 모시고, 밤에 『화엄경』「세주묘엄품世主妙嚴品」에 근거[23]하는 화엄성중華嚴聖衆[24]을 염송했다고 한다.[25] 이는 전체적으로

---

22 『三國遺事』 3, 「臺山五萬眞身」(大正藏 49, 999b·c), "黃處中臺 直□院中安泥像文殊不動 後壁安黃地畫毘盧遮那爲首三十六化形 福田五員晝讀華嚴經六百般若 夜念文殊禮懺 稱華嚴社."

23 『大方廣佛華嚴經』 1, 「世主妙嚴品第一之一」(大正藏 10, 5b); 『大方廣佛華嚴經』 1, 「世間淨眼品第一之一」(大正藏 9, 400c).

24 安震湖 編, 『釋門儀範』(法輪社, 檀紀4294), 59~68쪽; 김영희, 「韓國 神衆幢畵의 圖像學的 硏究」(東國大 碩士學位論文, 2001), 45~54쪽; 權志恩, 「19세기 神衆幀畵의 硏究」(東國大 碩士學位論文, 2001), 41~42.

화엄의 의궤에 따른 것이다. 즉 화장사는 동대-관세음, 남대-지장, 서대-아미타, 북대-석가모니와는 다른 중대의 체계에 입각하고 있는 것이다. 그러므로 화장사가 비로자나불과 문수가 주가 되는 중대[26]에 위치해 있었다는 추정은 높은 타당성을 확보한다고 하겠다.

둘째, 보천의 암자가 파란 연꽃이 피어 있던 장소라는 점이다. 연꽃은 불교적으로 처염상정處染常淨을 의미한다는 점에 이론異論이 없다. 그러므로 우리는 연꽃이 특수한 변별점을 확보한다기보다는, 파랗다는 색깔을 통해서 이의 특징을 파악해볼 수 있다. 주지하다시피, 파란색은 무더운 인도전통에서는 청량함과 지혜를 나타낸다. 이로 인하여 문수와 같은 경우 청사자靑獅子와 청색 검劍으로 대표되는 파란색의 상징을 입게 된다.

여기에서의 파란 연꽃이 구체적으로 무엇을 지칭하는 것인지는 분명하지 않다. 인도에서 파란 연꽃은 본래 니라오발라尼羅烏鉢羅(nīlotpala)로 소똥 위에서 피는 연꽃이다.[27] 그런데 이러한 연꽃은 기후 환경의 차이로 인하여 우리나라에 수용되지는 않는다. 그러므로 여기에서의 파란 연꽃은 종교적인 상서로움을 나타낸다고 할 수 있다. 이는 자장 이래의 가치와 연결되는 문수적인 상징으로 이해하는 것이 정당하다고 하겠다. 이러한 논리가 가능하다면, 보천에 의해서 구체화

---

25 『三國遺事』 3, 「臺山五萬眞身」(大正藏 49, 999c), "安圓像毘盧遮那三尊及大藏經 福田五員長門藏經 夜念華嚴神衆."

26 毘盧遮那佛은 法身이기 때문에 五行과 같은 방위배속에 입각하면 中央이 된다. 이와 같은 측면은 『三國遺事』와 五方佛(東: 藥師, 南: 寶生·寶勝, 西: 阿彌陀, 北: 不空成就·釋迦, 中央: 毘盧遮那)에서 일치되는 것이다.

27 塚本啓祥 著, 『法華經の成立と背景』(東京: 佼成出版社, 昭和63年), pp.224~226.

되는 오대산의 전체적인 신앙체계와 연관해보았을 때, 보천암의 존재는 중대와 관련될 개연성을 확보하게 된다.[28]

셋째, 진여원의 차 공양이 매일 아침 새벽에 이루어졌다는 점이다. 이러한 공양이 가능하기 위해서는 보천암과 진여원, 즉 화엄사의 위치가 멀어서는 안 되며, 이 점에 관해서는 앞서 언급한 바와 같다.

이상 총 3가지의 내용적인 관점에 근거해서도 우리는 보천의 주처가 중대에 있었다고 추정해볼 수가 있다. 이는 보천이 중대의 남쪽에 머물렀다는 기록과 부절符節이 상응하는 바라고 하겠다. 그런데 이러한 중대에서 찻물을 긷기 위해 당시 개발되어 있었는지조차 의심스러운 서대의 우통수를 오갔다는 것은 납득하기에 어려움이 있다. 특히 오대산과 같은 경우는 오늘날까지도 오대천의 수량이 비교적 풍부한 편이다. 그러므로 두 왕자가 이른 새벽에 차 공양을 위해서 서대의 우통수를 오갔다고 보는 것에는 문제가 있다고 하겠다.

이는 불교적으로도 두 왕자가 수행을 목적으로 오대산에 머물며 차 공양을 올리는 것이지, 차 공양이 목적이 아니라는 점에서 더욱 그렇다. 즉 여기에서의 차는 수행과 연계된 신앙표현의 한 수단이지, 결코 그 자체가 목적은 아닌 것이다. 그럼에도 주변의 물을 차치하고, 서대의 우통수를 고집했다고 하는 것은 이해하기에 어려움이 있다. 그러므로 『삼국유사』의 문자적인 언급과 같이 두 왕자가 공양한 찻물의

---

28 孝明庵 역시 靑蓮과 관련되지만, 그 위치가 北臺 아래에 위치한다고 하는 것은 자칫 신앙적인 충돌로 인식될 수가 있다. 그러나 五臺山信仰이 먼저 慈藏과 연관된 文殊信仰에 기초하고, 여기에 寶川의 五臺信仰이 파생하는 것이므로 양자 간에는 시간적인 층차가 존재하고 있다. 그러므로 초기의 靑蓮과 후대의 北臺信仰은 상호 충돌하는 것이 아니다.

질료는 계곡물, 즉 오대천의 물이라고 보는 것이 합당하다. 이렇게 놓고 본다면, 우리는 동중수·우동수·우동영수라는 3명칭 중 동중수가 내용적으로 가장 타당하며, 이의 다른 표현으로 우동수·우동영수가 사용된 것으로 이해해볼 수 있다.

또한『삼국유사』의 이와 같은 명칭과 관련된 부분에는 한강의 시원 인식과 관련해서 전혀 언급되는 것이 없다. 이러한 측면이 오대산의 불교관련 기록만을 주된 내용으로 하다 보니 누락된 것인지, 또는 고려조까지는 한강이 상대적으로 큰 비중을 차지하지 못했기 때문에 그 시원과 관련해서도 의미가 구체화되지 않은 것인지는 다소 불분명하다. 다만 후일 한강의 시원과 연관된 물의 신비한 특수성과 관련된 부분이 '우동영수于洞靈水'의 내용을 통해서 나타나고 있어 주목될 뿐이다.

3. 오대신앙과 수정사

1) 보천의 오대신앙

『삼국유사』의 우동于洞이 오대천의 계곡물을 지칭하는 것이었다면, 어떻게 이것이 서대의 우통수로 고착화되는지에 관해서 우리는 타당한 해법을 제시해야 할 필요가 있다. 이와 관련해서 먼저 검토되어야 할 것이 수정사水精社의 명칭적인 측면이 아닌가 한다.

「오대산보질도태자전기」에 나오는 보천寶川의 유훈에는 5행五行에 맞춘 오대산신앙의 형태가 구체적으로 나타나 있다. 이는 문수 중심의 자장적인 사상 경향이 문수신앙을 중심으로 하는 다양성의 통합이라는, 여러 신앙을 아우르는 방향으로 확대되었다는 것을 의미한다.[29]

이와 같은 신앙형태의 변화를 우리는 후대의 다양성에 대한 수용이나,[30] 밀교적인 영향으로 이해해볼 수도 있다.[31] 그러나 화엄철학의 본질은 다양성에 대한 제일齊一적인 통일이 아닌, 다양성 그 자체로서의 개별적인 완성과 동시에 전체의 조화경造化境을 나타낸다는 점에서 주목할 필요가 있다. 이와 같은 화엄의 관점을 수용한다면, 오대五臺신앙의 전개는 화엄이 보다 실천적인 다양성으로 연변된 것으로 해석해볼 수가 있게 된다. 즉 오대산 신앙의 각기 다른 측면을, 우리는 통체적인 화엄의 관점에서 수용해보는 것이 가능하다는 말이다.

이러한 인식이 가능한 것은 중앙의 문수신앙을 중심으로 하는 화엄사를 핵심으로, 동·남·서·북의 인도적인 방위관념[32]에 따라서 관세음과 지장, 그리고 아미타와 석가모니가 배치되어 있기 때문이다.[33] 또한

---

29 鄭柄朝, 「慈藏과 文殊信行」, 『新羅文化』 제3·4합집(1987), 11~12쪽.

30 李龍寬, 「善德女王代 慈藏의 정치적 활동과정」, 『嶺東文化』 제6집(1995), 31쪽.

31 박미선, 「新羅 五臺山信仰의 성립시기」, 『韓國思想史學』 제28집(2007), 149~154쪽; 박미선, 「新羅 五臺山信仰에 나타난 占察禮懺의 내용과 성격」, 『韓國思想史學』 제33집(2009), 52쪽.

32 拙稿, 「佛國寺 伽藍配置의 思想背景 硏究」(東國大 博士學位論文, 2009), 44~49쪽; 拙稿, 「佛敎宇宙論과 寺院構造의 관계성 고찰」, 『建築歷史硏究』 제56호(2008), 76~77쪽.

33 『三國遺事』 3, 「臺山五萬眞身」(大正藏 49, 999b·c), "靑在東臺 北角下北臺南麓之末 宜置觀音房 安圓像觀音及靑地畫一萬觀音像 福田五員晝讀八卷金經仁王般若千手呪 夜念觀音禮懺 稱名圓通社 赤任南臺 南面置地藏房 安圓像地藏及赤地畫八大菩薩爲首一萬地藏像 福田五員晝讀地藏經金剛般若 夜□察禮懺 稱金剛社 曰方西臺 南面置彌陀房 安圓像無量壽及白地畫無量壽如來爲首一萬大勢至 福田五員晝讀八卷法華 夜念彌陀禮懺 稱水精社 黑地北臺 南面置羅漢堂 安圓像釋迦及黑地畫釋迦如來爲首五百羅漢 福田五員晝讀佛報恩經涅槃經 夜念涅槃禮懺 稱白蓮社 黃處中臺 直□院中安泥像文殊不動 後壁安黃地畫毘盧遮那爲首三十六化形 福田五員晝讀華嚴經六百般若 夜念文殊禮懺 稱華嚴社."

앞항에서도 언급한 바와 같이 문수를 중심으로 하는 화엄사의 다음에 비로자나불이 주가 되는 화장사가 나타나고 있다는 것 역시 주목되는 대목이다. 화장사의 화장華藏은 연화장세계蓮華藏世界를 의미하는 것으로 이는 화엄의 기세간器世間에 상응한다. 이러한 기세간적인 존재를 오대사의 본사로 삼았다는 것은, 오대신앙의 다양성이 결국 '화엄 안에서의 다양성'일 뿐이라는 점을 나타내준다. 또한 이와 같은 논리전개는 앞항의 화엄사와 화장사의 상관관계적인 부분과도 부절符節이 합치한다는 점에서, 더 한층 높은 타당성을 확보하게 된다.

이상과 같은 내용을 간략히 도시해보면 다음과 같다.

	북대-흑:석가모니(백련사) 北臺-黑:釋迦牟尼(白蓮社)	
서대-백:아미타(수정사) 西臺-白:阿彌陀(水精社)	중앙-황:문수(화장사) 中央-黃:文殊(華嚴社)	동대-청:관세음(원통사) 東臺-青:觀世音(圓通社)
	남대-적:지장(금강사) 南臺-赤:地藏(金剛社)	

전체의 기세간器世間: 화장사華藏寺-비로자나3존毘盧遮那三尊

이와 같은 신앙구조는 북쪽에 등장하는 흑색을 통해서 5행에 입각한 것이라는 점이 분명해진다. 왜냐하면, 일반적으로 불교문화에서는 흑색의 불길함, 혹은 흑색이라는 종교적인 관점과의 이질성 때문에 이를 녹색으로 대체하기 때문이다.[34] 또한 이는 불교의 5방불五方佛이

---

34 이는 검은색을 상서롭지 못한 측면으로 인식하기 때문이다. 검은색 대신 녹색이 표현되는 것은 불화의 瑞氣 등을 통해서 단적인 파악이 가능하다. 실제로 通度寺의 〈八相圖-毘藍降生相〉에는 天地佛手印의 붓다에서 비치는 瑞氣나, 4方 7步의 연꽃 묘사에서 공히 이와 같은 양상을 확인해볼 수가 있다.

공히 붓다로만 이루어진 것[35]과도 또 다르다. 그러므로 이와 같은 양상은 보천과 효명의 종교체험과 화엄이 결부된 매우 특수한 신앙형태라고 하겠다.

2) 수정사와 우통수

종교체험 영역과는 별개로 각대의 '사社〔사社는 사寺와 통함〕' 명칭과 관련해서는 지극히 보천적인 관점이 드러나고 있어 주목된다. 즉 종교체험에 대한 보천의 재해석적인 입장이 '사'의 명칭을 통해서 나타나고 있는 것이다.

그런데 이 중 북대에 석가모니를 배치하고 이를 백련사白蓮社라 한 것은 매우 특이하다. 북방에 석가모니를 배치한 것은 두 왕자의 종교체험과 관련된 것이기도 하지만, 이는 5방불에서 석가모니가 북방을 점하고 있는 것과도 일치한다. 그러나 백련사라는 명칭은 무언가 납득하기에 어려움이 있다.

일반적으로 백련사와 연관된 신앙은 관세음보살이 유력하다. 왜냐하면, 관세음보살의 주처인 보타락가산이 곧 백화도량이기 때문이다.[36] 이로 인하여 의상과 같은 경우도 「백화도량발원문白花(華)道場發願文」을 통해서 관세음보살을 예찬하고 있는 것이다.[37] 그러나 보천의

聖寶文化財研究院 編, 『韓國의 佛畵2-通度寺 本寺篇(中)』「各部幀」(佛志社, 1996), 繪畵 25쪽·畵記 276쪽.

35 東方: 藥師如來, 南方: 寶生如來·寶勝如來, 西方: 阿彌陀如來, 北方: 不空成就如來·釋迦牟尼佛, 中央: 毘盧遮那佛

李淑姬, 「統一新羅時代 五方佛의 圖像 研究」, 『美術史研究』, 제16호(2002), 4~18쪽.

36 『翻譯名義集』 50, 「衆山篇第二十九」(大正藏 54, 1099a), "補陀落迦 或云補涅洛迦 此云海島 又云小白華 西域記云 有呾落迦山 南海有石天宮 觀自在菩薩游舍."

관점에서 관세음과 상응하는 사명社名은 원통사圓通社이다. 이는 원통교주圓通教主를 염주에 둔 것으로 『능엄경』의 "이근원통耳根圓通"[38]과 중국 천태종의 영향에서 기인한 것으로 판단된다. 그러므로 백련사는 원통사에 밀려 관세음보살과 연결되지 못했다고 하겠다.

그러나 백련사의 명칭과 관련해서는 아미타불 역시 통하는 면이 있다. 이는 중국의 서방정토왕생을 희구하는 여산혜원의 종교결사가 백련사〔전칭: 백연화사白蓮華社, 약칭: 연사蓮社〕라는 명칭을 사용하는 것을 통해서 자못 분명해진다.[39] 또한 백련과 같은 경우는 5행에 있어서의 '서방-백'이라는 측면과도 색채에 의한 연결점이 확보된다.[40] 그럼에도 보천은 백련사라는 명칭을 아미타와 연결시키지 않고 석가모니와 결부시키고 있다. 물론 석가모니도 백련의 청정성과 무관한 것은 아니다.[41] 다만 그 타당성이 불교의 일반론에 있어서 관세음이나 아미타에

---

37 『白花道場發願文略解』(『韓佛全』 6, 574b), "一刹那間卽得往生白華道場與諸菩薩同聞正法 入法流水念念增明現發如來大無生忍"
백화도량의 의미와 타당성에 관한 모색은 「白花道場發願文의 몇 가지 문제」의 〈2. 發願文의 題名과 白華道場의 信仰性 문제〉를, 그리고 의상과의 관련성은 「義相和尙 發願文 研究」의 〈4. 白花道場發願文에 나타난 화엄신앙〉을 참조하라. 金煐泰, 「백화도량발원문의 몇 가지 문제」, 『韓國佛教學』 제13집(1998), 16~23쪽; 海住, 「義相和尙 發願文 研究」, 『佛教學報』 제29호(1992), 338~345쪽.

38 『大佛頂如來密因修證了義諸菩薩萬行首楞嚴經』 6(大正藏 19, 129c).

39 K. S. 케네쓰 첸 著, 박해당 譯, 『中國佛教 上』(民族社, 1991), 121~123쪽.

40 馮友蘭 著, 김홍경 譯, 「唯物論的 要素를 가지는 陰陽五行家의 世界觀」, 『陰陽五行說의 研究』(신지서원, 1993), 292~293쪽.

41 연꽃에 내포되는 處染常淨의 상징성은 釋迦牟尼가 탄생시에 7걸음을 걸었다는 것에서 살펴진다(拙稿, 「韓國 〈毘藍降生相圖〉에서의 右手와 左手의 타당성 고찰」, 『溫知論叢』 제25집〔2010〕, 416~417쪽). 그리고 이는 중생구제와 관련하여 梵天勸請에서의 연꽃비유를 통해서도 살펴볼 수가 있다(『佛本行集經』 33, 「梵天勸請品

비해서 약하다는 말이다.

보천이 아미타와 연결시키고 있는 사찰명칭은 주지하다시피, 수정사水精社이다. 여기에서 수정이란 극락정토의 청정성을 상징하는 것으로 판단된다. 이는 수정水精이 수정水晶과 통한다는 점에서 자못 분명하다. 수정水精이 수정水晶과 의미적으로 통하는 것은, 수정水晶을 '물의 정수'로 생각했던 고대의 관점 때문이다. 보천은 약사여래의 정토가 정유리세계淨琉璃世界이듯이 극락세계 역시 수정과 같이 깨끗한 세계임을 나타내려고 했던 것 같다. 즉 극락과 관련된 '백련'이 구품연지九品蓮池[42]와 같은 재생의 상징성[43]을 가진다는 측면에서 '중생'적이라면, '수정'은 그 자체의 청정성을 상징한다는 점에서 '세계'적이라고 하겠다.

불교의 교리적인 관점에서 보았을 때, 수정사의 수정은 본래 이와 같은 극락정토를 의미하는 차원에서 차용된 것으로 사료된다. 그러나 수정水精이라는 단어가 단순한 한자적 오류로 인하여 '물의 정수'와 같은 의미를 파생하게 된 것이 아닌가 한다. 즉 수정水精의 표기로 인하여 물과 관련된 보편인식이 성립하고, 이로 인하여 계곡물을 나타

下」, 大正藏 3, 806c). 흰색은 중국문화권에서는 길함을 의미한다. 그러므로 白蓮은 석가모니의 상징으로도 큰 무리는 없다. 이와 아울러 南臺 地藏道場의 명칭을 金剛社라 한 것은 아마도 지장보살의 중생구제의 大願이 금강과 같이 깨트릴 수 없다는 의미와 지장보살의 중생구제가 鐵圍山(鐵圍山의 異名이 金剛山)간의 지옥을 담당하고 있기 때문이 아닌가 한다.

42 『佛說觀無量壽佛經』(大正藏 12, 參照), "卽得往生七寶池中蓮花之內 (346a)."·"凡生西方有九品人 (344c)."

43 拙稿, 〔(2) 九品蓮池와 白蓮〕, 「佛國寺 伽藍配置의 思想背景 硏究」(東國大 博士學位論文, 2009), 126~128쪽; 敦煌文物硏究所 編, 『敦煌莫高窟4』(北京: 文物出版社, 1990), 圖4·158 參照; 中國美術全集編纂委員會(敦煌硏究院) 編, 『中國美術全集 繪畫編15-敦煌壁畵 下』(上海: 上海人民美術出版社, 1993), 76~77, 120~121쪽.

내는 우동이라는 표현이 서대의 수정사와 연결되어 수정사의 샘에 발음이 전화된 우통이라는 명칭이 붙게 되었을 것이라는 말이다.

이와 같은 내용은 다분히 추론적이다. 그러나 『삼국유사』에서 계곡물로 등장하는 우동이라는 명칭이 서대의 수정사와 연관되는 이유에 관해서, 이 이상 타당한 설명도 없는 것이 아닌가 한다.

실제로 우리는 이와 유사한 경우들에 대해서 알고 있다. 예컨대, 단군이 내려온 곳이 태백산 신단수神壇樹인데,[44] 여기에서 등장하는 태백산은 오늘날 우리가 알고 있는 태백산이 아니다. 이런 경우는 명칭이 먼저 존재하고, 뒤에 이것이 지명화地名化된 경우이다. 또한 옥석구분이라는 표현은, 처음에는 옥석구분玉石俱焚(옥과 돌을 함께 불태워 없앤다는 의미로 위진남북조 시대에 주로 사용된 적군을 위협하는 격문檄文)이라고 하였던 것이나,[45] 오늘날은 옥석구분玉石區分(옥과 돌을 구분함)으로 전화되어 사용된다. 이는 유사발음에 의해서 뜻이 상반되게 된 경우라고 하겠다.

우동이라는 계곡물에 대한 명칭이 수정사의 수정과 결부되고, 이로 인하여 수정사의 샘에 대한 고유명사로 고착화되었다는 것은 매우 복잡한 단계를 거친 결과이다. 오늘날 우리가 확인할 수 있는 자료 중 수정사의 샘을 우통수로 부르고 있는 기록으로 가장 이른 것은 『고려사』 권58[46]과 양촌 권근에 의한 1404년의 「오대산서대수정암중창

44 『三國遺事』 1, 「古朝鮮(王儉朝鮮)」(大正藏 49, 961c); 李承休 著, 김경수 譯, 『帝王韻紀』(亦樂, 1999), 135쪽.

45 치우지핑 著, 김봉건 譯, 『茶經圖說』(이른아침, 2005), 32쪽.

46 金宗瑞·鄭麟趾 外 編, 『高麗史』 58, 「志12(地理3-34)」, "有五臺山: 五峯環列大小均敵故名西臺之下有泉湧出卽漢水之源"

기」(이하 '「기문記文」'으로 표기함)이다. 이 중 『고려사』가 조선의 기록이기 때문에 어떤 시대의 인식을 반영한 것인지 다소 불분명하다면, 권근의 기록은 절대연대를 확보하고 있어 판단에 유리하다. 그런데 권근의 「기문」은 일연이 『삼국유사』를 기록하던 1281년경과는 약 123년의 차이가 난다. 일연이 우동이라는 명칭을 수정사와 전혀 연결시킬 수 없는 기록으로 남기고 있다는 점에서, 이와 같은 변화는 고려말의 혼란 속에서 이루어졌다는 것을 인지해보는 것은 어렵지 않다. 그리고 『고려사』의 관점 역시 이러한 인식범위 안에 포함된다고 하겠다.

또한 이와 관련해서, 우리는 우동이라는 신비한 물과 관련된 명칭이 수정사의 샘과 결부된 것은 고려말의 혼란기에 사세社(寺)勢를 유지하려는 차원에서 의도적으로 획책된 것이 아닐까 하는 생각도 하게 된다. 왜냐하면, 일연의 기록에 나오는 수정사水精社가 권근의 「기문」에서는 수정암水精菴으로 되어 있으며, 또한 거기에는 수정암의 옛터에 대한 기록이 나타나 있기 때문이다.[47] 이는 두 기록의 사이에 수정암의 사세에 큰 변화가 있었음을 알 수 있는 개연성을 상정케 한다. 또한 권근의 기록은 권근의 답사에 의한 기록이 아닌, 수정암의 나암懶菴(혹 庵)에게 전해들은 내용들을 종합한 것이다.[48] 그러므로 여기에는 수정암 측의 의도된 왜곡이 존재할 개연성도 존재하는 것이다.

권근의 「기문」에는 우통수 물의 신비한 특징이 두드러지게 강조되어

---

47 權近 著, 『陽村集』 14; 徐居正 外 編, 『東文選』 80, 「五臺山西臺水精菴重創記」, "癸酉之春　方始董工 更就泉傍林木之下 相其面勢 尢爲奇 勝 乃斮其木 乃剗其土 遺礎具存 宛然舊址也."

48 같은 책, "懶菴來予徵記。盖欲以是警後來也。予與懶庵。道雖不同。相知已久。<u>故不辭而書其言</u>。以爲記。"

있고, 또한 우통수가 한강의 발원과 연결된다는 내용도 겸하여 나타나고 있다. 이러한 기록은 『삼국유사』의 우동영수于洞靈水적인 측면이 확대되고, 다시금 왕조의 교체와 이에 따른 한양 천도로 인하여 한강의 발원문제로까지 외연이 넓혀지고 있다는 것을 나타내준다. 이러한 확대는 전체적으로 우동이라는 명칭의 변형을 통한 고유명사화와 더불어 연변緣變되는 것으로 이해될 수 있다. 이러한 내용들은 사실 파악에 있어, 중요한 단서가 되고 있다는 점에서 주목된다고 하겠다.

3) 시원의 의미와 우통수

한강의 시원 문제와 관련하여 일반적으로 범하는 오류는 특정 시작점이 존재해야 하는 것 아니냐는 것이다. 이것이 우통수에 대한 또 다른 국집으로 나타나게 된다. 그러나 이렇게 되면 더 거리가 먼 최장발원지의 논리로부터 결코 자유로울 수 없다. 특히 오늘날 새롭게 제시되고 있는 태백산 금대봉의 검룡소儉龍沼는 서해에 살던 이무기가 용이 되려고 머물고 있다는 신령한 전설이 서린 소이다. 또한 사계절에 걸쳐 일정한 온도를 유지하는 지하수가 하루 약 2천 톤 정도가 용출하고 있다. 이렇게 놓고 본다면, 검룡소의 시원 논리는 우통수에 필적한다고 하겠다.

그러나 한강의 시원에 관한 전통적인 인식을 검토해보면, 한강의 시원 비정은 특정 시작점이나 최장거리 개념이 아닌, 물의 신성성이라는 부분에 초점이 맞추어져 있다는 점에 주목할 필요가 있다.[49] 이는 "한강이 비록 여러 곳의 물들을 받아들여 모인 것이나 우통수[50]가 중령中

49 洪性益, 「漢江 發源地의 역사적 인식에 대한 再檢討-太白山 龍湫를 중심으로」, 『文化/歷史/地理』 제22권 제1호(2010), 149쪽.

冷이 되며, 색과 맛이 변하지 않는다"라고 언급하고 있는 『세종실록』 「지리지」의 내용을 통해서 단적인 판단이 가능하다.

이러한 전통적인 한강의 시원 인식과 관련해서 주목되는 것이, 우리의 족보에 제시되어 있는 시조에 관한 인식이다. 족보에서 시조로 제시되는 인물은 당연히 인류의 시조는 아니다. 그럼에도 그 인물이 시조가 될 수 있는 것은, 하나의 성씨를 파생할 정도로 중요한 업적을 성취한 인물이기 때문이다. 즉 성씨의 시조는 인류의 시조와는 무관하다. 그렇지만 특정시기에 매우 탁월한 능력을 보이는 인물이며, 이 사람을 시작으로 하는 성씨가 파생되고 있는 것이다.

한강의 시원에 관한 인식도 이와 같다. 물의 전통적인 시원으로 비정되는 우통수나 우동은 최장거리에 존재하는 것이 아니라, 물의 신성함을 담지하고 있을 뿐이다. 바로 이 점을 우리의 선조들은 시원 인식의 이유로 파악하고 있는 것이다. 이렇게 놓고 본다면, 한강의 시원에 대한 최장거리 개념의 도입은 우리의 전통인식과는 차이가 있다. 물론 강의 시원이라는 관점에서 최장거리에 대한 측면도 일정부분은 작용하고 있는 것 역시 사실이다. 그러나 이러한 최장거리 중 시원의 결정은 어디가 가장 먼 곳이냐가 아닌, 어디가 가장 신성하냐 하는 것이 결정 이유가 된다. 실록의 "한강이 비록 여러 곳의 물들을 받아들여 모인 것이나"라는 기록은 이를 잘 반영하고 있다고 하겠다.

우통수나 우동의 질료적인 신성성에 관해서 기록하고 있는 최초의

---

50 이 부분은 權近의 「記文」을 그대로 거의 옮겨오는 과정에서 金剛淵에 대한 언급이 없는 것이 아닌가 한다. 그러므로 이 부분 역시도 앞과 같이 "于筒水卽金剛淵"으로 이해해야 하지 않을까 한다. 왜냐하면, 우통수가 中冷에 비견될 수 없음은 앞서 지적한 바와 같기 때문이다.

기록은 권근의 「기문」이다. 여기에는 "색미승색色味勝常, 기중역연其重亦然 … 한수위수중유지취漢水雖受衆流之聚, 이우통위중령而于筒爲中泠, 색미불변色味不變(색과 맛이 보통 물보다 뛰어나고 그 무게 역시 그러하다. … 한강이 비록 여러 곳의 물들을 받아들여 모인 것이나 우통수가 중령이 되며, 색과 맛이 변하지 않는다)"이라는 내용이 살펴지는데, 이는 실록의 기록으로 거의 그대로 직승直承된다. 이러한 언급에서 중요한 것은 물의 질료적인 신성함과 중령이라는 핵심적인 장소에 관한 측면이다. 이러한 두 기록의 언급은 한강의 시원과 관련되는 후대의 다른 기록들에 거의 대동소이한 가운데 반복적인 재생산만을 파생하고 있다. 즉 권근과 이를 직승하는 실록의 기록이 한강 시원비정의 기준이 되는 것이다. 그리고 이를 통해서 우리는 한강의 시원 인식은 시작이 아닌 신성함에 있으며, 이는 우리 족보에서의 시조가 인류의 시작이 아닌 신성함에 있다는 것과 일치한다.

중국문화권은 헤브라이즘의 아담Adam이나, 인도의 야마Yāma와 같은 시조인始祖人에 대한 전승[51]이 없다. 이는 시작과 끝을 상정하지 않고 무한 순환하는 농업적인 환경을 바탕으로 중국문화가 성립되었기 때문이다. 『주역』의 "원元·형亨·이利·정貞"[52]이나 "지뢰복地雷復"[53] 그리고 「계사전繫辭傳」의 "궁즉변窮則變, 변즉통變則通, 통즉구通則久(궁

51 『리그베다』에 의하면 夜摩는 최초의 인간이자, 동시에 최초로 죽은 인간으로 사후세계인 夜摩天의 주재자가 된다(鄭承碩 譯, 「死者의 王, 야마」, 『리그베다』, 김영사, 1984, 252~254쪽).

52 『周易』, 〈乾卦第一〉, "ZY01乾卦01, 乾, 元, 亨, 利, 貞."

53 『周易』, 〈復卦第二十四〉, "ZY24復卦01, 復, 亨. 出入无疾, 朋來无咎, 反復其道, 七日來復. 利有攸往."

하면 변하고 변하면 통하며 이렇게 통하면 오래간다)"[54]나, 『노자』의 "반자도지동反者道之動(되돌리는 것이야말로 도의 움직임이다)"[55] 등[56]은 이러한 중국문화의 특징을 잘 반영하고 있다.

원圓과 같은 순환론에 있어서 시작은 따로 존재하는 것이 아니다. 왜냐하면, 그것은 사실적인 시작이 아니라 의미적인 시작만을 뜻하는 것이기 때문이다. 오행의 순환에 시작이 있을 수 없고, 『주역』이 64미제괘六十四未濟卦[57]에서 마무리되듯이, 순환론적인 인식에 있어서 시작이란 유신론적인 창조적 개념에서처럼 분절되는 것이 아니다. 우리는 이러한 중국문화권적인 이해를 헤브라이즘에 기초한 서구적인 시원인식을 통해서 시정하려고 하는 것이다. 유신적인 창조론에는 시작점이 분명히 존재할 수밖에 없다. 그러나 순환론 속에는 의미론적인 시작만이 존재할 뿐이다.

전통적인 한강의 시원 인식이 질료적인 신성함에 기초한다는 것은, 순환론적인 관점에서 의미적인 시원을 모색하는 것이라고 할 수 있다. 그리고 중령中泠 운운하는 것은 그러한 시작이 곧 발원지일 필요는 없다는 것을 의미한다. 즉 의미적인 상징에 있어서 어디가 중요하냐가 문제인 것이지, 그것이 곧 시작점이 되어야 하는 것은 아닌 것이다. 마치 우리 성씨의 시조가 최초의 인류는 아닌 것처럼 말이다.

이렇게 놓고 본다면, 한강의 시원이 서대의 우통수와 같은 어떤 시작점이라는 것은 또 다른 모순일 수 있다. 그러므로 한강의 시원에

---

54 『周易』「繫辭下傳」, "ZY繫辭下02"

55 『老子』, 〈第40章〉.

56 馮友蘭 著, 鄭仁在 譯, 『간명한 中國哲學史』(螢雪出版社, 2008), 44~47·151쪽.

57 『周易』, 〈未濟卦第六十四〉; 『周易』「序卦傳」, "物不可窮也, 故受之以未濟終焉."

대한 인식은 우통수가 아닌 우동에서 비롯되었다고 보는 것이 더 타당하며, 그중 중령에 비견되는 곳은 금강연이 되는 것이 보다 올바른 인식이라고 하겠다.

4. 우통수의 대안으로서의 금강연

전통적인 한강의 시원 인식에서 한결같이 언급되는 곳은 오대산 서대의 우통수이다. 그러나 우통수의 명칭적인 시원이 우통이 아닌 우동일 뿐이라는 점은, 우통수가 과연 시원으로서 타당한가의 문제를 제기케 한다. 또한 우통수에 대한 물의 신비한 특질이 권근의 「기문」에서 시작되지만, 이는 수정암 승려인 나암의 진술에서 비롯된 것으로 왜곡과 혼란의 여지가 있다는 점에서 더욱 그렇다.

우통의 본래적인 측면은 『삼국유사』의 우동이다. 그리고 이러한 우동에는 우동영수라는 질료적인 신이함에 대한 기록이 나타나 보인다. 그러므로 한강의 시원을 서대의 우통수로 보는 것은 왜곡에 의한 문제가 있다고 하겠다.

전통적인 한강 시원에 대한 기록들은 모두다 권근의 「기문」과 이를 부분 수정하면서 답습하고 있는 실록에 의한 관점만을 재생산한 것일 뿐이다. 그러므로 이러한 자료들이 비록 다수라고 하더라도 이는 가장 앞선 자료의 기록에 문제가 제기될 때, 전체적인 신뢰문제가 파생할 수 있게 되는 것이다. 특히 답사에 입각한 실록과 같은 경우, "우통수즉금강연위한수지원于筒水卽金剛淵爲漢水之源(우통수 곧 금강연이니 한수의 시원이 된다)"이라고 하여, 우통수와 금강연을 하나로 연결시키면서 권근의 「기문」을 수정하고 있다는 점에서 더욱 그렇다.

우통수의 우통을 본래적인 우동으로 환원하고, 여기에 한강의 시원과 관련된 '중령'의 의미를 투사해볼 경우, 우리는 우통수보다 금강연이 더 타당하다는 결론에 도달하게 된다. 금강연과 같은 경우는 오대천에서 가장 신성한 곳으로 인식되는 장소로 용의 전설 등을 간직하고 있다.[58] 그러므로 한강의 시원을 우동의 관점에서 평가한다면, 금강연 외에는 해당되는 곳이 달리 없다.

시원 인식이 반드시 시작점과 연관되어야 한다는 것이나, 최장거리 개념이 도입되어야 한다는 것은 공히 위험한 생각이다. 또한 우통수 역시 용출하는 샘이 아니고 절리에 의해 물이 주변의 바위를 타고 고이는 것일 뿐이라는 점에서, 그곳 역시 진정한 시작이 될 수 있을지도 의심된다.[59] 한강의 시원이 신성함에 의해서 비정된다는 것은 그곳이 곧 특정 시작점일 필요가 없다는 것을 나타내며, 오대천에서 가장 신성한 곳은 금강연에 다름 아니다. 그러므로 전통적인 인식에 있어서 한강의 시원은 우통수가 아닌 금강연이라고 보는 것이 보다 타당할 것으로 사료된다.

우통수의 명칭은 우동이 서대의 명칭인 수정사와 결부되어 파생된

---

58 李荇·洪彦弼 增補, 『新增東國輿地勝覽』 卷44, 「江原道 江陵大都護府-山川」, "諺傳神龍所藏";『輿地圖書』 「江原道 江陵-山川」, "(金剛淵 在五臺山月精寺傍距府西一百十里. 四面皆盤石瀑流十尺匯而爲淵.) 諺傳神龍."; 李荇 作, 〈月精寺〉, "神龍藏古湫"; 李堣 著, 『關東行錄』, 〈月精寺 擇之韻〉, "龍亡尙有湫"; 李景奭 作, 〈月精寺雪後〉, "淵是神龍伏"; 蔡彭胤 著, 『瀛洲錄』, 〈月夜登月精寺梵鍾閣〉, "龍去猶懸噴石流"; 金元行 作, 〈月精寺〉, "僧言寺前金塔 是淵龍之所湧出"

59 江原大學校中央博物館·平昌郡 編, 『于筒水 地表調査』(江原大學校中央博物館·平昌郡, 2004), 79~82쪽; 이상헌, 「우통수 주위의 지질」, 『한강의 시원지, 오대산 우통수』(五臺山月精寺, 2009), 48쪽.

것일 뿐이다. 그러므로 우통수에 집착하는 것은 문제의 본질을 오도하는 것이라고 하겠다. 한강의 시원 인식과 관련된 초기의 자료들인 『삼국유사』와 권근의 「기문」, 그리고 실록은 이러한 문제점을 명확히 나타내주고 있다. 그러므로 오늘날 우리가 확보하고 있는 가장 오랜 층차의 자료들을 통해서 우리는 우통의 오류를 우동으로 바로잡고, 나아가 한강의 전통적인 시원은 우통수가 아닌 금강연으로 재정립해야 할 것이다. 이렇게 되어야만, 전통인식과 관련된 가장 타당성이 높은 측면을 우리는 확보할 수 있게 된다.

Ⅵ. 「오대산서대수정암중창기」에 관한 내용 분석과 의미

- 신앙체계의 변화와 우통수를 중심으로 -

1. 들어가는 말

오대산은 자장 이래 문수보살의 성지로 인식되어 오늘에 이르고 있다. 그러나 오대산과 관련된 자료는 『삼국유사』 「탑상제4塔像第四」 말미의 오대산 관련 기록 4편과, 고려시대 민지의 글과 「상원사중창권선문上院寺重創勸善文」(국보 292호)을 바탕으로 작성된 『오대산사적』, 그리고 권근의 「오대산서대수정암중창기」[1]와 조선시대 선비들의 기행문 및

---

1 權近 著, 『陽村集』 14; 徐居正 外 編, 『東文選』 80-「記」, "江原交界 有大山 五峯並峙 小大均敵而環列 世號爲五臺山 中曰地爐 東曰滿月 南曰麒麟 西曰長嶺 而北爲象王 遂有五類聖衆常住之說 爲浮圖者 盛稱之 於吾儒爲無稽 玆不復詳 西臺之下 有檻泉涌出 色味勝常 其重亦然 曰于筒水 西流數百里而爲漢江 以入于海 漢雖受衆流之聚 而于筒爲中冷 色味不變 若中國之有楊子江 漢之得名以此 于筒之源 有菴 曰水精 昔新羅二王子 嘗遁于此 修禪得道 至今衲子欲修證者 皆樂居之 壬申之秋 鬱攸爲災 于時曹溪韻釋懶庵游公, 牧庵永公 皆捨名韁 入于玆山 目其榱題化爲煨燼 惻然悲嘆 欲重營之 乃持化疏 出山普勸 故侍中鐵城李公琳 與其室洪氏 中樞高興柳公雲 與其室

시문 등만이 단편적으로 남아 있을 뿐이다.

이 중 조선 초의 대유大儒인 양촌 권근의 「기문」은 고려 말 오대산의 신앙체계에 대한 단서를 제공하고 있다는 점. 그리고 여말선초의 한양 천도 이후 한강의 시원 비정에 있어서 막대한 영향력을 행사하고 있다는 점에서 매우 중요한 문헌이다.

「기문」은 고려와 조선의 교체기인 1392년 화재로 소실된 오대산의 수정암水精菴을 1393년부터 중창한 내용과 관련하여 1404년에 작성된 것이다. 즉 「기문」은 제목과 같이 오대산 전체가 아닌 오대산 중 서대西臺에 위치한 수정암의 중창 전말을 기록한 글이다. 그리고 그 시기는 화재 이전의 고려 말 상황과 중창 이후라는 조선 초에 걸쳐 있다.

오대산과 관련된 여말선초의 기록이 전무한 상태라는 점에서 「기문」이 비록 수정암과 관련된 제한된 자료이지만, 이 기록은 매우 중요한 의미를 확보한다.

「기문」의 분석을 통해서 먼저 본고에서는 수정암의 신앙체계 변화와

李氏及諸檀家 聞而皆喜 各施錢穀 癸酉之春 方始董工 更就泉傍林木之下 相其面勢 尤爲奇勝 乃斮其木 乃剗其土 遺礎具存 宛然舊址也 觀者相慶 咸與言曰 殆天使鬱攸焚其陋而啓其勝歟 二公再生以發其舊歟 抑道眼旣具 自與古人默契歟 是必居一於此矣 迺樂趍事 以訖營構 其堂五架三楹 浴室二楹 其規制不甚異 從省便也 懶庵又與柳公 新繪彌陀八大菩薩 以垂堂中 古銅香爐淨瓶什器皆備 設慶讚會 已至于三 結志修禪者 多來住錫 菴之能事畢矣 所可慮者 自今居是庵者 有能得道 如羅王之二子者歟 常加掃漑 不至廢弃 撓者扶之 腐者易之 能不隧二公之志 使與此山 相無窮歟 抑無奈又罹鬱攸 復爲林木 以至於不可知歟 皆未可必也 是在後來者之責爾 懶菴來予徵記 盖欲以是警後來也 予與懶庵 道雖不同 相知已久 故不辭而書其言 以爲記 懶庵世族也 棄紈綺 蒙伽梨 道譽甚高 今爲兩街都僧錄大師云 永樂二年二月旣望."

의미를 고찰해보고자 한다. 그리고 나아가 이를 통한 오대산 신앙체계의 변화양상에 관해서도 나름의 이해를 피력해보고자 하였다.

오대산의 신앙체계는 자장의 문수신앙에서 시작하여 보천寶川에 의한 오대신앙五臺信仰으로 변모한다. 그러나 「기문」은 오대신앙의 개별적인 특징이 고려 말에는 유전되지 못하고 있었음을 나타내주고 있다. 이는 오대신앙 전체의 연계성 자체를 재고해볼 수 있는 측면이 된다는 점에서 주의가 요구된다.

다음으로 본고는 한강의 시원 비정과 관련된 검토를 개진해보고자 한다.

한강의 시원 문제는 조선이 한양을 수도로 정한 이래로 중요한 의미를 가지게 된다. 그런데 전통적인 한강의 시원으로 인식되는 곳은 오대산 서대의 우통수이며, 우통수라는 명칭에 대한 최초의 체계적인 기록이 바로 권근의 「기문」이다. 그런데 「기문」에는 우통수가 한강의 시원이라는 직접적인 내용은 언급되어 있지 않다.

또한 우통수라는 명칭의 근원이 되는 『삼국유사』의 오대산 관련 기록들에는 우통수라는 명칭과 유사하지만, 조금 다른 명칭들만이 보이고 있어 의문이 제기된다. 이러한 부분들에 대한 정리는 우통수가 조선조를 일관하면서 한강의 시원으로 비정되어 왔다는 점에서 중요한 의미를 가진다.

본고를 통해서 우리는 우통수의 명칭적인 타당성과 자료상의 차이점에 대한 문제들을 해결해볼 수 있다. 이는 한강의 시원 문제가 비단 조선의 문제만이 아니라, 오늘날에도 서울이 수도인 상황에서 현재로서도 매우 중요하다는 점에서 높은 연구의의를 확보한다는 것을 의미한다.

오대산은 한국불교를 대표하는 성지이다. 그러므로 「기문」의 분석을 통한 오대산과 관련된 보다 폭넓은 연구접근의 시도는, 한국불교의 올바른 이해를 위해서 반드시 필요한 측면이라고 하겠다.

2. 수정암의 신앙체계 변화

1) 초기의 신앙구조

오대산 수정암水精菴에 대한 최초의 기록은 『삼국유사』의 「대산오만진신」조이다. 「대산오만진신」조는 경주의 왕위 계승과정에서 밀려나, 오대산에서 50여 년을 수도한 보천寶川에 관한 내용이다. 보천은 오대산 수행의 결과로 "만년에는 육신이 하늘을 날고",[2] "여러 도리천忉利天의 신神들이 3시三時로 청법聽法하며 정거천淨居天[3]의 무리가 차를 끓여서 헌공供獻하였다"[4]는 인물이다. 이 외에도 "문수가 혹 보천의 정수리에 물을 붓고, 성도기별成道記莂을 주었다"[5]라는 기록도 있어, 보천은 신통과 깨달음을 겸비한 인물이라는 것을 알 수 있다.

보천은 오대산에서의 종교체험을 통해서 자장 이래의 문수신앙을 중대中臺의 문수를 중심으로 하는 오대신앙으로 변화시킨다. 이는 이후 중국 오대산이 모두다 문수신앙으로만 일관되어 있는 것[6]과는

---

2 『三國遺事』 3, 「塔像第四-臺山五萬眞身」(大正藏 49, 999b), "故晚年肉身飛空."; 『三國遺事』 3, 「塔像第四-溟州(古河西府也)五臺山寶叱徒太子傳記」(大正藏 49, 1000a), "肉身登空."

3 『阿毘達磨集異門足論』 14, 「五法品第六之四」(大正藏 26, 427a), "五淨居天者 云何爲五 答一無煩天 二無熱天 三善現天 四善見天 五色究竟天 … 云云."

4 『三國遺事』 3, 「塔像第四-臺山五萬眞身」(大正藏 49, 999b), "忉利天神三時聽法淨居天衆烹茶供獻."

5 같은 책, "文殊或灌水寶川頂 爲授成道記莂."

다른 우리나라 오대산만의 한 특징을 형성하게 된다. 즉 보천에 이르러 오대산은 당시의 여러 다양한 신앙체계를 흡수한 문수 중심의 화엄밀교적인 만다라를 완성하게 되는 것이다.[7] 이와 관련된 내용은 보천의 유훈 형식으로 기록되어 있는데, 이는 오늘날까지도 오대산 신앙체계의 근간이 되고 있어 주목된다.

보천의 오대와 관련된 신앙체계와 안배는 다음과 같다.[8]

① 청재靑在인 동대東臺의 북각하北角下와 북대北臺의 남녹지말南麓之末에는 마땅히 관음방觀音房을 두어 원상圓像[9]의 관음을 봉안하고는

6 五臺山의 五臺에 문수보살이 모셔져 있었다는 것은 圓仁의 『入唐求法巡禮行記』의 840년 기록(圓仁 著, 申福龍 譯, 『入唐求法巡禮行記』, 精神世界社, 1991, 182~198쪽; 김홍식·조유전 著, 『中國 山西省 古建築紀行』, 고즈윈, 2006, 28쪽)에 등장하고 있다. 그러나 현재와 같은 특징적인 문수에 대한 것(崔正森 主編, 『五臺山 六十六寺』, 太原: 山西科學技術出版社, 2004, pp.76~84)은 후대의 양상에 의한 것으로 이해된다.

7 金永材, 「華嚴密教的 原型으로서의 五臺山 曼茶羅」, 『韓國佛教學』 제25호(1999), 591~624쪽.

8 『三國遺事』 3, 「塔像第四-臺山五萬眞身」(大正藏 49, 999b·c), "靑在東臺 北角下北臺南麓之末 宜置觀音房 安圓像觀音及靑地畫一萬觀音像 福田五員晝讀八卷金經仁王般若千手呪 夜念觀音禮懺 稱名圓通社 赤任南臺 南面置地藏房 安圓像地藏及赤地畫八大菩薩爲首一萬地藏像 福田五員晝讀地藏經金剛般若 夜□察禮懺 稱金剛社 曰方西臺 南面置彌陀房 安圓像無量壽及白地畫無量壽如來爲首一萬大勢至 福田五員晝讀八卷法華 夜念彌陀禮懺 稱水精社 黑地北臺 南面置羅漢堂 安圓像釋迦及黑地畫釋迦如來爲首五百羅漢 福田五員晝讀佛報恩經涅槃經 夜念涅槃禮懺 稱白蓮社 黃處中臺 直□院中安泥像文殊不動 後壁安黃地畫毘盧遮那爲首三十六化形 福田五員晝讀華嚴經六百般若 夜念文殊禮懺 稱華嚴社."

9 相好를 구족한 圓滿像으로 해석하는 경우도 있지만(姜仁求 外 譯, 『譯註 三國遺事3』, 以會文化社, 2003, 290쪽의 脚註75), 전체적인 문맥이나 사원구조의 일반론에 입각해 볼 때, 丸彫의 의미로 파악하는 것이 옳다고 사료된다.

푸른 바탕 위에 1만 관음상을 그려, 복전福田〔승려를 의미함〕 5원五員으로 하여금 낮에는 8권 『금광명경』·『인왕반야경』[10]·「천수주」를 읽고, 밤에는 관음예참을 염하며, 이름을 원통사圓通社라 칭하라.

② 적임赤任인 남대南臺의 남면南面에는 지장방地藏房을 두어, 원상의 지장을 봉안하고는 붉은 바탕 위에 8대보살을 상수로 하는 1만 지장상을 그려, 복전 5원으로 하여금 낮에는 『지장경』·『금강반야경』을 독송하고, 밤에는 점찰예참占察禮懺를 하며, 금강사金剛社라 칭하라.

③ 백방白方인 서대西臺의 남면南面에는 미타방彌陀房을 두어, 원상의 무량수無量壽를 봉안하고는 백색 바탕 위에 무량수여래를 상수로 하는 1만 대세지를 그려, 복전 5원으로 하여금 낮에는 8권 『법화경』을 독송하고, 밤에는 미타예참을 염하며, 수정사水精社라 칭하라.

④ 흑지黑地인 북대北臺의 남면南面에는 나한당羅漢堂을 두어, 원상의 석가를 봉안하고는 검은 바탕 위에 석가여래를 상수로 하는 500나한을 그려, 복전 5원으로 하여금 낮에는 『(대방편)불보은경』·『열반경』을 독송하고, 밤에는 열반예참을 염하며, 백련사白蓮社라 칭하라.

⑤ 황처黃處인 중대中臺의 진여원에는 중앙에 니상泥像〔塑像〕의 문수부동文殊不動을 봉안하라. (그리고) 후벽後壁에는 황색 바탕 위에 비로자나를 상수로 하는 36화형三十六化形을 그려서 봉안하고, 복전 5원으로 하여금 낮에는 『화엄경』·600권 『반야경』을 독송하고, 밤에는 문수예참을 염하며, 화엄사華嚴社라 칭하라.

---

10 "仁王般若"는 「崔南善本」 등(姜仁求 外 譯, 『譯註 三國遺事3』, 以會文化社, 2003, 290쪽)에서는 이를 『仁王經』과 『般若經』으로 해석하고 있다. 그러나 이후 中臺와 관련해서 『般若經』이 등장하고 있으므로 이는 『金光明經』·『法華經』과 연하여 『仁王般若經』으로 이해하는 것이 더 타당하다.

여기에서는 오대산의 오대를 각기 다른 불교신앙과 연결시키고 있다는 것을 알 수 있다. 그런데 방위와 관련해서 ④에 흑색이 나타나는 것을 통해서 우리는 이러한 구조가 5행을 기초로 배속된 것임을 알게 된다. 왜냐하면, 불교에서는 흑색의 흉함 때문에 이를 녹색으로 대체하는 것이 일반적이기 때문이다.[11]

수정암과 관련해서는 ③을 통해서 확인해볼 수가 있다. 수정암은 오대 중 서대에 위치해 있으며, 서방극락과 연관된 아미타불이 주존이 된다. 주지하다시피, 아미타Amita(阿彌陀)는 아미타유스Amitāyus(無量壽)와 아미타브하Amitābha(無量光)의 약칭으로, 중국에서는 '아阿'자라는 한자에 특별한 뜻이 없기 때문에 이를 생략하여 '미타'라고 칭하곤 한다. 이러한 경우는 '아라한arhat을 나한', '아수라阿修羅(Asura)를 수라', '아란야阿蘭若(araṇya)를 난야'[12]라고 하는 등의 예에서도 확인된다. 그러나 여기에서의 '아'는 부정사이기 때문에 아가 빠지게 되면 뜻이 정반대가 되는 양상이 초래된다. 그러나 이는 중국문화 안에서의 특징

11 검은색 대신 녹색이 표현되는 것은 불화의 瑞氣 등을 통해서 단적인 파악이 가능하다. 실제로 通度寺의 〈八相圖-毘藍降生相〉에는 天地佛手印의 붓다에서 비치는 瑞氣나, 4方 7步의 연꽃 묘사에서 공히 이와 같은 양상을 확인해볼 수가 있다. 聖寶文化財硏究院 編, 『韓國의 佛畵2-通度寺 本寺篇(中)』「各部幀」(佛志社, 1996), 繪畵 25쪽·畵記 276쪽.

12 阿蘭若는 寂靜處를 의미하는 것이지만, 이는 중국불교에서는 賜額寺刹이 아닌 것을 칭하는 명칭이기도 하다(張彦遠 著, 조송식 譯, 『歷代名畵記 上』, 時空社, 2008, 234쪽의 脚註5 參照). 이러한 양상은 우리나라에도 영향을 미친 것으로 생각되며, 그 실례로 오대산의 史庫寺刹이 靈鑑蘭若로 불리는 경우(月精寺 編, 『五臺山-月精寺·上院寺』, 月精寺, 未詳, 102~103쪽)를 통해서 확인해볼 수가 있다.

적인 축약이므로 원뜻을 훼손하거나 곡해하려는 의도가 내포된 것은 아니다.

아미타는 아미타유스와 아미타브하에서 공히 나타나는 공통어이므로, 이는 무량수와 무량광의 두 가지로 모두 번역될 수 있다. 그러나 우리나라와 같은 경우는 페르시아의 광명光明사상과 같은 배경문화가 없으며, 장수는 5복[13] 중에서도 첫째로 등장하는 중요한 덕목으로 중시되기 때문에 일반적으로 무량수로 많이 나타나게 된다. 물론 아미타를 모신 전각을 수광전壽光殿이라고 하는 등의 예도 있기는 하지만,[14] 이는 전체적으로 극소수에 지나지 않는다.

서대의 수정암은 서방을 상징하는 무량수불의 환조를 주존으로, 서방을 뜻하는 백색의 바탕 위에 무량수불을 상수로 하는 1만의 대세지보살을 그려서 후불벽화로 모셨다. 여기에서 관세음보살이 나타나지 않는 것은, 관세음보살이 동방의 신앙체계로 독립해 있기 때문이다.

관세음보살과 같은 경우는 그 성립에 있어서도 아미타불과 배경을 달리하는 존재로 독립적인 성향이 강하다.[15] 주처住處(머무는 장소)와 같은 경우도, 보타락가산補陀洛迦山은 남인도의 섬에 위치해 있는 산[16]

---

13 『尙書』「第四篇 周書」, 〈洪範第六〉, "九, 五福, 一曰壽, 二曰富, 三曰康寧, 四曰攸好德, 五曰考終命."

14 壽光殿 편액의 가장 대표적인 경우는 石窟庵(寺)이며(黃壽永 著, 『石窟庵』, 열화당, 1996, 78쪽; 申賢淑, 「石窟庵 本尊佛의 考2」, 『韓國佛敎學』 제23호〔1997〕, 84~85쪽), 이 외에도 月精寺와 같은 경우(한상길 著, 『月精寺』, 大韓佛敎振興院, 2009, 107~109쪽)가 더 있다.

15 正覺 著, 「2) 觀音菩薩 信仰과 阿彌陀佛 信仰과의 關係」, 『千手經 硏究』(운주사, 1996), 20~22쪽; 金煐泰, 「觀音信仰의 自力性에 대하여」, 『佛敎學報』 제26집(1989), 13~17쪽.

으로 서방의 극락과는 또 다르다. 이로 인하여 오대의 신앙체계에서도 쉽게 독립하는 것으로 사료된다. 그로써 아미타불과 대세지 1만보살이 함께 등장하게 되는 것이다. 대세지보살과 같은 경우는 단독신앙으로서는 다소 미약하다. 그러나 관세음보살의 독립으로 인하여 여기에서는 극락과 관련해서 중심신앙의 위치를 점하게 된다.

경전으로 8권 『법화경』[17]이 등장하는 것은 다소 의외이다. 왜냐하면, 서방을 극락과 연결시킨다면, 정토삼부경淨土三部經과 같은 경전이 등장하는 것이 신앙적으로 타당하기 때문이다. 『법화경』과 같은 경우는 「관세음보살보문품」이 있기는 하지만, 오대에서 관세음보살은 동대로 독립해 있기 때문에 이는 타당성을 확보할 수 없다. 또한 『법화경』에 아미타불이 등장하지 않는 것은 아니지만,[18] 중심신앙과 관련해

---

16 補陀洛迦山이 海岸인지 海島를 가리키는 것인지에 관해서는 異見이 있을 수 있다. 『大方廣佛華嚴經』 68, 「入法界品第三十九之九」(大正藏 10, 366c), "海上有山多聖賢 衆寶所成極淸淨 華果樹林皆遍滿 泉流池沼悉具足 勇猛丈夫觀自在 爲利衆生住此山 汝應往問諸功德 彼當示汝大方便"; 『大方廣佛華嚴經』 16, 「入不思議解脫境界普賢行願品」(大正藏 10, 732c), "海上有山多聖賢"; 『大唐西域記』 10(大正藏 51, 932a), "秣剌耶山東有布呾洛迦山 山徑危險巖谷敧傾 山頂有池 其水澄鏡流出大河周流繞山二十匝入南海 池側有石天宮 觀自在菩薩往來遊舍 其有願見菩薩者 不顧身命 厲水登山 忘其艱險 能達之者蓋亦寡矣 而山下居人祈心請見 或作自在天形或爲塗灰外道 慰喩其人果遂其願 從此山東北海畔有城 是往南海僧伽羅國路 聞諸土俗曰 從此入海東南可三千餘里至僧伽羅國(唐言執師子 非印度之境)."

17 『法華經』은 鳩摩羅什 譯의 『妙法蓮華經』과 闍那崛多 譯의 『添品妙法蓮華經』이 7卷으로 되어 있으며, 竺法護 譯의 『正法華經』은 10卷으로 되어 있다. 8卷 『法華經』은 高麗寫經 등에 등장하는 것(權熹耕 著, 『高麗寫經의 硏究-高麗後期 寫經을 중심으로 한 美術史的 考察』, 미진사, 1986, 292~307쪽; 張忠植 著, 『韓國寫經硏究』, 東國大學校出版部, 2007, 102~257쪽의 「妙法蓮華經」 부분 參照)으로 경의 분장에 따른 異本이다.

서 주목하기 어렵다는 점에서 이 역시 문제가 된다. 그럼에도 『법화경』을 언급하고 있는 것은, 보천의 오대산 신앙체계 수립이 국가와 국왕의 안위 및 보전에 그 주안점이 맞추어져 있기 때문으로 사료된다. 이는 『법화경』이 『금광명경金光明經』·『인왕반야경仁王般若經』과 더불어 호국3부경護國三部經으로 불리는 것을 통해서 이해될 수 있다. 실제로 관음신앙을 말하고 있는 동대와 관련해서 우리는 『금광명경』과 『인왕반야경』이 등장하고 있는 것을 살펴볼 수 있다. 즉 보천은 극락정토 사상을 호국護國과 연결시켜 이해하고 있는 것이다.

끝으로 미타예참은 극락에 태어나기 위한 참법의 실천행으로 생각된다. 그리고 수정사 명칭의 '수정水精'은 수정水晶과 통하는 것으로 이는 극락세계의 청정한 기세간器世間을 의미한다고 할 수 있다.[19] 즉 약사여래의 정유리세계淨琉璃世界[20]와 같은 투명한 세계를 상징하고 있는 것이다.

이상의 수정암과 관련된 보천의 신앙체계를 정리하면, 극락을 상징하는 수정이라는 명칭 하에 아미타불의 주존과 1만의 대세지보살을

---

18 『妙法蓮華經』을 기준으로 阿彌陀佛은 多佛思想과 관련해서 1번, 그리고 臨終來迎과 관련해서 1번, 이렇게 총 2번 나타나 보인다. 특히 「觀世音菩薩普門品」에는 전혀 나타나지 않는다는 점에서 두 신앙의 발생과 관련되어 시사하는 바가 적지 않다. 『妙法蓮華經』 3, 「化城喩品第七」(大正藏 9, 25c), "西方二佛 一名阿彌陀."; 『妙法蓮華經』 6, 「藥王菩薩本事品第二十三」(大正藏 9, 53b·c), "若如來滅後後五百歲中聞是經典如說修行 於此命終 卽往安樂世界阿彌陀佛大菩薩衆圍繞住處 生蓮華中寶座之上."

19 拙稿, 「한강의 시원으로서 于筒水와 金剛淵의 타당성 고찰」, 『溫知論叢』 제28집(2011), 281쪽.

20 『佛說藥師如來本願經』(大正藏 14, 401b), "佛告曼殊室利 東方過此佛土十恒河沙等佛土之外 有世界名淨琉璃 彼土有佛 名藥師琉璃光如來應正遍知明行足善逝世間解無上士調御丈夫天人師佛世尊."

통한 신앙결사를 호국과 연관시켜 완성하고 있다고 하겠다.

2) 중창에 의한 변화

양촌 권근의 「기문」은 수정암의 대표 중창주인 나암懶庵(혹菴)의 요청에 의해 영락永樂 2년(1404)에 쓰여진 것이다. 기록을 보면 수정암은 조선이 건국되던 임신(1392)년에 화재로 소실되었는데, 당시 수정암에 살던 승려 나암과 목암牧庵이 이를 애석히 여겨 계유(1393)년부터 중창하여 완성한 것이다.

「기문」에는 수정암의 중창된 규모가 다음과 같이 열거되어 있다.

> 그 본당本堂은 5량으로 된 3칸이고 욕실은 2칸으로, 그 규모가 (화재 전과) 크게 다르지 않았으니 (이는) 편안함〔익숙함〕을 살펴서 좇은 것이다.[21]

그런데 여기에는 중창된 수정암이 화재 전의 규모와 크게 다르지 않았다고 하였으니, 그 규모가 이전과 대동소이함을 알 수 있다. 「기문」에 따르면, 수정암은 화재 후 중창되는 과정에서 옛 터를 찾았고, 그 터 위에 화재 전의 규모와 같은 건축을 한 것으로 되어 있다. 이는 이때의 중창 이전에도 터가 바뀔 정도로 큰 변화가 수정암에 존재했었다는 것을 의미한다. 그러므로 우리는 화재 이전에 수정암의 신앙체계가 이미 바뀌어 있었을 개연성을 상정해볼 수 있게 된다.

수정암은 중창되는 과정에서 터가 본래로 환원되지만, 건축구조는

---

21 權近 撰, 「五臺山西臺水精菴重創記」, "其堂五架三楹 浴室二楹 其規制不甚異 從省便也."

화재 전과 큰 차이가 없었다. 그러므로 이때 나타나는 신앙체계의 변화양상은 화재 이전으로까지 거슬러 올라간다고 하겠다. 이는 수정암의 위치가 바뀌게 되는 것과 무관하지 않은 것으로 사료된다. 중창 후의 신앙구조에 대한 것은 「기문」을 통해서 확인해볼 수가 있는데, 이를 적시해보면 다음과 같다.

> 나암이 또한 유공柳公(운雲)과 더불어 새로 비단에다가 미타8대보살을 (그려서) 조성하여 본당의 중앙에 드리웠다. (그리고는) 전통적인 (법식대로) 동향로와 정병 (등의) 집기를 모두 갖추었다. (이에) 경찬회慶讚會를 베푼 것이 3차례에 이르니, 결지結志의 수선자修禪者가 많이 와서 주석하였다. (이로써) 암자로서의 역할은 다 된 것이다.[22]

이를 통해서 본다면, 원상의 본존이 없는 가운데 아미타8대보살도가 모셔진 것이 전부인 것으로 이해된다. 아미타8대보살은 『석문의범釋門儀範』이나 『삼문직지三門直指』에는 ① 문수·② 보현·③ 관세음·④ 대세지·⑤ 금강장·⑥ 제장애·⑦ 미륵·⑧ 지장으로 나타난다.[23] 그러나 이러한 8보살의 조합은 경전에서는 나타나지 않는다.

일반적으로 8대보살과 관련해서 영향력이 컸던[24] 『8대보살만다라경

---

22 위의 「記文」, "懶庵又與柳公 新繪彌陀八大菩薩 以垂堂中 古銅香爐淨瓶什器皆備 設慶讚會 已至于三 結志修禪者 多來住錫 菴之能事畢矣."

23 安震湖 編, 「上篇」, 『釋門儀範』(法輪社, 2000), 90쪽; 『三門直指』(『韓佛全』 10, 147c).

24 최몽룡 著, 『한국미술의 자생성』(한길아트, 1999), 42쪽; 長部和雄 著, 『唐代密敎史雜考』(神戶: 神戶商科大學學術硏究會, 1971), pp.134~135; 長部和雄, 「唐代の後期密敎: 唐代密敎の中國的性格」, 『佛敎史學』 Vol.10 no.2(1962), 參照.

八大菩薩曼荼羅經』이나 『불설대승8대만다라경佛說大乘八大曼拏羅經』의 ① 성관자재聖觀自在·② 자씨慈氏(미륵)·③ 허공장虛空藏·④ 보현普賢·⑤ 금강수金剛手·⑥ 만수실리曼殊室利(哩)·⑦ 제개장除蓋障·⑧ 지장地藏[25]이 『7불8보살소설대다라니신주경제일七佛八菩薩所說大陀羅尼神呪經卷第一』의 ① 문수사리文殊師利·② 허공장虛空藏·③ 관세음觀世音·④ 구탈救脫·⑤ 발타화跋陀和·⑥ 대세지大勢至·⑦ 득대세得大勢·⑧ 견용堅勇[26] 등과 결합하면서 아미타를 중심으로 재구성되는 것이 아미타8대보살이 아닌가 한다. 이와 같은 추론은 『석문의범』과 『삼문직지』에 등장하는 아미타8대보살이 『8대보살만다라경』과 『불설대승8대만다라경』의 8대보살과 대단히 유사하면서도 대세지가 빠져 있는 데 반하여, 『7불8보살소설대다라니신주경제일』에서는 대세지와 관련된 약진이 두드러지는 점을 확인해볼 수가 있기 때문이다.

『8대보살만다라경』과 『불설대승8대만다라경』 및 『7불8보살소설대다라니신주경제일』의 세 경전은 공히 아미타가 아닌 석가모니와 관련된 경전이다. 그러므로 아미타와 관련된 도상적인 요구에 의해서 여러 요소들이 재결합되는 과정에서 이러한 아미타8대보살이 확립되게 되는 것이 아닌가 한다. 만일 이와 같은 추론이 설득력을 확보한다면, 우리는 『석문의범』이나 『삼문직지』와 같은 전적이 비록 후대의 자료이기는 해도, 이를 통해서 여말선초의 도상에 대한 보다 명확한 입각점을

---

25 『八大菩薩曼荼羅經』(大正藏 20, 675b·c); 『佛說大乘八大曼拏羅經』(大正藏 20, 676b·c); 『佛說八大菩薩經』(大正藏 14, 751c), "妙吉祥菩薩摩訶薩 聖觀自在菩薩摩訶薩 慈氏菩薩摩訶薩 虛空藏菩薩摩訶薩 普賢菩薩摩訶薩 金剛手菩薩摩訶薩 除蓋障菩薩摩訶薩 地藏菩薩摩訶薩."

26 『七佛八菩薩所說大陀羅尼神呪經卷第一』(大正藏 21, 538b~540c).

수립해볼 수 있게 된다.

후대의 전적을 가지고 전대의 도상이해에 접근하는 것은 일견 작위적이라는 인식을 줄 수도 있다. 그러나 이는 불교의식과 관련된 부분이라는 속성상 개변보다는 답습의 요소가 강하다는 점, 그리고 「기문」에 "아미타8대보살"이라는 정확한 기록이 존재한다는 점에서, 이의 타당성은 충분히 확보되는 것이 아닌가 한다. 또한 수정사가 1만 대세지를 모셨던 대세지 신앙의 중심지라는 점에서, 대세지가 빠진 『8대보살만다라경』과 『불설대승8대만다라경』의 8대보살 가능성이 적다는 점은 불교의식과 관련해서 나타나는 아미타8대보살의 타당성을 방증해준다고 하겠다.

아미타8대보살과 관련해서 「기문」이 풍부한 시사점을 부여하고 있다는 것은 「기문」의 중요도에 대한 또 다른 일면이 된다. 그러나 이러한 기록은 동시에 아미타를 본존으로 하여 1만 대세지를 모셨던 보천의 유훈과는 차이가 크다.

오대산신앙의 특징은 5만진신五萬眞身과 관련해서 파악될 수 있는데, 여기에서의 핵심은 각대에 존재하는 보살신앙이다. 즉 아미타가 서대의 주존이긴 해도 이는 다분히 상징적인 측면이며, 그 차별적인 특징은 1만의 대세지에 있는 것이다. 그런데 「기문」의 시기에 이르면, 이러한 대세지의 특수성이 일반화되면서 두드러지지 않고 있다. 특히 8대보살에 속하는 문수·미륵·지장과 같은 경우는 오대신앙에 있어서는 각기 독립되어 존재한다는 점을 고려할 때, 수정암의 신앙체계는 큰 변화를 겪었다는 것을 알 수가 있다. 이는 관세음보살의 지물인 정병이 향로와 함께 언급되고 있는 것을 통해서도 확인 가능한 측면이라고 하겠다.

이러한 과정에서 서방의 상징으로 인한 아미타불의 증대가 파생하는 것이 아닌가 한다. 아미타불은 「대산오만진신」조에도 분명 본존으로 나타나고 있다. 그러나 양자 사이에는 대세지에서 아미타로의 신앙중심 이동이 존재하고 있는 것이다.

또한 「기문」에는 아미타와 관련된 원상에 대한 언급이 없다. 이는 앞서 언급된 중창규모에서 욕실을 언급함에도 불구하고 요사가 나타나지 않는 것과 관련해서 생각해볼 수 있다. 즉 우리는 이를 통해서 탱화만을 모신 간소한 인법당人法堂의 구조를 추론해보게 된다. 이는 인용문에서 "결지結志의 수선자修禪者가 많이 와서 주석하였다"는 구절과 부절符節이 합치된다. 즉 수정사는 1만의 대세지보살과 관련된 신앙결사와 이것이 호국과 연관되는 사찰에서, 선원과 같은 암자〔수정암〕로 변모한 것이다.

수정사의 신앙체계에 변화가 있다는 것은 보천에서 시작된 오대신앙이 후대로 오면서 유지되지 못하고 혼란해졌다는 것을 의미한다. 만일 다른 대臺만이라도 각각의 고유한 신앙형태를 유지하고 있었다면, 수정암만 변화하는 것은 어려웠을 것이다. 그러므로 우리는 후대로 내려오면서 각 대의 유기적인 연결 관계가 무너지며, 여러 신앙체계가 혼입되는 양상이 파생되었을 개연성을 상정해보게 된다. 즉 각 대를 통한 총체적인 오대의 완성이 각 대만의 완결성으로 변화되고 있는 것이다.

물론 다른 대에 관한 신앙체계의 변화에 관한 자료를 우리는 현재 확보하고 있지 못하다. 그러나 권근의 「기문」을 통해서 이러한 관계성의 분절에 의한 오대의 총체성이 상호 뒤섞였을 가능성을 인지해보는 것은 그리 어렵지 않다. 다만 그러한 가운데에서도 수정암은 서대에 위치해 있었기 때문에 극락정토와 연관된 아미타신앙을 계속 유지하고 있었다고 하겠다. 즉 권근의 「기문」을 통해서 우리는 오대산 신앙체계의 변화를 인지해볼 수가 있는 것이다.[27] 이는 「기문」이 조선 초에 작성된 것이기는 하지만, 고려시대 말의 신앙체계를 반영하고 있다는 점에서 고려시대의 오대산신앙 파악에 있어서 중요한 시사 자료가 된다고 하겠다.

3. 수정암과 우통수

1) 「기문」의 물에 관한 기록

권근의 「기문」 중에는 물의 신성함 및 한강의 핵심과 관련된 부분이 기록되어 있어 주목된다. 이 기록이 의미를 가지는 것은 단순히 오대산 물의 특수성에 관한 언급에서 그치는 것이 아니라, 이후 오대산이 한강의 시원으로 조선조에서 공식 인정되는 정초定礎가 되기 때문이다.

고려 때까지 남경南京에 그치던 한양은 조선의 건국 이후 1394년 천도가 단행[28]되면서 수도로서 위상이 급부상하게 된다.[29] 이로 인하여

---

27 五臺山의 신앙체계 변화와 관련해서 주목되는 것 중 하나가 月精寺의 五類聖衆에 관한 기록(『三國遺事』 3, 「塔像第四-臺山月精寺五類聖衆」, 大正藏 49, 1000a·b)이다. 이는 月精寺가 寶川庵, 즉 華藏寺를 대신하여 本寺의 역할을 하게 되면서 五臺의 신앙체계가 月精寺를 중심으로 종합된 것을 기록한 것으로 사료된다. 그러므로 이러한 月精寺에 의한 五臺山 신앙의 재편이 각 臺의 신앙적인 특수성을 감소시켰을 개연성에 대해서도 우리는 상정해볼 수가 있다.

28 『太祖實錄』 6, 1冊 71面, 1394年 10月 25日.

29 拙稿, 「한강의 시원 정립에 관한 불교적인 영향 고찰」, 『韓國禪學』 제25호(2010), 191~192쪽.

한양을 흐르는 한강 역시 중요한 상징성을 확보하게 되며,[30] 이러한 과정에서 한강의 시원에 대한 인식 역시 환기된다. 그런데 한강의 시원과 관련해서 권근의 「기문」이 막대한 영향을 미쳐 오대산이 한강의 시원으로 확정되고 있는 것이다.

한양이라는 명칭 역시 한강, 즉 한수漢水 북쪽의 양택陽宅이라는 의미에 기인한다는 점에서 한양에 있어 한강의 위상은 매우 높다. 실제로 물이 없이는 인간이 살 수 없다는 점에서, 한양의 위상은 한강에 의해 구축된 것이라고 해도 과언이 아니다.

「기문」에 나타나 있는 한강과 관련된 물의 신성함에 관한 기록을 적시해보면 다음과 같다.

> 서대의 아래에 함천檻泉이 있어 (물이) 용출한다. (그) 색과 맛이 일반의 물보다 수승하고, 무게 또한 그러하다. (이를) 우통수라 한다. (이 물이) 서쪽으로 수백 리를 흘러서 한강이 되고, 바다로 들어간다. 한강이 비록 여러 흐르는 물줄기들을 취합하여 받은 것이나, 우통수가 (양자강에서처럼) 중령中泠이 되어 색과 맛이 변하지 않는다. 중국에 양자강이 있는 것처럼, 한(강)이라는 명칭도 여기에서 얻은 것이다.[31]

---

30 한강과 관련된 가장 오래된 문헌은 〈廣開土大王碑文〉으로 여기에서 한강은 阿利水("王威赫怒渡阿利水")로 등장하고 있다. 이 외에도 漢山河(李肯翊 著, 『燃藜室記述』「別集」16, "古稱漢山河"; 尹廷琦 著, 『東寰錄』 3, "古稱漢山河")라는 명칭과 신라시대의 北瀆(尹廷琦 著, 『東寰錄』 3, "新羅時爲北瀆"), 그리고 고려시대에는 沙平度(李肯翊 著, 『燃藜室記述』「別集」16, "高麗稱沙平度")라고 불리워진 것으로 기록에 나타나 보인다.

31 權近 撰, 「五臺山西臺水精菴重創記」, "西臺之下 有檻泉涌出 色味勝常 其重亦然 曰于筒水 西流數百里而爲漢江 以入于海 漢雖受衆流之聚 而于筒爲中泠 色味不變

이를 통해서 알 수 있는 것은 크게 다음의 3가지로 정리될 수 있다.

첫째, 우통수의 신성한 특징.

둘째, 우통수가 중령처럼 한강의 핵심이 된다는 점.

셋째, 한강이라는 명칭의 유래.

이 중 첫째는 물의 신성성을 색色·맛(味)·무게(重)를 통해서 나타내는 부분이다. 물은 고이고 흐르는 조건에 따라서 여러 성분이 함유될 수 있기 때문에, 이러한 특징이 크게 이상할 것은 없다. 다만 이후의 한강 시원에 대한 논의에서 시원에 대한 비정이 요즘과 같은 최장거리 개념[32]이 아닌 물의 신성성에 기준한다는 점에서 이 부분이 주목된다.[33] 즉 이러한 내용이 나중에 한강의 시원으로 비정되는 데 있어서 중요한 내용적인 측면을 형성하고 있는 것이다.

若中國之有楊子江 漢之得名以此."

32 최승엽·전상호, 「한강 발원지의 구명에 관한 연구」(江原開發硏究院, 2000), 25쪽, "이형석은 근세 한국 1/50,000지형도(1918)의 도상계측자료를 근거로 한강의 가장 긴 물줄기가 있는 곳은 태백시의 금대산(당시 기록에는 어룡산으로 기록하고 있다)이라고 1981년 월간 산에 발표하고 이를 한강의 발원지로 발표하였다. 이 발표는 우리나라의 하천 발원지를 물의 특이성이나 신비성을 근거로 한 방법에서 특정 기준점에서 가장 긴 유로가 있는 지역 혹은 집수역으로 해야 한다는 개념을 도입한 최초의 시도로 알려져 있다. 지금까지 태백시의 금대산은 한강의 기점에서 가장 긴 물줄기를 가진 산으로 알려져 있다. … 지형도상 금대산 일대가 한강 최상류 하천인 장죽천의 집수역이므로 한강발원지로서 가장 타당한 지역이다."; 전상호, 「한강 발원지의 역사성 및 현대적 의미 고찰」, 『한강의 발원지와 강원도』(江原開發硏究院, 2000), 31쪽.

33 拙稿, 〔于筒水의 신이한 특징〕, 「한강의 시원 정립에 관한 불교적인 영향 고찰」, 『韓國禪學』 제25호(2010), 209~217쪽.

둘째는 우통수를 중령과 비교하는 부분이다. 중령은 양자강이 서에서 동으로 흐르다가 굽이치면서 파생하는 북령北泠·중령中泠·남령南泠의 3령 중 하나이다. 3령의 강 아래에서는 각각 북령천·중령천·남령천이 솟아나는데, 이 중 중령이 가장 대표적이다.[34]

중령의 물맛은 장우신張又新의 「전다수기煎茶水記」에는 다성茶聖 육우陸羽에 의해 천하의 물 중 13번째라는 기록[35]이 있다. 또 당나라의 유백추劉伯芻는 중령을 천하제일천天下第一泉으로까지[36] 높이고 있다.[37]

이와 같은 중령의 의미를 정리해보면, 양자강 가운데서도 최고의 물로 핵심을 뜻한다는 것을 알 수 있다. 그러므로 권근은 「기문」에서 우통수를 한강의 핵심으로 파악하고 있다고 하겠다. 이는 우통수의 물이 다른 강물과 섞이지 않는다는 것을 통해서도 단적인 인식이 가능하다. 즉 우통수에 대한 특수한 판단이 신성화에까지 이르고 있는 것이다.

마지막 셋째의 한강 명칭과 관련해서는 문장이 다소 애매한 부분이 있다. 이 부분은 양자강을 한강과 직접 연관시킨 것이라기보다는 양자강의 지류인 한수漢水를 가리키는 것으로 이해된다. 중국의 모든 강들은 서고동저형西高東低形의 지형지세 때문에 서에서 동으로 흐른다. 그런데 유독 한수만이 남북의 흐름을 가지고 있다. 한강의 흐름도

34 같은 논문, 212~213쪽.

35 張又新 著, 「煎茶水記」, "漢江金州上游中零水第十三"

36 치우지핑 著, 김봉건 譯, 『茶經圖說』(이른아침, 2005), 178쪽.

37 이러한 영향 하에 강릉이 고향인 許筠 역시 우통수를 "東國第一泉"으로 평가(〈和思潁詩-書懷 用答邵資政韻〉, "于筒在五臺山上院寺側 是漢江上流 爲東國第一泉")하고 있다.

남한강과 북한강을 고려하면, 이와 같은 측면이 존재한다.

중국 한수의 명칭적인 기원은 남북으로 흐르는 은하수銀河水이다. 은하수가 '한漢'이므로 은하수와 같은 흐름의 물줄기를 '한수漢水'라고 칭한 것이다. 이러한 부분이 우리에게 전해져 한강이라는 명칭이 파생하게 된다. 이는 한강이 과거에는 한수로 더 많이 불리운 것을 통해서 분명해진다.[38] 또한 한강의 명칭에 의해서 한강 북쪽의 양택陽宅이라는 의미의 '한양漢陽'이라는 지명 역시 파생하게 된다.

권근의 「기문」 중 물에 대한 부분이 중요한 의미를 확보하는 것은 『세종실록』 「지리지」를 통해서 확인되는 한강의 시원에 대한 기록이, 권근의 「기문」에 압도적인 영향을 받고 있기 때문이다. 즉 권근의 「기문」은 한강의 시원에 관한 조선의 인식을 규정하고 있다는 점에서 큰 의의를 확보하고 있는 것이다.

2) 한강의 시원에 관한 영향

한강의 시원에 관한 조선의 공식적인 기록으로, 가장 시기가 빠른 것은 『세종실록』 「지리지」이다.[39] 이는 실록이라는 무게감과 한강의 시원에 대한 정부의 공식적인 인정, 그리고 이에 수반되는 제례祭禮의 양태가 적시되어 있다는 점에서 한강의 시원 문제와 관련해서 가장

---

38 權近은 「記文」에서 漢江이라고 기록하고 있는 데 반해서, 「地理志」는 「記文」을 따르면서도 해당 부분을 漢水로 수정하고 있다. 이는 '江'이 '河'와 더불어 가장 큰 물을 지칭하는 표현으로 한강은 이러한 기준에서 강이라기보다는 位階가 낮은 '水'라는 표현이 적당하다고 판단하여 이 부분을 수정하고 있는 것이 아닌가 한다.

39 공식문서로 『世宗實錄』보다 빠른 것으로는 『高麗史』 卷58의 "有五臺山: 五峯環列大小均敵故名西臺之下有泉湧出卽漢水之源"이라는 기록이 있다. 그러나 이는 자세하지 않아 참고가 되는 정도일 뿐이다.

중요한 문헌이다. 그런데 이 기록은 권근의 「기문」 중 물에 관한 부분을 거의 그대로 답습하고 있어 주목된다.

이의 해당 전문을 적시해보면 다음과 같다.

> 서대의 아래인 수정암 인근에 테두리를 두른 샘(檻泉)이 용출湧出하는데 색과 맛이 보통 물보다 뛰어나고 그 무게 역시 그러하다. 일컬어 우통수라 하는데, 곧 금강연이니 한수漢水의 시원이 된다. (이로 인하여) 춘추春秋로 관원에게 명하여 제례케 하였다. 한강이 비록 여러 곳의 물들을 받아들여 모인 것이나 우통수가 중령中冷이 되며, 색과 맛이 변하지 않는다. 이는 마치 중국의 양자강과 같으니, 한漢(강江)이라는 명칭도 이를 통해서 얻은 것이다.[40]

이 글이 권근의 「기문」과 차이나는 것은 다음의 3가지이다.

첫째, 우통수와 더불어 금강연이 등장한다는 점.

둘째, 한강의 시원을 비정하고 있다는 점.

셋째, 춘추로 관원으로 하여금 제례케 했다는 점.

이 외에는 권근의 「기문」과 거의 일치된다. 즉 「지리지」에서 나타나 보이는 한강의 시원 비정은 권근의 「기문」에 절대적인 영향을 받고 있는 것이다. 이는 한강의 시원 비정이 권근의 영향에 의해서 확립되었다는 것을 인식케 한다. 이러한 양상은 「지리지」 이 외에 다음의 글들을

---

40 『世宗實錄』「地理志」 江原道 江陵大都護府, 5冊 675面, "西臺之下水精庵側檻泉涌出. 色味勝常. 其重亦然. 曰于筒水卽金剛淵爲漢水之源. 春秋令所在官行祭. 漢水雖受衆流之聚. 而于筒爲中冷. 色味不變. 若中國之楊子江. 漢之得名以此."

통해서도 단적인 파악이 가능하다.

> 우통수는 강릉부의 서쪽 150리에 있다. 오대산 서대의 아래에 샘이 용출하는 곳이 있는데, 여기가 한강의 시원이 된다. 권근의 「오대산서대수정암중창기」에 (다음과 같은 기록이 있다.) "서대의 아래에 테두리 있는 샘이 있어 물이 용출하는데, 색과 맛이 일상적인 것 보다 수승하며 그 무게 역시 그러하다. 일컬어 우통수라 한다. 서쪽으로 수백 리를 흘러서 한강이 되고, 다시금 바다로 들어간다."[41]

> 우통수는 강릉부의 서쪽 150리에 있다. 오대산 서대의 아래에 샘이 용출하는 곳이 있는데, 여기가 한강의 시원이 된다. 본조本朝 권근의 「오대산서대수정암중창기」에 (다음과 같은 기록이 있다.) "서대의 아래에 테두리 있는 샘이 있어 물이 용출하는데, 색과 맛이 일상적인 것 보다 수승하며 그 무게 역시 그러하다. 일컬어 우통수라고 한다. 서쪽으로 수백 리를 흘러서 한강이 된다."[42]

『신증동국여지승람』과 『동국여지지』는 『세종실록』 「지리지」의 영향에 의해서 한강의 시원을 확정한 것으로 사료된다. 이는 「지리지」가 실록이라는 조선의 가장 중요한 문서에 편입되어 있다는 점에서, 그

---

41 李荇·洪彦弼 增補, 『新增東國輿地勝覽』 44, 「江原道 江陵條」, "于筒水在府西一百五十里 五臺山西臺之下有泉湧出卽漢水之源 權近記西臺之下有檻泉湧出色味勝常其重亦然 曰于筒水 西流數百里爲漢江入于海."

42 柳馨遠 著, 『東國輿地志』, "于筒水在府西一百五十里 五臺山西臺之下有泉湧出卽漢水之源 本朝權近記西臺之下有檻泉湧出色味勝常其重亦然 曰于筒水 西流數百里爲漢江"

영향이 지대했을 것이라는 판단하에 충분히 가능한 추정이다. 그런데 이러한 문헌들에는 이의 근거가 권근의 「기문」이라는 점을 명확히 밝히고 있다. 즉 「지리지」는 권근 「기문」의 영향에 의해서 한강의 시원을 비정했던 것이다.

권근의 「기문」은 우통수의 신비함과 그로 인하여 한강 안에서도 핵심이 된다는 내용만을 기록하고 있다. 그런데 「지리지」는 이를 답습하면서도 우통수를 한강의 시원으로 비정하고 있는 것이다. 이는 전통적인 강의 시원 인식이 최장거리 개념이 아닌 물의 신비성과 관련되기 때문이다. 이러한 강의 시원에 대한 전통인식은 『신증동국여지승람』·『동국여지지』에서 이에 대한 최장거리적인 관점의 비판이 전혀 제기되지 않는 것을 통해서도 납득 가능한 면이 있다. 물론 『신증동국여지승람』·『동국여지지』는 「지리지」에서 이미 확정된 한강의 시원에 반론을 제기할 수 없었을지도 모른다. 그러나 한강의 시원을 기록하고 있는 이후의 다른 기록들에서도 이러한 문제제기는 전혀 찾아볼 수 없다.

이는 권근 「기문」의 영향이 후대까지도 유전되고 있다는 것을 의미한다. 즉 한강의 시원 인식에 있어서 권근의 「기문」은 가장 중요한 역할과 위치를 점하고 있는 것이다.

그런데 「지리지」는 「기문」과는 달리 우통수와 더불어 금강연을 함께 기록하고 있어, 한강의 시원지가 우통수인지 금강연인지에 대한 혼란의 여지를 주고 있다. 실제로 우통수와 금강연은 공히 오대산 안에 위치하기는 하지만, 거리가 약 12킬로미터 정도의 차이를 보이고 있어 결코 한데 묶여서 언급될 수 있는 곳이 아니다. 그런데 「지리지」는 이를 "우통수즉금강연위한수지원于筒水卽金剛淵爲漢水之源(우통수라

하는데 곧 금강연이니 한수의 시원이 된다)"이라는 애매한 내용으로 기록하고 있다. 특히 이러한 기록과 아울러 "춘추령소재관행제春秋令所在官行祭(춘추로 관원에게 명하여 제례케 하였다)"라는 특이한 기록이 「지리지」에만 보인다는 점에서 주목된다.

실제로 우통수와 금강연을 함께 언급하고 있는 다른 기록인 이만부李萬敷의 『지행록地行錄』과 같은 경우는, "장령長嶺 아래에 신천神泉이 솟는데 우통수라 한다. 그 물은 산중의 물과 합해져 기린봉麒麟峰의 동쪽 골짜기로 흘러 반야연般若淵과 금강연金剛淵이 되니 이것이 한수漢水의 근원이다"라고 하여, 우통수와 금강연을 엄격하게 분리하고 있다. 그런데 「지리지」는 관원으로 하여금 춘추로 제례케 했음에도 불구하고, 이를 "우통수즉금강연于筒水卽金剛淵"이라고 표현하고 있는 것이다. 그러므로 여기에는 우통수와 금강연 간의 모종의 혼란문제가 내포되어 있는 것이 아닌가 하는 추론을 가능케 한다.

3) 우통수 명칭의 타당성

우통수라는 명칭은 권근의 「기문」에서 처음 발견된다. 그러나 이의 명칭적인 기원은 『삼국유사』의 오대산 관련 기록들과 연관된다. 『삼국유사』 안에서 우통수와 연관된 기록은 총 3번 확인되는데, 이의 해당 부분을 적시해보면 다음과 같다.

> 「대산오만진신」 - 2공二公(보천과 효명)은 매일 동중수洞中水를 길어서 차茶를 끓여 헌공獻供하고, 밤이 되면 각기 암자에서 수도修道했다.[43]

---

43 『三國遺事』 3, 「塔像第四-臺山五萬眞身」(大正藏 卷49, p.999上), "二公每汲洞中水煎茶獻供 至夜各庵修道."

「명주오대산보질도태자전기」－양태자兩太子(보천과 효명)는 함께 예배하고, 매일 조조早朝에 우동수于洞水를 길어 와서 차를 끓여 1만 진신문수眞身文殊를 공양했다.[44]

「명주오대산보질도태자전기」－보천은 항상 그 영동지수靈洞之水를 길어다 마셨으므로 만년에는 육신비공肉身飛空하여 유사강流沙江 밖의 울진국蔚珍國 장천굴掌天窟에 머물러 그쳤다.[45]

이와 같은 『삼국유사』의 오대산 관련기록을 통해서 우리는 우통수라는 명칭의 시원에 관해서 인지해보게 된다. 실제로 권근 역시 그의 「기문」을 살펴보면, 『삼국유사』나 혹은 『삼국유사』에 수록된 원자료와 관련된 기록들을 인지하고 있었다는 것을 알 수 있다. 이는 권근의 「기문」과 『삼국유사』의 기록을 대조해보면 쉽게 파악된다.

이를 적시·대조해보면 다음과 같다.

「기문」－(오대산은 세간에 널리) 퍼져 있기로, 5류성중五類聖衆이 (이곳에) 항상 머문다는 설이 있어, 불교(浮圖)에서는 성대히 칭탄한다.[46]

「대산월정사오류성중」－(신효)거사가 5비구五比丘와 더불어 작별한 후 바야흐로 이들이 5류성중〔오대산 오대의 5만진신五萬眞身을 의미함〕

---

44 같은 책, 「塔像第四-溟州(古河西府也)五臺山寶叱徒太子傳記」(大正藏 卷49, p.999下), "兩太子並禮拜 每日早朝汲于洞水 煎茶供養 一萬眞身文殊."

45 같은 책(1000上), "寶叱徒太子常服于洞靈水 肉身登空 到流沙江 入蔚珍大國掌天窟修道."

46 權近 撰, 「五臺山西臺水精菴重創記」, "遂有五類聖衆常住之說 爲浮圖者 盛稱之."

의 화신化身임을 알았다. … 절의 5류성중과 9층석탑은 모두 (그) 성스러운 자취(聖跡)이다.[47]

「기문」－옛적 신라의 두 왕자가 일찍이 이곳으로 숨어와 수선修禪하여 득도하였다.[48]

「대산오만진신」－정신淨神대왕의 태자 보천과 효명의 두 형제가 하서부河西府에 이르러 세헌각간世獻角干의 집에서 하루를 유숙했다. 익일에 대령大嶺을 지나 각기 1,000의 무리를 거느리고 성오평省烏坪에 이르러 여러 날을 유람했다. (그러다가) 어느 날 저녁에 형제 2사람은 방외方外의 뜻(志)을 밀약하고는 다른 사람들에게 알리지 않고, 도망쳐 오대산으로 들어가 은거하였다. … 운운[49]

---

47 『三國遺事』 3, 「塔像第四-臺山月精寺五類聖衆」(大正藏 49, 1000a·b), “士與五比丘別 後方知是五類聖衆化身也 … 寺之五類聖衆九層石塔皆聖跡也.”

48 權近 撰, 「五臺山西臺水精菴重創記」, “昔新羅二王子 嘗遁于此 修禪得道.”

49 『三國遺事』 3, 「塔像第四-臺山五萬眞身」(大正藏 49, 998c~999b), “淨神大王太子寶川孝明二昆弟(按國史 新羅無淨神寶川孝明三父子明文 然此記下文云 神龍元年開土立寺 則神龍乃聖德王卽位四年乙巳也 王名興光 本名隆基 神文之第二子也 聖德之兄孝照名理恭 一作洪 亦神文之子 神文政明字日照則淨神恐政明神文之訛也 孝明乃孝照一作昭之訛也 記云孝明卽位 而神龍年開土立寺云者 亦不細詳言之爾 神龍年立寺者乃聖德王也)到河西府(今溟州亦有河西郡是也 一作河曲縣 今蔚州非是也)世獻角干之家留一宿 翌日過大領 各領千徒到省烏坪 遊覽累日 忽一夕昆弟二人密約方外之志 不令人知 逃隱入五臺山(古記云 太和元年戊申八月初王隱山中 恐此文大誤 按孝照一作昭 以天授三年壬辰卽立 時年十六 長安二年壬寅崩 壽二十六 聖德以是年卽位 年二十二 若曰太和元年戊申 則先於孝照卽位甲辰已過四十五歲 乃太宗文武王之世也 以此知此文爲誤 故不取之) … 云云.”

「명주오대산보질도태자전기」—신라 정신왕淨神王의 태자 보질도는 아우 효명태자와 더불어, 하서부 세헌각간의 집에 이르러 하루를 묵었다. 익일에 대령을 넘어 각기 1,000인을 거느리고 성오평에 도착하여 여러 날을 노닐었다. 태화太和 원년 8월 5일에 형제는 함께 오대산에 들어가 은거하였다.[50]

이와 같은 양상은 「기문」의 "2공이 재생하여 그 옛 터가 드러나게 함인가?"[51]라는 구절을 통해서도 인식된다. 이는 당시 화재 이후 수정암을 중창한 나암과 목암을 보천과 효명에 빗대는 것이기 때문이다.[52]

---

50 같은 책, 「塔像第四-溟州(古河西府也)五臺山寶叱徒太子傳記」(大正藏 49, 999c~1000a), "新羅淨神太子寶叱徒 與弟孝明太子 到河西府世獻角干家一宿 翌日踰大嶺 各領一千人到省烏坪 累日遊翫 太和元年八月五日 兄弟同隱入五臺山."

51 이는 水精菴을 중건하는 과정에서 과거 水精社 터가 발견되어 그곳에 암자를 짓게 된 것을 의미한다. 그러나 그곳이 원래의 水精社 터인지에 관해서는 이론의 여지가 있을 수 있다. 그러나 「記文」은 이를 따지지 않고 종교적인 신이함과 관련해서만 이해하고 있다.

權近 撰, 「五臺山西臺水精菴重創記」, "癸酉之春 方始董工 更就泉傍林木之下 相其面勢 尤爲奇勝 乃斮其木 乃剗其土 遺礎具存 宛然舊址也 觀者相慶 咸與言曰 殆天使鬱攸 焚其陋而啓其勝歟 二公再生以發其舊歟 抑道眼旣具 自與古人默契歟 是必居一於此矣 迺樂趍事 以訖營構."

52 宋代 新儒學은 道統說을 주장하면서 孟子에게서 단절된 心法이 1,400년을 격절해 北宋의 程顥에게 상속하는 것으로 표현한다(張德麟 著, 박상리 外 譯, 『程明道의 哲學』, 藝文書院, 2004, 33쪽). 이는 『孟子』 「離婁下」에서 舜과 文王이 "得志行乎中國, 若合符節, 先聖後聖, 其揆一也"라고 한 전통을 따른 것이다. 이러한 道統說을 통해서 불교를 거쳐 변형된 新儒學은 자신들의 정당성을 주장하고 있는 것이다. 權近이 朝鮮初의 大儒라는 점을 고려해볼 때, 이는 寶川·孝明과 懶庵·牧庵이 상호 符合하는 관계로 평가하는 부분으로 이해된다. 이는 당시 新儒學者가 할 수 있는 최대의 칭찬이라고 하겠다.

이러한 권근의 「기문」을 통해서 우리는 권근이 오대산, 혹은 수정암을 통한 오대산과 관련된 고전古傳을 보았거나 알고 있었다는 점을 인지해 볼 수 있다. 그런데 물에 있어서만은 우통수라는 명칭을 사용하고 있어 차이가 있다.

실제로 『삼국유사』에서 우통수에 대한 기원으로 인식되는 동중수洞中水·영동지수靈洞之水·우동수于洞水는 우통수于筒水와는 발음이 비슷하지만 내용적으로는 완연히 다르다. 이는 동중수·영동지수·우동수가 계곡물, 즉 오대천의 물을 지칭하는 것에 비해서 우통수는 수정암의 샘물을 의미한다는 점에서 그렇다. 즉 『삼국유사』 혹은 고기古記의 오대천 물이 권근에 오면, 우통수라는 테두리가 있는 수정암의 샘물이 되고 있는 것이다.

우통수가 중요한 것은 우통수가 「지리지」 이래로 조선조를 일관하는 한강의 시원으로 인식되고 있기 때문이다. 또한 이러한 시원의 남상濫觴은 살펴본 바와 같이 권근의 「기문」에 있다. 그런데 권근의 「기문」을 자세히 읽어보면, 우통수가 수정암의 샘이라는 것과 더불어 오대천이라는 의미가 함께 기록되어 있어 주의가 요구된다. 이의 해당 부분을 적시해보면 다음과 같다.

> 서대의 아래에 함천檻泉이 있어 (물이) 용출한다. (그) 색과 맛이 일반의 물보다 수승하고, 무게 또한 그러하다. (이를) 우통수라 한다.[53]

> 우통수의 근원되는 (곳에 한) 암자가 있으니, 수정水精(암菴)이라고

53 權近 撰, 「五臺山西臺水精菴重創記」, "西臺之下 有檻泉涌出 色味勝常 其重亦然 曰于筒水."

한다.[54]

권근은 짤막한 한 편의 「기문」에서 우통수를 '서대 수정암의 샘'으로 기록하는 동시에, '수정암에서 발원하는 오대천'으로 기록하고 있는 것이다. 이는 적지 않은 모순이다. 그러나 이 부분은 수정암의 중창과 직접 관련되지 않는다고 생각해서인지 별 생각 없이 넘어가고 있다. 그런데 「기문」의 말미에는 권근이 이러한 모순을 범할 수 있는 충분한 이유가 기록되어 있어 주목된다.

> 나암이 나에게 와서 「기문」을 요구하는 것도 대개 이러한 뒷사람들을 경계코자 함이리라. 나와 나암은 (그 추구하는) 도는 비록 같지 않지만, 서로 안 지가 오래인 고로 (「기문」의 요구를) 사양하지 않고 그의 말을 적어 「기문」이 되도록 하였다.[55]

이 기록은 수정암의 중창주인 나암이 권근과 이전부터 안면이 있었고,[56] 그로 인하여 「기문」을 요청한 내용이다. 그런데 여기에는 「기문」이 권근의 실견實見에 의한 것이 아니라, 나암의 구술을 바탕으로 정리된 것이라는 점이 명확히 드러나 있다. 즉 권근은 직접 수정암에 가 보고서 글을 쓴 것이 아니라, 나암의 전언傳言을 토대로 「기문」을

---

54 위의 「記文」, "于筒之源 有菴 曰水精."

55 위의 「記文」, "懶菴來予徵記 盖欲以是警後來也 予與懶庵 道雖不同 相知已久 故不辭而書其言 以爲記."

56 위의 「記文」, "懶庵世族也 棄紈綺 蒙伽梨 道譽甚高 今爲兩街都僧錄大師云 : 懶庵은 世族 (출신)으로 비단 옷을 버리고 (僧)伽梨를 입으니, 도의 명성이 매우 높다. 지금은 兩街都僧錄大師가 되었다 한다."

완성한 것이다.[57] 이는 권근이 우통수에 대해서 오류를 범할 개연성이 된다.

이렇게 놓고 본다면, 우통수라는 명칭은 본래 『삼국유사』에서와 같이 오대천의 계곡물을 지칭하던 것이, 그 시원지인 수정암의 샘과 연결되어 권근에 의해 최초로 사용되고 있다는 추론이 가능해진다. 이렇게 되어야만 『삼국유사』의 기록과 「기문」의 명칭적인 차이, 그리고 「기문」 안에서의 혼란양상들이 모두 다 해소될 수 있게 된다.

또한 이를 통해서 우리는, 「지리지」의 "우통수즉금강연"이라는 말에 대해서도 비로소 타당한 해법을 확보하게 된다는 점에서도 시사하는 바가 크다.

금강연은 오대천에서 가장 핵심적인 신성한 장소이다. 이는 오대천 관련 부분 중에서 금강연에만 신성한 전승이 남아 있는 것을 통해서 확인해볼 수가 있다.

이 중 중요한 것만을 적시해보면 다음과 같다.

> 금강연: 오대산 월정사는 강릉부에서 서쪽으로 1백 10리 정도 떨어져 있다. (여기에) 사면이 모두 반석에 폭류가 10척이 되어 물이 모이는 곳이 (있으니 바로) 금강연이다. (이곳에는) 신룡神龍의 전설이 있다.[58]

---

57 懶菴의 傳言에 의해 작성된 것은 水精庵과 관련된 제한된 부분으로 이해된다. 왜냐하면, 五臺山과 관련된 일반적인 부분들은 앞선 '3) 우통수 명칭의 타당성'에서 제시한 바와 같이 관련 자료들을 열람한 흔적이 뚜렷하기 때문이다. 즉, 「記文」은 '五臺山에 대한 보편적인 측면'과 '懶菴의 傳言'이라는 이중의 자료에 입각해서 작성되었다는 말이다.

58 『輿地圖書』 「江原道 江陵-山川」, "金剛淵 在五臺山月精寺傍距府西一百十里. 四面皆盤石瀑流十尺匯而爲淵. 諺傳神龍."

승려의 말에 따르면, 월정사 앞쪽의 금탑金塔〔공교로운 솜씨의 개금蓋金된 탑이라는 의미〕은 (금강)연의 용이 용출한 곳이다. 탑 앞에는 석불石佛〔월정사석조보살좌상인 보물 제139호를 지칭하는 것임〕 한 구가 있는데, 왜구가 (칼로) 베어서 허리춤의 옷깃이 끊어졌다[59]고 한다.[60]

(월정사 팔각구층석)탑 앞에는 약왕보살[61]의 석상이 있다. 손에는 향로를 받든 채 (9층)탑을 향하여 꿇어(앉아 공양을 올리고) 있다. 노승들이 전하는 말에 의하면, 이 석상은 절의 남쪽에 있는 금강연에서 용출한 것이라고 한다. 탑 또한 제작이 매우 정교하여 그 비할 바가 드물며, 또한 영험함이 많다. 이제 산중의 새들조차 감히 그 위를 날아가지 못하는 것을 보면, 뭇 신령들이 위요圍繞하는 바 됨을 알 수가 있겠다.[62]

권근은 「기문」의 작성에서 그치고 있지만, 「지리지」는 한강의 시원에 대한 제례를 언급하고 있다는 점에서 현장을 확인했다고 할 수 있다. 이러한 과정에서 우통수가 서대 수정암의 샘을 의미하는 것이

---

59 이는 供養菩薩像의 우측 팔이 파손되어 돌을 괴어 놓은 측면을 의미하는 것으로 파악된다. 현재 우측 팔은 수리되었으며, 진품은 月精寺聖寶博物館에 전시되고 있다(현재 탑 앞의 석상은 재현품임).

60 金元行 作, 〈月精寺〉 詩의 自註, "僧言 寺前金塔 是淵龍之所湧出 而塔前石佛一軀 爲倭奴所斫 腰領斷折"

61 『妙法蓮華經』 卷6 「藥王菩薩本事品第二十三」에 의거하여 藥王菩薩이라고 한 것이나, 이는 틀린 것이다. 柄香爐를 받쳐 들고 있으니, 의당 供養菩薩이라고 하는 것이 옳다.

62 『五臺山事蹟』 「信孝居士親見五類聖事蹟」, "塔前有藥王菩薩石像. 手捧香爐向塔而踞. 古老相傳云 是石像從寺南金剛淵而湧出. 塔亦製作甚妙罕有其比而又多靈異. 只今山中鳥雀不敢飛過其上. 爲衆靈所衛可知也."

아니라, 오대천 전체를 나타낸다는 것을 인지하게 되어 그 핵심적인 장소로 금강연이 제기되고 있는 것이 아닌가 한다. 즉 「지리지」의 "우통수즉금강연"의 기록은 권근의 「기문」에서의 문제점을 수정·보완하고 있는 기록인 것이다. 이렇게 이해될 때, 비로소 우리는 "우통수즉금강연"이라는 매우 난해한 기록에 대한 정당성을 확보할 수 있게 된다. 즉 우통수가 서대 수정암의 샘에 대한 고유명사가 아니라는 점에 착안하게 되면, 우리는 『삼국유사』와 「기문」, 그리고 「지리지」의 세 기록이 모두 각각의 타당성을 확보하고 있다는 점을 알 수가 있게 되는 것이다.

우통수는 한강의 전통적인 시원으로 인식되는 곳이다.[63] 그러나 여기에는 『삼국유사』와 「지리지」라는 서로 다른 관점이 충돌하고 있어 혼란의 양상이 존재한다. 그러나 권근의 「기문」은 이러한 문제의 간극을 효율적으로 연결시켜 줌으로써, 전통적인 한강의 시원과 관련된 문제에 대한 보다 타당한 해법을 제시해주고 있다.

그리고 이는 또한 후대의 기록에서도 일부 보이는 금강연을 한강의 시원으로 적시하고 있는 이만부의 『지행록地行錄』[64]이나, 김정호의 〈청구도靑丘圖〉[65] 표기와 같은 부분에 있어서도 타당한 해법이 되고

---

63 지금까지 한강의 전통적인 시원인 우통수와 관련된 연구로는 다음과 같은 것들이 있다.

전상호·함석종, 『한강의 발원지와 강원도』(江原開發硏究院, 2000); 최승업·전상호, 「한강 발원지의 구명에 관한 연구」(江原開發硏究院, 2000); 江原大學校中央博物館·平昌郡 編, 『于筒水 地表調査』(江原大學校中央博物館·平昌郡, 2004); 玆玄 外, 『한강의 시원지, 오대산 우통수』(五臺山月精寺, 2009); 拙稿, 「한강의 시원 정립에 관한 불교적인 영향 고찰」, 『韓國禪學』 제25호(2010).

64 앞서 인용한 李萬敷의 『地行錄』 부분을 參照하라.

있다. 즉 권근의 「기문」은 조선조를 일관하는 한강의 시원정립에 있어서 가장 중요한 문건인 동시에, 한강의 시원 위치를 해결해주는 중요한 열쇠 역할을 하고 있는 것이다.

4. 나가는 말

이상을 통해서 필자는 권근의 「기문」에서 살펴지는 측면을, '오대산의 신앙체계 변화'와 '한강의 시원으로서의 우통수 문제'로 고찰해보았다.

오대산의 신앙체계는 자장의 문수신앙에서 비롯되어 보천의 종교체험에 의해 오대신앙으로 변모한다. 그러나 고려의 어느 시점에 오게 되면, 월정사가 보천의 화장사를 압도하는 총본사가 되면서 오대의 개별적인 특성에 의한 오대신앙의 총체적인 측면은 변모하게 된다. 이는 월정사에 모셔졌다고 기록되어 있는 5류성중과 관련된 이해를 통해서도 시사받아 볼 수가 있다. 그리고 현존하는 유물과 관련해서는 월정사 팔각구층석탑이 있다. 즉 고려의 어느 시기에 오대산은 전체적인 신앙체계의 변화를 맞이하게 되고, 그로 인하여 월정사 중심의 체계가 확립되는 것이다.

이러한 오대산의 신앙체계를 읽게 해주는 직접적인 자료가 바로

---

65 金正浩의 〈靑丘圖〉는 于筒水가 아닌 金剛淵 옆에 "漢水正源", 혹은 "漢水之源"이라고 표기하고 있어 주목된다.
江原大學校中央博物館·平昌郡 編, 『于筒水 地表調査』(江原大學校中央博物館·平昌郡, 2004), 39쪽; 이지누, 「인문학적 관점에서 본 우통수와 한강」, 『한강의 시원지, 오대산 우통수』(五臺山月精寺, 2009), 66~69쪽; 拙稿, 「동양철학에서의 물에 대한 관점과 한강의 시원에 관한 고찰」, 『한강의 시원지, 오대산 우통수』(五臺山月精寺, 2009), 97쪽.

권근의 「기문」이다. 「기문」에서 나타나 보이는 수정암 신앙체계의 종합적인 양태는, 월정사가 총본사가 되는 것과 무관하지 않을 것으로 사료된다. 즉 보천에 의해서 확립된 수정사의 '아미타를 중심으로 하는 대세지신앙'은 「기문」으로 나타나고 있는 고려 말에 이르면, '아미타를 중심으로 하는 정토신앙의 일반론'으로 바뀌어 있다. 이는 오대의 각기 다른 차별적인 신앙체계가 「기문」이 작성되기 이전에 이미 붕괴되었다는 것을 의미한다. 그리고 이러한 양상은 월정사가 총본사로 거듭나는 시기와 연관된 것으로 이해해볼 수가 있어 주목된다. 즉 「기문」의 이해를 통해서 우리는 오대산의 신앙체계 변화에 대한 하한선을 인식할 수 있다. 또한 오대산 신앙체계의 변화에 대한 보다 분명한 입각점을 수립해볼 수가 있는 것이다.

다음으로 한강의 시원과 관련해서, 「기문」의 분석을 통해 우리는 우통수의 명칭과 관련된 다음의 두 가지 문제를 정리해볼 수가 있었다. 그 첫째는 『삼국유사』와 이후에 나타나는 우통수와의 명칭적인 차이 문제이다. 그리고 둘째는 「지리지」에서 보이는 "우통수즉금강연"이라는 애매한 표현에 관한 것이다.

이러한 부분을 해결하는 과정에서 우리는 우통수가 수정암의 샘을 지칭하는 국집된 표현이 아니라, 오대천 전체를 의미하는 것이라는 점을 인지해볼 수가 있었다. 또한 이와 연관하여 오대천의 중심적인 상징은 금강연에 있다는 정리가 가능하게 된다. 이는 우통수가 조선시대를 일관하는 한강의 시원이라는 점에서, 한강의 시원 인식과 관련하여 중요한 의미를 구성하는 부분이다.

월정사는 오늘날까지도 신흥사와 더불어 강원도를 분할하는 양대 본사이다. 그럼에도 월정사에 대한 수식은 때로는 '오대성지'로 되어 있으며, 또 때로는 '화엄성지'나 '문수성지'로 나타난다.[66] 이는 오대산의 신앙체계에 대한 보다 분명한 이해가 선행되지 못하였기 때문이다. 그러므로 본 「기문」의 정리를 통해서, 오대산의 신앙체계에 대한 명확성 수립에 있어, 나름의 의미가 확보된다고 하겠다.

또한 우리나라의 문화적인 역량이 강화되면서 한강의 전통적인 시원과 관련해서도 주목되는 면이 증대하고 있다. 여기에 한강의 시원이 한강과 관련된 물 중에서 가장 좋은 물을 기준으로 했다는 점에서, 이는 물이 강조되는 현대사회에 있어서 중요한 의미가 된다. 그런데 이에 대한 명확한 연구는 아직 부족한 실정이다. 이러한 점에서 본다면, 본고를 통해서 한강의 시원에 대한 보다 분명한 토대가 마련되어, 확고한 가치를 천명할 수 있게 된다고 하겠다.

66 月精寺의 2010년도 달력에는 월정사에 대한 수식으로 '五臺聖地'라는 표현이 사용되고 있는 반면, 2011년 달력에는 '華嚴聖地'라는 수식이 사용되고 있다. 또 이는 다시금 2011년 봄부터는 寺中의 宗務會議를 통해서 '文殊聖地'로 바뀌었다.

參考文獻

I. '월정사'라는 사찰명칭에 관한 동양사상적인 검토

瞿曇僧伽提婆 譯,『增壹阿含經』, 大正藏 2.

竺法護 譯,『生經』, 大正藏 3.

康僧會 譯,『六度集經』, 大正藏 3.

支謙 譯,『撰集百緣經』, 大正藏 4.

康僧會 譯,『舊雜譬喩經』, 大正藏 4.

佛馱跋陀羅 譯,『大方廣佛華嚴經』, 大正藏 9.

迦旃延子 造, 五百羅漢 釋, 浮陀跋摩·道泰 等譯,『阿毘曇毘婆沙論』, 大正藏 28.

澄觀 撰,『大方廣佛華嚴經疏』, 大正藏 35.

一然 撰,『三國遺事』, 大正藏 49.

玄奘 著, 辯機 撰,『大唐西域記』, 大正藏 51.

『Khuddaka-Nikāya』.

『老子』.

『論語』.

『孟子』.

『山海經』.

『周易』.

珂案 註,『山海經』.

高誘 註,『淮南子』.

郭璞 註,『山海經』.

屈原 著,『楚辭』.

徐堅 等 編,『初學記』.

劉安 編,『淮南子』.

王逸 註,『楚辭』.

王充 著,『論衡』.

張載 著,『正蒙』.

鄭道傳 著, 『佛氏雜辨』.
周敦頤 著, 朱熹 註, 『通書解』.
洪興祖 補註, 『楚辭』.
『五臺山事蹟記』.
『五臺山事蹟公參』.
李荇·洪彦弼 增補, 『新增東國輿地勝覽』.
閔漬 撰, 「奉安舍利開建寺庵第一祖師傳記」.
李彙晋 撰, 「月精寺重建事蹟碑」.
混元世煥 撰, 「金剛錄」.
譯經委員會 譯, 『本生經1』, 東國譯經院, 1988.
譯經委員會 譯, 『本生經2』, 東國譯經院, 1991.
김경숙·안명숙 著, 『韓國의 袈裟』, 대원사, 2005.
박용수 著, 『五臺山』, 대원사, 2002.
月精寺 編, 『五臺山-月精寺·上院寺』, 月精寺, 未詳.
전인초·정재서·김선자·이인택 著, 『中國神話의 理解』, 아카넷, 2002.
전호태 外 編著, 『高句麗 古墳壁畵』, 연합뉴스, 2006.
전호태 著, 『中國 畵像石과 古墳壁畵 硏究』, 솔, 2007.
趙明烈 外 著, 『佛敎經典의 理解』, 佛敎時代社, 1997.
韓國佛敎硏究院 著, 『月精寺(附)上院寺』, 一志社, 1995.
한상길 著, 『月精寺』, 大韓佛敎振興院, 2009.
朝鮮總督府 編, 『朝鮮古蹟圖譜 12』, 東京: 大塚巧藝社, 昭和 7年.
朝鮮總督府 編, 『朝鮮金石總覽 下』, 京城: 朝鮮總督府, 大正 8年.
馮友蘭 著, 『中國哲學史(下冊)』, 上海: 華東師範大學出版社, 2003.
Alexander Soper, *The Art and Architecture of China*, New York: Penguin, 1956.
리쩌허우 著, 정병석 譯, 『中國古代思想史論』, 한길사, 2005.
信立祥 著, 김용성 譯, 『漢代 畵像石의 世界』, 학연문화사, 2005.
위앤커 著, 전인초·김선자 譯, 『中國神話傳說1-譯註本』, 民音社, 2002.
張岱年 著, 김백희 譯, 『中國哲學史大綱 上』, 까치, 2000.
村山智順 著, 崔吉城 譯, 『朝鮮의 風水』, 民音社, 1990.
馮友蘭 著, 鄭仁在 譯, 『간명한 中國哲學史』, 螢雪出版社, 2008.
토오도오 교순·시오이리 료오도 著, 차차석 譯, 『中國佛敎史』, 대원정사, 1992.

陳喜波, 「文博(第4期)」, 北京: 北京文物局, 2000.
李順德, 「韓國袈裟에 대한 硏究」, 嶺南大 博士學位論文, 1995.
손환일, 「三足烏 문양의 시대적 변천」, 『三足烏』, 학연문화사, 2007.
이형구, 「고구려 고분벽화에 보이는 三足烏 신앙에 대하여」, 『三足烏』, 학연문화사, 2007.
허흥식, 「三足烏의 동북아시아 기원과 사상의 계승」, 『三足烏』, 학연문화사, 2007.
官東貴 著, 「中國古代十日神話之硏究」, 『從地較神話到文學』, 台北: 東大圓書出版社, 1977.
강선정·조우현, 「조선 중기 西山大師와 碧巖大師의 가사 유물에 대한 연구」, 『韓國服飾學會紙』 제61권 3호(2011)
김경숙, 「臺灣·韓國·日本의 현재 袈裟의 특징에 관한 연구」 『韓服文化』 제8권 제1호(2005).
金一權, 「中國 古代 明堂儀禮의 성립과정과 天文宇宙論的 의미 고찰」(延世大 國學硏究院, 304회 발표회문, 2000).
金一權, 「唐宋代의 明堂儀禮 變遷과 그 天文宇宙論的 運用」, 『宗教와 文化』 제6집(2000).
廉仲燮, 「불교 숫자의 상징성 고찰-'4'와 '7'을 중심으로」, 『宗教硏究』 제55집(2009).
廉仲燮, 「中國哲學的 思惟에서의 '理通氣局'에 관한 考察」, 『東洋哲學硏究』 제50집(2007).
李杏九, 「韓國 華嚴의 初祖考」, 『佛教文化硏究』 제4집(1995).

II. 『오대산사적기』 「제1조사전기」의 수정 인식 고찰

竺法護 譯, 『佛說海龍王經』, 大正藏 15.
一然 撰, 『三國遺事』, 大正藏 49.
釋道宣 撰, 『續高僧傳』, 大正藏 50.
玄奘 述, 辯機 撰, 『大唐西域記』, 大正藏 51.
道宣 撰, 『集神州三寶感通錄』, 大正藏 52.
釋道世 撰, 『法苑珠林』, 大正藏 53.
本覺 編集, 『歷代編年釋氏通鑑』, 大正藏 76.
徐昌治 編輯, 『品高僧摘要』, 大正藏 87.
梵海覺岸 著, 『東師列傳』, 『韓佛全』 10.

金富軾 編, 『三國史記』.

『五臺山事跡記』.

圓仁 著, 『入唐求法巡禮行記』.

姚克一 奉敎書, 「皇龍寺刹柱本紀」.

圓仁 著, 申福龍 譯, 『入唐求法巡禮行記』, 精神世界社, 1991.

韓國佛敎硏究院 著, 『通度寺』, 一志社, 1999.

呂澂 著, 覺昭 譯, 『中國佛敎學 講義』, 民族社, 1992.

K. S. 케네쓰 첸 著, 박해당 譯, 『中國佛敎下』, 民族社, 1994.

崔正森 主編, 『五臺山 六十六寺』, 太原: 山西科學技術出版社, 2004.

文化財廳 編, 「제29호 泗溟大師의 金襴袈裟와 長衫」, 『文化財大觀-重要民俗資料2 : 服飾·刺繡篇』, 文化財廳 無形文化財科, 2006.

修德寺 槿域聖寶館 編, 『至心歸命禮』, 修德寺 槿域聖寶館, 2006.

安明淑, 「袈裟의 衍義에 관한 硏究」, 東國大 博士學位論文, 1989.

李順德, 「韓國袈裟에 대한 硏究」, 嶺南大 博士學位論文, 1995.

高翊晋, 「新羅密敎의 思想內容과 展開樣相」, 『韓國密敎思想硏究』, 東國大學校出版部, 1986.

金福順, 「新羅 五臺山事跡의 形成」, 『江原佛敎史 硏究』, 소화, 1996.

金相鉉, 「三國遺事 慈藏 기록의 검토」, 『天台宗 田雲德 總務院長 華甲紀念-佛敎學論叢』, 丹陽郡: 天台佛敎文化硏究院, 1999.

金英美, 「慈藏의 佛國土思想」, 『韓國史 市民講座(제10집)』, 一潮閣, 1992.

閔賢九, 「閔漬」, 『韓國史 市民講座(제19집)』, 一潮閣, 1996.

閔賢九, 「閔漬와 李齊賢」, 『斗溪李丙燾博士九旬紀念韓國私學論叢』, 知識産業社, 1987.

辛鍾遠, 「慈藏과 중고시대 사회의 사상적 과제」, 『新羅初期佛敎史硏究』, 民族社, 1992.

辛鍾遠, 「慈藏의 佛敎思想에 대한 재검토」, 『新羅初期佛敎史硏究』, 民族社, 1992.

金福順, 「慈藏의 生涯와 律師로서의 位相」, 『大覺思想』 제10호(2007).

金相鉉, 「閔漬의 本朝編年綱目」, 『韓國史』 제21호(1996).

남동신, 「『三國遺事』의 史書로서의 특징」, 『佛敎學硏究』 제16호(2007).

남동신, 「慈藏의 佛敎思想과 佛敎治國策」, 『韓國史硏究』 제76호(1992).

南武熙, 「三國遺事에 반영된 고려 국내 유통 「慈藏傳」의 복원과 그 의미」, 『韓國學論

叢』 제34호(2010).
南武熙, 「『續高僧傳』「慈藏傳」과 『三國遺事』「慈藏定律」의 원전 내용 비교」, 『文學/史學/哲學』 제19호(2009).
南武熙, 「慈藏의 生涯 복원」, 『韓國學論叢』 제32호(2009).
盧在性(慧南), 「澄觀의 五臺山 信仰」, 『中央增伽大學論文集』 제8호(1999).
朴魯俊, 「唐代 五臺山信仰과 不空三藏」, 『關東史學』 제3호(1988).
朴魯俊, 「唐代 五臺山信仰과 澄觀」, 『關東史學』 제3호(1988).
朴魯俊, 「唐代 五臺山信仰의 移植 硏究」, 『嶺東文化』 제4호(1992).
朴魯俊, 「五臺山信仰의 起源硏究-羅·唐 五臺山信仰의 比較論的 考察」, 『嶺東文化』 제2호(1986).
박미선, 「新羅 五臺山信仰의 成立時期」, 『韓國思想史學』 제28집(2007).
邊東明, 「鄭可臣과 閔漬의 史書編纂活動과 그 傾向」, 『歷史學報』 제130집(1991).
신동하, 「新羅 五臺山信仰의 구조」, 『人文科學硏究』 제3호(1997).
辛鍾遠, 「『三國遺事』 善德王知幾三事條의 몇 가지 문제」, 『新羅文化祭學術發表會論文集』 제17집(1996).
辛鐘遠, 「慈藏의 佛敎思想에 대한 再檢討-初期戒律의 意義」, 『韓國史硏究』 제39호(1982).
廉仲燮, 「髻珠에 관한 사상적 관점에서의 재조명」, 『宗敎硏究』 제61집(2010).
廉仲燮, 「善德王의 轉輪聖王적인 측면 고찰」, 『史學硏究』 제93호(2009).
이인영·홍정민, 「金剛寺 소장 錦襴袈裟에 관한 연구」, 『韓服文化』 제9권 3호(2006).
이주형, 「간다라 불상과 사리 봉안」, 『中央아시아硏究』 제9호(2004).
이창국, 「元간섭기 閔漬의 現實認識-佛敎記錄을 中心으로」, 『民族文化論叢』 제24집(2001).
張志勳, 「慈藏과 芬皇寺」, 『新羅文化祭學術發表會論文集』, 제20호(1999).
許興植, 「閔漬의 詩文과 歷史」, 『敎育硏究誌』 제30집(1988).

III. 동양사상에서의 물에 대한 관점과 한강의 시원에 관한 전통인식 고찰1

〈廣開土大王碑文〉.
金正浩 編, 〈靑邱圖〉.
張又新 著, 「煎茶水記」.
許筠 作, 〈和思潁詩-書懷 用答邵資政韻〉.

『管子』.
『老子』.
『論語』.
『孟子』.
『詩經』.
『莊子』.
『周易』.
『關東志』.
『世宗實錄』.
『輿地圖書』.
『太祖實錄』.
權近 著, 『陽村集』.
金正浩 著, 『大東地志』.
徐居正 外 編, 『東文選』.
司馬遷 著, 『史記』.
尹廷琦 著, 『東寰錄』.
柳馨遠 著, 『東國輿地志』.
李肯翊 著, 『燃藜室記述 別集』.
李萬敷 著, 『地行錄』.
李萬運 等 增補, 『增補文獻備考』.
李重煥 著, 『擇里志(博綜誌·八域志)』.
李裕元 著, 『林下筆記』.
李荇·洪彦弼 增補, 『新增東國輿地勝覽』.
金宗瑞·鄭麟趾 外 編, 『高麗史』.
許愼 著, 班吉慶·王劍·王華寶 點校, 『說文解字校訂本』, 南京: 鳳凰出版社, 2004.
洪萬宗 著, 『小華詩評』.
一然 撰, 『三國遺事』, 大正藏 49.
안동림 譯註, 『莊子』, 玄岩社, 2001.
王弼 註, 임채우 譯, 『王弼의 老子』, 藝文書院, 1997.
程頤·朱熹 註, 金碩鎭 譯, 『周易傳義大全譯解』, 大有學堂, 1997.
문을식 著, 『印度의 思想과 文化』, 如來, 2001.

申採湜 著, 『東洋史槪論』, 三英社, 1997.
이강수 著, 『中國 古代哲學의 理解』, 知識産業社, 2000.
馮友蘭 著, 『中國哲學史新編 中』, 北京: 人民出版社, 2004.
B. 러셀 著, 최민홍 譯, 『西洋哲學史 上』, 集文堂, 2002.
사라 알란 著, 오만종 譯, 『孔子와 老子, 그들은 물에서 무엇을 보았는가』, 藝文書院, 1999.
狩野直喜 著, 吳二煥 譯, 『中國哲學史』, 乙酉文化社, 1997.
양계초·풍우란 外 著, 金弘炅 譯, 『陰陽五行說의 硏究』, 신지서원, 1993.
李宗桂 著, 李宰碩 譯, 『中國文化槪論』, 藝文書院, 1993.
치우지핑 著, 김봉건 譯, 『茶經圖說』, 이른아침, 2005.
馮友蘭 著, 鄭仁在 譯, 『간명한 中國哲學史』, 螢雪出版社, 2008.
江原大學校中央博物館·平昌郡 編, 『于筒水 地表調査』, 江原大學校中央博物館·平昌郡, 2004.
이형석, 「月刊 '山'」, 朝鮮日報社, 1981, 5월호.
장숙필, 「權近의 〈入學圖說〉과 그 影響」, 『圖說로 보는 韓國儒學』, 藝文書院, 2003.
전상호, 「한강 발원지의 역사성 및 현대적 의미 고찰」, 『한강의 발원지와 강원도』, 江原開發硏究院, 2000.
최승업·전상호, 「한강 발원지의 구명에 관한 연구」, 江原開發硏究院, 2000.
廉仲燮, 「한강의 시원으로서 于筒水와 金剛淵의 타당성 고찰」, 『溫知論叢』 제28집(2011).
廉仲燮, 「한강의 시원 정립에 관한 불교적인 영향 고찰」, 『韓國禪學』 제25호(2010).

IV. 동양사상에서의 물에 대한 관점과 한강의 시원에 관한 전통인식 고찰2

闍那崛多 等譯, 『起世經』, 大正藏 1.
法立·法炬 譯, 『大樓炭經』, 大正藏 1.
達摩笈多 譯, 『起世因本經』, 大正藏 1.
佛陀耶舍·竺佛念 譯, 『長阿含經』, 大正藏 1.
求那跋陀羅 譯, 『雜阿含經』, 大正藏 2.
瞿曇僧伽提婆 譯, 『增壹阿含經』, 大正藏 2.
闍那崛多 譯, 『佛本行集經』, 大正藏 3.
馬鳴 造, 曇無讖 譯, 『佛所行讚(Buddhacarita)』, 大正藏 4.

玄奘 譯, 『大般若波羅蜜多經』, 大正藏 7.
笈多 譯, 『金剛能斷般若波羅蜜經』, 大正藏 8.
義淨 譯, 『佛說能斷金剛般若波羅蜜多經』, 大正藏 8.
竺法護 譯, 『正法華經』, 大正藏 9.
鳩摩羅什 譯, 『妙法蓮華經』, 大正藏 9.
佛馱跋陀羅 譯, 『大方廣佛華嚴經』, 大正藏 9.
闍那崛多·達摩笈多 共譯, 『添品妙法蓮華經』, 大正藏 9.
實叉難陀 譯, 『大方廣佛華嚴經』, 大正藏 10.
菩提流志 譯, 『大寶積經』, 大正藏 11.
康僧鎧 譯, 『無量壽經』, 大正藏 12.
鳩摩羅什 譯, 『佛說阿彌陀經』, 大正藏 12.
畺良耶舍 譯, 『佛說觀無量壽佛經』, 大正藏 12.
曇無讖 譯, 『大方等大集經』, 大正藏 13.
佛陀耶舍·竺佛念 等譯, 『四分律』, 大正藏 22.
弗若多羅·羅什 譯, 『十誦律』, 大正藏 23.
世親 造, 玄奘 譯, 『阿毘達磨俱舍論』, 大正藏 29.
法藏 述, 『華嚴經探玄記』, 大正藏 35.
澄觀 撰, 『大方廣佛華嚴經疏』, 大正藏 35.
法藏 述, 『華嚴一乘教義分齊章』, 大正藏 45.
一然 撰, 『三國遺事』, 大正藏 49.
玄奘 著, 辯機 撰, 『大唐西域記』, 大正藏 51.
義湘 撰, 『法界圖記叢髓錄』, 『韓佛全』 6.
『Dīgha Nikāya』.
『論語』.
『孟子』.

金正浩 編, 〈青邱圖〉.
李荇 作, 〈月精寺〉.
李景奭 作, 〈月精寺雪後〉.
金元行 作, 〈月精寺〉.
『關東志』.

『輿地圖書』.
『世宗實錄』.
權近 著, 『陽村集』.
金正浩 著, 『大東地志』.
尹廷琦 著, 『東寰錄』.
柳馨遠 著, 『東國輿地志』.
徐居正 外 編, 『東文選』.
李肯翊 著, 『燃藜室記述』「別集」.
李萬敷 著, 『地行錄』.
李萬運 等 增補, 『增補文獻備考』.
李重煥 著, 『擇里志(博綜誌·八域志)』.
李堣 著, 『關東行錄』.
李裕元 著, 『林下筆記』.
李荇·洪彦弼 增補, 『新增東國輿地勝覽』.
蔡彭胤 著, 『瀛洲錄』.
許穆 著, 『眉垂全集』「記言」.
權五民 譯, 『阿毘達磨俱舍論2』, 東國譯經院, 2002.
安震湖 編, 『釋門儀範(上篇)』, 法輪社, 2000.
김규현 著, 『티베트의 신비와 명상』, 到彼岸社, 2001.
金東華 著, 『原始佛教思想』, 寶蓮閣, 1992.
金勝惠 編, 『宗教學의 理解』, 분도출판사, 1995.
안영배 著, 『안영배 교수의 印度建築紀行』, 다른세상, 2005.
오정환 著, 『수미산의 이쪽과 저쪽』, 韓國經濟新聞, 2003.
李太元 著, 『初期佛教 教團生活』, 雲舟社, 2000.
전재성 著, 『千手陀羅尼와 붓다의 가르침』, 한국빠알리성전협회, 2003.
正覺 著, 『千手經研究』, 운주사, 2001.
정재서 著, 『不死의 神話의 思想』, 民音社, 2005.
渡邊照宏 著, 『新釋尊伝』, 東京: ちくま學藝文庫, 2005.
敦煌文物研究所 編, 『敦煌莫高窟4』, 北京: 文物出版社, 1990.
定方晟 著, 『須彌山と極樂-佛教の宇宙觀』, 東京; 講談社, 昭和48年.
中國美術全集編纂委員會(敦煌研究院) 編, 『中國美術全集 繪畫編15-敦煌壁畫 下』,

上海: 上海人民美術出版社, 1993.
顧頡剛 著, 이부오 譯, 『中國 古代의 方士와 儒生』, 온누리, 1991.
구보 노리따다 著, 최준식 譯, 『道教史』, 분도출판사, 2000.
로버트 서먼·태드 와이즈 著, 백영미 譯, 『티베트의 영혼 카일라스』, 이룸, 2001.
멀치아 엘리아데 著, 李東夏 譯, 『聖과 俗-종교의 본질』, 학민사, 1997.
바이화원 著, 배진달 譯, 『中國寺院 文化紀行』, 예경, 2001.
玉城康西郎 著, 李元燮 譯, 『華嚴經의 世界』, 玄岩社, 1970.
立川武藏 著, 김귀산 譯, 『曼荼羅의 神들』, 東文選, 1991.
요시오카 요시토요 著, 최준식 譯, 『中國의 道教』, 民族社, 1991.
佐藤密雄 著, 崔法慧 譯, 『律藏』, 東國譯經院, 1994.
G. 라자고파라차리 著, 허정 譯, 『라마야나』, 한얼미디어, 2005.
坪井俊映 著, 李太元 譯, 『淨土三部經概說』, 운주사, 1995.
江原大學校中央博物館·平昌郡 編, 『于筒水 地表調查』, 江原大學校中央博物館·平昌郡, 2004.
金妙注 著, 「唯識經論에 나타난 佛身觀」, 『唯識思想』, 經書院, 1997.
全海住 著, 『義湘華嚴思想研究』, 民族社, 1994.
武內紹晃, 鄭承碩 譯, 「佛陀觀의 變遷」, 『大乘佛教概說』, 김영사, 1998.
廉仲燮, 「佛國寺 伽藍配置의 思想背景 研究」, 東國大 博士學位論文, 2009.
노권용, 「三身佛說의 전개와 그 의미」, 『韓國佛教學』 제32집(2002).
廉仲燮, 「『樓炭經』 계통과 『大毘婆沙論』 계통의 須彌山 宇宙論 차이 고찰」, 『哲學論叢』 제56집(2009).
廉仲燮, 「梵鐘 타종횟수의 타당성 고찰」, 『韓國佛教學』 제57호(2010).
廉仲燮, 「佛教宇宙論과 寺院構造의 관계성 고찰」, 『建築歷史研究』 제56호(2008).
廉仲燮, 「Kailas山의 須彌山說에 관한 종합적 고찰」, 『佛教學研究』 제17호(2007).
이수창(摩聖), 「自燈明 法燈明의 번역에 대한 고찰」, 『佛教學研究』 제6호(2003).
張貞海, 「先秦兩漢의 신화전설에 나타난 龍의 상징의미 고찰」, 『中國學研究』 제9집(1994).
전상호, 「한강 발원지의 역사성 및 현대적 의미 고찰」, 『한강의 발원지와 강원도』, 江原開發研究院, 2000.
최승업·전상호, 「한강 발원지의 구명에 관한 연구」, 江原開發研究院, 2000.

V. 우통수于筒水 명칭의 타당성 검토

闍那崛多 譯, 『佛本行集經』, 大正藏 3.
佛馱跋陀羅 譯, 『大方廣佛華嚴經』, 大正藏 9.
實叉難陀 譯, 『大方廣佛華嚴經』, 大正藏 10.
畺良耶舍 譯, 『佛說觀無量壽佛經』, 大正藏 12.
般刺蜜帝 譯, 『大佛頂如來密因修證了義諸菩薩萬行首楞嚴經』, 大正藏 19.
一然 撰, 『三國遺事』, 大正藏 49.
法雲 編, 『翻譯名義集』, 大正藏 54.
釋體元 撰, 『白花道場發願文略解』, 『韓佛全』 6.
金元行 作, 〈月精寺〉.
李景奭 作, 〈月精寺雪後〉.
李荇 作, 〈月精寺〉.
『老子』.
『世宗實錄』「地理志」.
『輿地圖書』.
『周易』.
『周易』「繫辭下傳」.
『周易』「序卦傳」.
金宗瑞·鄭麟趾 外 編, 『高麗史』.
權近 著, 『陽村集』.
徐居正 外 編, 『東文選』.
李堣 著, 『關東行錄』.
李荇·洪彦弼 增補, 『新增東國輿地勝覽』.
蔡彭胤 著, 『瀛洲錄』.
安震湖 編, 『釋門儀範』, 法輪社, 檀紀4294.
李承休 著, 김경수 譯, 『帝王韻紀』, 亦樂, 1999.
鄭承碩 譯, 『리그베다』, 김영사, 1984.
치우지핑 著, 김봉건 譯, 『茶經圖說』, 이른아침, 2005.
K. S. 케네쓰 첸 著, 박해당 譯, 『中國佛教 上』, 民族社, 1991.
馮友蘭 著, 鄭仁在 譯, 『간명한 中國哲學史』, 螢雪出版社, 2008.
敦煌文物研究所 編, 『敦煌莫高窟4』, 北京: 文物出版社, 1990.

中國美術全集編纂委員會(敦煌研究院) 編, 『中國美術全集 繪畫編15-敦煌壁畫 下』, 上海: 上海人民美術出版社, 1993.

塚本啓祥 著, 『法華經の成立と背景』, 東京: 佼成出版社, 昭和63年.

江原大學校中央博物館·平昌郡 編, 『于筒水 地表調査』, 江原大學校中央博物館·平昌郡, 2004.

聖寶文化財研究院 編, 『韓國의 佛畵2-通度寺 本寺篇(中)』, 佛志社, 1996.

馮友蘭 著, 김홍경 譯, 「唯物論的 要素를 가지는 陰陽五行家의 世界觀」, 『陰陽五行說의 研究』, 신지서원, 1993.

이상헌, 「우통수 주위의 지질」, 『한강의 시원지, 오대산 우통수』, 五臺山月精寺, 2009.

최승업·전상호, 「한강 발원지의 구명에 관한 연구」, 江原開發研究院, 2000.

玆玄 外, 『한강의 시원지, 오대산 우통수』, 五臺山月精寺, 2009.

전상호, 「한강 발원지의 역사성 및 현대적 의미 고찰」, 『한강의 발원지와 강원도』(江原開發研究院, 2000.

전상호·함석종, 『한강의 발원지와 강원도』, 江原開發研究院, 2000.

최승업·전상호, 「한강 발원지의 구명에 관한 연구」, 江原開發研究院, 2000.

함석종, 「한강 발원지의 보존 및 활용 방안」, 『한강의 발원지와 강원도』, 江原開發研究院, 2000.

이형석, 「月刊 '山'」, 朝鮮日報社, 1981, 5월호.

權志恩, 「19세기 神衆幀畵의 研究」, 東國大 碩士學位論文, 2001.

김영희, 「韓國 神衆幢畵의 圖像學的 研究」, 東國大 碩士學位論文, 2001.

廉仲燮, 「佛國寺 伽藍配置의 思想背景 研究」, 東國大 博士學位論文, 2009.

金煐泰, 「백화도량발원문의 몇 가지 문제」, 『韓國佛敎學』 제13집(1998).

박미선, 「新羅 五臺山信仰에 나타난 占察禮懺의 내용과 성격」, 『韓國思想史學』 제33집(2009).

박미선, 「新羅 五臺山信仰의 성립시기」, 『韓國思想史學』 제28집(2007).

廉仲燮, 「佛敎宇宙論과 寺院構造의 관계성 고찰」, 『建築歷史研究』 제56호(2008).

廉仲燮, 「한강의 시원 정립에 관한 불교적인 영향 고찰」, 『韓國禪學』 제25호(2010).

廉仲燮, 「韓國 〈毘藍降生相圖〉에서의 右手와 左手의 타당성 고찰」, 『溫知論叢』 제25집(2010).

李淑姬, 「統一新羅時代 五方佛의 圖像 研究」, 『美術史研究』, 제16호(2002).

李龍寬, 「善德女王代 慈藏의 정치적 활동과정」, 『嶺東文化』 제6집(1995).
鄭柄朝, 「慈藏과 文殊信行」, 『新羅文化』 제3·4합집(1987).
海住, 「義相和尙 發願文 硏究」, 『佛敎學報』 제29호(1992).
洪性益, 「漢江 發源地의 역사적 인식에 대한 再檢討-太白山 龍湫를 중심으로」, 『文化/歷史/地理』 제22권 제1호(2010).

VI. 「오대산서대수정암중창기」에 관한 내용 분석과 의미

竺法護 譯, 『正法華經』, 大正藏 9.
鳩摩羅什 譯, 『妙法蓮華經』, 大正藏 9.
闍那崛多·達摩笈多 共譯, 『添品妙法蓮華經』, 大正藏 9.
般若 譯, 『大方廣佛華嚴經』, 大正藏 10.
實叉難陀 譯, 『大方廣佛華嚴經』, 大正藏 10.
達摩笈多 譯, 『佛說藥師如來本願經』, 大正藏 14.
法賢 譯, 『佛說八大菩薩經』, 大正藏 14.
不空 譯, 『八大菩薩曼荼羅經』, 大正藏 20.
法賢 譯, 『佛說大乘八大曼拏羅經』, 大正藏 20.
失 譯, 『七佛八菩薩所說大陀羅尼神呪經卷第一』, 大正藏 21.
玄奘 譯, 『阿毘達磨集異門足論』, 大正藏 26.
一然 撰, 『三國遺事』, 大正藏 49.
玄奘 著, 辯機 撰, 『大唐西域記』, 大正藏 51.
釋捌關 撰, 『三門直指』, 『韓佛全』 10.
〈廣開土大王碑文〉.
權近 撰, 「五臺山西臺水精菴重創記」.
金元行 作, 〈月精寺〉.
金正浩 編, 〈靑邱圖〉.
張又新 著, 「煎茶水記」.
許筠 作, 〈和思潁詩-書懷 用答邵資政韻〉.
『孟子』.
『尙書』.
『世宗實錄』 「地理志」.
『輿地圖書』.

『五臺山事蹟』「信孝居士親見五類聖事蹟」.
『太祖實錄』.
權近 著, 『陽村集』.
金宗瑞·鄭麟趾 外 編, 『高麗史』.
徐居正 外 編, 『東文選』.
柳馨遠 著, 『東國輿地志』.
尹廷琦 著, 『東寰錄』.
李肯翊 著, 『燃藜室記述』.
李萬敷 著, 『地行錄』.
李荇·洪彦弼 增補, 『新增東國輿地勝覽』.
姜仁求 外 譯, 『譯註 三國遺事3』, 以會文化社, 2003.
安震湖 編, 『釋門儀範』, 法輪社, 2000.
圓仁 著, 申福龍 譯, 『入唐求法巡禮行記』, 精神世界社, 1991.
張彦遠 著, 조송식 譯, 『歷代名畵記 上』, 時空社, 2008.
치우지핑 著, 김봉건 譯, 『茶經圖說』, 이른아침, 2005.
權熹耕 著, 『高麗寫經의 硏究-高麗後期 寫經을 중심으로 한 美術史的 考察』, 미진사, 1986.
김홍식·조유전 著, 『中國 山西省 古建築紀行』, 고즈윈, 2006.
聖寶文化財硏究院 編, 『韓國의 佛畵2-通度寺 本寺篇(中)』, 佛志社, 1996.
月精寺 編, 『五臺山-月精寺·上院寺』, 月精寺, 未詳.
張忠植 著, 『韓國寫經 硏究』, 東國大學校出版部, 2007.
正覺 著, 『千手經 硏究』, 운주사, 1996.
최몽룡 著, 『한국미술의 자생성』, 한길아트, 1999.
한상길 著, 『月精寺』, 大韓佛敎振興院, 2009.
黃壽永 著, 『石窟庵』, 열화당, 1996.
長部和雄 著, 『唐代密教史雜考』, 神戶: 神戶商科大學學術硏究會, 1971.
崔正森 主編, 『五臺山 六十六寺』, 太原: 山西科學技術出版社, 2004.
張德麟 著, 박상리 外 譯, 『程明道의 哲學』, 藝文書院, 2004.
江原大學校中央博物館·平昌郡 編, 『于筒水 地表調査』, 江原大學校中央博物館·平昌郡, 2004.
이지누, 「인문학적 관점에서 본 우통수와 한강」, 『한강의 시원지, 오대산 우통수』,

五臺山月精寺, 2009.
玆玄 外,『한강의 시원지, 오대산 우통수』, 五臺山月精寺, 2009.
玆玄,「동양철학에서의 물에 대한 관점과 한강의 시원에 관한 고찰」,『한강의 시원지, 오대산 우통수』, 五臺山月精寺, 2009.
전상호,「한강 발원지의 역사성 및 현대적 의미 고찰」,『한강의 발원지와 강원도』, 江原開發硏究院, 2000.
전상호·함석종,『한강의 발원지와 강원도』, 江原開發硏究院, 2000.
최승업·전상호,「한강 발원지의 구명에 관한 연구」, 江原開發硏究院, 2000.
金永材,「華嚴密敎的 原型으로서의 五臺山 曼茶羅」,『韓國佛敎學』 제25호(1999).
金煐泰,「觀音信仰의 自力性에 대하여」,『佛敎學報』 제26집(1989).
申賢淑,「石窟庵 本尊佛의 考2」,『韓國佛敎學』 제23호(1997).
廉仲燮,「한강의 시원으로서 于筒水와 金剛淵의 타당성 고찰」,『溫知論叢』 제28집(2011).
廉仲燮,「한강의 시원 정립에 관한 불교적인 영향 고찰」,『韓國禪學』 제25호(2010).
長部和雄,「唐代の後期密教: 唐代密教の中國的性格」,『佛教史學』 Vol.10 no.2(1962).

찾아보기

저자의 학술진흥재단 등재지 논문목록(총 59편)

1. 「붓다 탄생의 예언에 관한 고찰-漢譯佛傳을 중심으로-」, 『佛教學研究』 제12호(2005-12). pp.419~520 / ISSN 1598-0642
2. 「中國哲學的 思惟에서의 '理通氣局'에 관한 考察」, 『東洋哲學研究』 제50집(2007-5). pp.325~358 / ISSN 1229-5965
3. 「佛國寺 進入 石造階段의 空間分割的 意味」, 『建築歷史研究』 제53호(2007-8). pp.57~75 / ISSN 1598-1142
4. 「Kailas山의 須彌山說에 관한 종합적 고찰」, 『佛教學研究』 제17호(2007-8). pp.317~352 / ISSN 1598-0642
5. 「破法輪僧의 원인에 관한 고찰-佛傳과 律藏의 관점차이와 화해를 중심으로-」, 『東洋哲學研究』 제52집(2007-11). pp.381~419 / ISSN 1229-5965
6. 「佛國寺 大雄殿 영역의 二重構造에 관한 고찰-華嚴과 法華를 중심으로-」, 『宗教研究』 제49집(2007-12). pp.173~206 / ISSN 1226-3516
7. 「'4男 8子'의 順序에 관한 고찰」, 『佛教學研究』 제18호(2007-12). pp.183~216 / ISSN 1598-0642
8. 「提婆達多의 5法 고찰 I -5법 중 '衣'와 '住'의 항목을 중심으로-」, 『韓國佛教學』 제50집(2008-2). pp.7~38 / ISSN 1225-0945
9. 「禪宗과 繪畵의 南北宗論에 관한 同·異 고찰-繪畵史의 南北宗論에 대한 명확성을 중심으로-」, 『東洋哲學研究』 제53집(2008-2). pp.335~379 / ISSN 1229-5965
10. 「董其昌 南北宗論의 내원과 의의-중국문화적 배경과 禪宗의 南北分宗을 중심으로-」, 『韓國禪學』 제19호(2008-2). pp.143~196 / ISSN 1598-0588
11. 「佛國寺 '3道 16階段'의 이중구조 고찰-極樂殿 영역과 大雄殿 영역을 중심으로-」, 『新羅文化』 제31집(2008-2). pp.137~164 / ISSN 1229-0939
12. 「破僧伽에 대한 불교교단사적 관점에서의 고찰-'進步와 保守'의 충돌양상을 중심으로-」, 『宗教研究』 제50집(2008-3). pp.301~336 / ISSN 1226-3516
13. 「佛教宇宙論과 寺院構造의 관계성 고찰」, 『建築歷史研究』 제56호(2008-2). pp.65~84 / ISSN 1598-1142

14. 「阿難의 나이에 관한 고찰」, 『佛教學研究』 제19호(2008-4). pp.291~322 / ISSN 1598-0642
15. 「佛國寺 靑雲橋·白雲橋의 順序 고찰」, 『建築歷史研究』 제57호(2008-4). pp.83~102 / ISSN 1598-1142
16. 「提婆達多에 대한 逆罪의 타당성 고찰」, 『東洋哲學研究』 제54집(2008-5). pp.211~252 / ISSN 1229-5965
17. 「『觀無量壽經』 「序分」의 來源과 의의 고찰」, 『大同哲學』 제44집(2008-9). pp.15~42 / ISSN 1229-0750
18. 「〈善德王知幾三事〉 중 第3事 고찰」, 『史學研究』 제91호(2008-9). pp.49~92 / ISSN 1225-133X
19. 「破僧事의 阿闍世에 대한 僧團認識 고찰」, 『東洋哲學研究』 제56집(2008-11). pp.303~342 / ISSN 1229-5965
20. 「提婆達多의 5法 고찰Ⅱ-5법 중 '食'의 항목을 중심으로-」, 『韓國佛教學』 제52집(2008-11). pp.33~66 / ISSN 1225-0945
21. 「提婆達多의 비범성 고찰」, 『佛教學研究』 제21호(2008-12). pp.97~144 / ISSN 1598-0642
22. 「제바달다의 붓다 弑害시도에 관한 두 가지 관점-律藏을 중심으로-」, 『宗教研究』 제53집(2008-12). pp.213~248 / ISSN 1226-3516
23. 「玉蟲廚子의 原本尊像에 관한 내적인 타당성 검토-옥충주자 내의 相互反響을 중심으로-」, 『大同哲學』 제45집(2008-12). pp.29~60 / ISSN 1229-0750
24. 「提婆達多 破僧伽의 지지세력 고찰Ⅰ-핵심동조자 4人을 중심으로-」, 『韓國禪學』 제21호(2008-12). pp.237~286 / ISSN 1598-0588
25. 「擲術爭婚 구조의 타당성 고찰」, 『東洋哲學研究』 제57집(2009-2). pp.345~384 / ISSN 1229-5965
26. 「善德王의 轉輪聖王적인 측면 고찰」, 『史學研究』 제93호(2009-3). pp.1~48 / ISSN 1225-133X
27. 「『樓炭經』계통과 『大毘婆沙論』계통의 須彌山 宇宙論 차이 고찰-'忉利天의 구조'와 '地獄의 문제'를 중심으로-」, 『哲學論叢』 제56집(2009-4). pp.223~254 / ISSN 1226-9379
28. 「提婆達多 破僧伽의 지지세력 고찰Ⅱ-비핵심동조자를 중심으로-」, 『韓國禪學』 제22호(2009-4). pp.325~386 / ISSN 1598-0588

29. 「法隆寺 '玉蟲廚子'의 이중적인 상징성 고찰」, 『溫知論叢』 제22집 (2009-5). pp.273~320 / ISSN 1598-1444
30. 「불교 숫자의 상징성 고찰-'4'와 '7'을 중심으로-」, 『宗教研究』 제55집(2009-6). pp.223~260 / ISSN 1226-3516
31. 「아난의 출가문제 고찰」, 『佛教學研究』 제23호(2009-8). pp.183~220 / ISSN 1598-0642
32. 「頻婆娑羅와 阿闍世에 관한 승단인식의 딜레마 고찰」, 『大同哲學』 제48집 (2009-9). pp.23~52 / ISSN 1229-0750
33. 「提婆達多 5法의 성립배경 고찰-5법의 내포의미와 관점차이를 중심으로-」, 『哲學研究』 제112집(2009-11). pp.103~136 / ISSN 1226-9727
34. 「玉蟲廚子 須彌座部의 繪畵에 관한 고찰-所依經典 문제를 중심으로-」, 『宗教研究』 제57집(2009-12). pp.149~180 / ISSN 1226-3516
35. 「高麗 〈觀經序分變相圖〉의 내용과 의미 고찰Ⅰ-「觀經序分」의 내용분석과 역사적 배경을 중심으로-」, 『溫知論叢』 제24집(2010-1). pp.429~470 / ISSN 1598-1444
36. 「佛國寺의 毘盧殿과 觀音殿 영역에 관한 타당성 고찰-伽藍配置의 상호관계성을 중심으로-」, 『佛教學研究』 제25호(2010-4). pp.329~371 / ISSN 1598-0642
37. 「伽藍配置의 來源과 중국적 전개양상 고찰」, 『建築歷史研究』 제69호(2010-4). pp.43~66 / ISSN 1598-1142
38. 「한강의 사원 정립에 관한 불교적인 영향 고찰」, 『韓國禪學』 제25호(2010-4). pp.189~234 / ISSN 1598-0588
39. 「한국 〈毘藍降生相圖〉 에서의 右手와 左手의 타당성 고찰」, 『溫知論叢』 제25집 (2010-5). pp.409~444 / ISSN 1598-1444
40. 「梵鐘 타종횟수의 타당성 고찰-佛國寺의 須彌梵鐘閣을 통한 이해를 중심으로-」, 『韓國佛教學』 제57호(2010-8). pp.235~274 / ISSN 1225-0945
41. 「破僧事의 구가리에 관한 고찰」, 『韓國禪學』 제26호(2010-8). pp.601~642 / ISSN 1598-0588
42. 「釋迦塔과 多寶塔의 명칭적인 타당성 검토」, 『建築歷史研究』 제71호(2010-8). pp.71~90 / ISSN 1598-1142
43. 「月精寺의 寺名에 관한 동양학적인 검토」, 『新羅文化』 제36집(2010-8). pp.203~226 / ISSN 1229-0939

44. 「한국 전통가사 양식의 의미와 상징 분석」, 『韓國佛敎學』 제58호(2010-11). pp.421~454 / ISSN 1225-0945

45. 「釋迦塔의 경전적인 건립시점 고찰」, 『建築歷史硏究』 제73호(2010-12). pp.39~60 / ISSN 1598-1142

46. 「靈山會上圖에 관한 상징과 의미 분석」, 『佛敎學硏究』 제27호(2010-12). pp.323~378 / ISSN 1598-0642

47. 「髻珠에 관한 사상적 관점에서의 재조명」, 『宗敎硏究』 제61집(2010-12). pp.189~222 / ISSN 1226-3516

48. 「提婆達多와 붓다의 나이차이 고찰」, 『韓國禪學』 제27호(2010-12). pp.439~476 / ISSN 1598-0588

49. 「破僧事 구가리의 최후에 관한 문제점 고찰」, 『佛敎學報』 제57집(2011-2). pp.7~33 / ISSN 1226-1386

50. 「동양사상에서의 물에 대한 관점과 한강의 시원에 관한 전통인식 고찰Ⅱ」, 『哲學硏究』 제117집(2011-2). pp.191~222 / ISSN 1226-9727

51. 「『三國遺事』 五臺山 관련기록의 내용분석과 의미Ⅰ」, 『史學硏究』 제101호(2011-3). pp.81~125 / ISSN 1225-133X

52. 「佛敎袈裟의 기원과 내포의미 고찰－律藏과 인도문화의 특수성을 중심으로－」, 『佛敎學報』 제58집(2011-4). pp.7~14 / ISSN 1226-1386

53. 「한강의 시원으로서 于筒水와 金剛淵의 타당성 고찰」, 『溫知論叢』 제28집(2011-5). pp.256~300 / ISSN 1598-1444

54. 「高麗 〈觀經序分變相圖〉의 내용과 내포의미 고찰Ⅱ－〈觀經序分變相圖〉의 내용표현과 해법제시를 중심으로－」, 『宗敎硏究』 제63집(2011-6). pp.107-143 / ISSN 1226-3516

55. 「『五臺山事跡記』「第1祖師傳記」의 수정인식 고찰－閔漬의 五臺山佛敎 인식－」, 『國學硏究』 제18집(2011-6). pp.231~271 / ISSN 1598-4524

56. 「律藏에 있어서 袈裟의 변천과 의미」, 『韓國佛敎學』 제60호(2011-8). pp.165~200 / ISSN 1225-0945

57. 「多寶塔의 경전적인 건립시점 고찰」, 『韓國禪學』 제29호(2011-8). pp.439~452 / ISSN 1598-0588

58. 「동양사상에서의 물에 대한 관점과 한강의 시원에 관한 전통인식 고찰Ⅰ-도가와 유교사상을 중심으로」, 『哲學論叢』 제66집(2011-10). pp.71-91 / ISSN 1226-9379

59. 「〈五臺山西臺水精菴重創記〉에 관한 내용분석과 의미－信仰體系의 변화와 于筒水를 중심으로－」, 『韓國禪學』 제28호(2011-4). 현재 미수령 / ISSN 1598-0588

저자 | **자현慈玄**

동국대 철학과-불교학과 졸업

동국대 불교학과 석사(중국불교)

성균관대 동양철학과 석사(인도불교)

성균관대 동양철학과 박사(율장)

동국대 미술사학과 박사(건축)

고려대 철학과 박사수료(한국불교)

동국대-울산대-성균관대 강사

대한불교조계종 영평선원 원장

대한불교조계종 제4교구 본사 월정사 교무국장

대한불교조계종 교육원 교수아사리

인도-중국-한국-일본 관련 논저 80여 종

단행본에 『율장의 승단분열 연구』, 『불교미술사상사론』 등

사찰연구총서 1

월정사의 유래와 한강의 시원

초판 1쇄 발행 2011년 11월 4일 | **개정판 1쇄 발행** 2011년 11월 12일

지은이 자현 | **펴낸이** 김시열

펴낸곳 도서출판 운주사

(136-034) 서울 성북구 동소문동 4가 270번지 성심빌딩 3층

전화 (02) 926-8361 | **팩스** 0505-115-8361

ISBN 978-89-5746-292-8 94220 값 18,000원

ISBN 978-89-5746-291-1(총서)

http://cafe.daum.net/unjubooks 〈다음카페: 도서출판 운주사〉